養蚕語彙の文化言語学的研究

ひつじ研究叢書〈言語編〉

【第73巻】現代日本語における蓋然性を表すモダリティ副詞の研究
　　　　　　　　　　　　　　　　　　　　　　　　　　杉村泰 著
【第74巻】コロケーションの通時的研究 －英語・日本語研究の新たな試み
　　　　　　堀正広・浮網茂信・西村秀夫・小迫勝・前川喜久雄 著
【第75巻】養蚕語彙の文化言語学的研究　　　　　　新井小枝子 著
【第76巻】格助詞「ガ」の通時的研究　　　　　　　山田昌裕 著
【第77巻】日本語指示詞の歴史的研究　　　　　　　岡﨑友子 著
【第78巻】日本語連体修飾節構造の研究　　　　　　大島資生 著
【第79巻】メンタルスペース理論による日仏英時制研究　井元秀剛 著
【第80巻】結果構文のタイポロジー　　　　　　　　小野尚之 編
【第81巻】疑問文と「ダ」－統語・音・意味と談話の関係を見据えて　森川正博 著
【第82巻】意志表現を中心とした日本語モダリティの通時的研究
　　　　　　　　　　　　　　　　　　　　　　　　土岐留美江 著
【第83巻】英語研究の次世代に向けて －秋元実治教授定年退職記念論文集
　　吉波弘・中澤和夫・武内信一・外池滋生・川端朋広・野村忠央・山本史歩子 編
【第84巻】接尾辞「げ」と助動詞「そうだ」の通時的研究　漆谷広樹 著
【第85巻】複合辞からみた日本語文法の研究　　　　田中寛 著
【第86巻】現代日本語における外来語の量的推移に関する研究　橋本和佳 著
【第88巻】法コンテキストの言語理論　　　　　　　堀田秀吾 著
【第89巻】日本語形態の諸問題 －鈴木泰教授東京大学退職記念論文集
　　　　　　　　　　　　　　　　　　　須田淳一・新居田純野 編

ひつじ研究叢書〈言語編〉第75巻

養蚕語彙の文化言語学的研究

新井小枝子 著

ひつじ書房

目　次

まえがき　　　　　　　　　　　　　　　　　　　　　　　　xiii
凡例　　　　　　　　　　　　　　　　　　　　　　　　　　xix

第1部　研究の目的と立場

第1章　今、なぜ、養蚕語彙研究か―目的と意義―　　　3

1　はじめに　　　　　　　　　　　　　　　　　　　　　3
2　文化言語学的研究としての目的とその意義　　　　　　3
　　2.1.　養蚕語彙を保存する　　　　　　　　　　　　　3
　　2.2.　養蚕語彙の造語法と語彙体系を論ずる　　　　　5
　　2.3.　養蚕語彙の比喩表現を論ずる　　　　　　　　　6
3　文化言語学的研究としての基本姿勢　　　　　　　　　7

第2章　養蚕語彙はどのように研究されるか―研究の前提―　　13

1　先行研究　　　　　　　　　　　　　　　　　　　　　13
　　1.1.　記述方言学的研究において　　　　　　　　　　13
　　1.2.　隣接研究分野において　　　　　　　　　　　　16
2　本研究の特色　　　　　　　　　　　　　　　　　　　18
3　文化言語学と生活語彙論　　　　　　　　　　　　　　19
4　語彙体系における意味分野の設定
　　―あらためて養蚕語彙とは何か―　　　　　　　　　25
5　調査の概要　　　　　　　　　　　　　　　　　　　　27

5.1.	調査地域	27
5.2.	話者	33
5.3.	調査方法	36

第2部　養蚕語彙の概観

第1章　養蚕語彙の分類と記述　41

1　はじめに　41
2　群馬県吾妻郡六合村世立について　41
3　養蚕語彙の語構造とそれに基づく分類手順　42
4　養蚕語彙の分類方法と意味分野　45
　　4.1.　第一次分類および第二次分類と意味分野の設定　45
　　4.2.　第三次分類　51
　　4.3.　第四次分類　53
5　まとめ　56

第2章　養蚕語彙の分布と歴史　67

1　はじめに　67
2　〈蚕〉を表す語　69
　　2.1.　〈蚕〉の方言　69
　　2.2.　〈蚕〉の語史　78
　　2.3.　コ(蚕)をもつ合成語　86
3　〈桑〉を表す語　89
　　3.1.　〈桑〉の方言　89
　　3.2.　〈桑〉の語史　94
　　3.3.　〈桑の実〉の方言　100
4　〈繭〉を表す語　106
　　4.1.　〈繭〉の方言　106

	4.2. 〈繭〉の語史		109
5	まとめ		111

第3部 養蚕語彙の造語法と語彙体系

第1章 《蚕》《桑》《繭》の語彙 　　　　　　　　　　　117

1 はじめに 　　　　　　　　　　　　　　　　　　　117
2 造語成分と語構造 　　　　　　　　　　　　　　　118
　　2.1. 《蚕》《桑》《繭》における認定基準 　　　　118
　　2.2. =コとカイコ 　　　　　　　　　　　　　　119
3 専門性と造語の型 　　　　　　　　　　　　　　120
4 造語の型ごとにみた造語成分と造語法 　　　　　124
　　4.1. 専門型の語彙 　　　　　　　　　　　　　124
　　4.2. 日常型の語彙 　　　　　　　　　　　　　128
　　4.3. 比喩型の語彙 　　　　　　　　　　　　　131
5 まとめ 　　　　　　　　　　　　　　　　　　　133

第2章 《飼育期別の蚕》の語彙　　　　　　　　　　　137

1 はじめに 　　　　　　　　　　　　　　　　　　　137
2 記述する語彙について 　　　　　　　　　　　　139
3 語形と造語成分 　　　　　　　　　　　　　　　140
　　3.1. 地域別にみる語彙の実態 　　　　　　　　140
　　3.2. 造語成分の数とそれらの配列 　　　　　　141
　　3.3. 造語成分の語種と意味 　　　　　　　　　146
4 造語成分の組み合わせ 　　　　　　　　　　　　148
　　4.1. 造語成分同士の関係とそれぞれのはたらき 　148
　　4.2. 造語法の実態 　　　　　　　　　　　　　151
5 語彙量と語の共通度 　　　　　　　　　　　　　152

6　一地域内での語彙体系の形成　　　　　　　　　　　　156
　　　　　6.1.　富岡市下高尾方言における
　　　　　　　　《飼育期別の蚕》の語彙　　　　　　　　　156
　　　　　6.2.　富岡市下高尾方言における〈季節〉を表す
　　　　　　　　造語成分の意味　　　　　　　　　　　　161
　　　7　まとめ　　　　　　　　　　　　　　　　　　　　163

第3章　《場所》の語彙　　　　　　　　　　　　　　　　167

　　　1　はじめに　　　　　　　　　　　　　　　　　　　　167
　　　2　調査について　　　　　　　　　　　　　　　　　　168
　　　3　養蚕の〈場所〉と養蚕空間語彙　　　　　　　　　　169
　　　4　養蚕空間語彙の体系　　　　　　　　　　　　　　　172
　　　　　4.1.　養蚕特有語彙と日常一般語彙の関係　　　　172
　　　　　4.2.　「飼育空間」を表す語彙　　　　　　　　　172
　　　　　4.3.　「栽培空間」を表す語彙　　　　　　　　　178
　　　5　養蚕特有語彙の造語法　　　　　　　　　　　　　　183
　　　6　地域間の共通性と個別性　　　　　　　　　　　　　187
　　　7　まとめ　　　　　　　　　　　　　　　　　　　　189

第4章　《蚕の活動》の語彙　　　　　　　　　　　　　　193

　　　1　はじめに　　　　　　　　　　　　　　　　　　　　193
　　　2　調査について　　　　　　　　　　　　　　　　　　194
　　　3　造語法と発想法　　　　　　　　　　　　　　　　　194
　　　　　3.1.　《蚕の活動》について　　　　　　　　　　194
　　　　　3.2.　〈蚕の動き〉を表す語彙　　　　　　　　　195
　　　　　3.3.　〈蚕の成長段階〉を表す語彙　　　　　　　200
　　　4　語彙化の意味　　　　　　　　　　　　　　　　　　201
　　　5　〈休眠〉と〈脱皮〉を表す語彙の地域差　　　　　　203
　　　　　5.1.　語彙体系の型と地域差　　　　　　　　　　203

		5.2. 語彙体系の変化とその要因	206
	6	まとめ	208

第4部　養蚕語彙の比喩表現

第1章　養蚕語彙による比喩表現の多様性　　213

1　はじめに　　213
2　本章のねらい　　215
3　方言における比喩研究の意義　　216
4　資料について　　218
5　ズーの用法と多様性　　219
　　5.1.　一地域内での多様性　　220
　　　　5.1.1.　〈人〉を表すズー　　220
　　　　5.1.2.　〈農作物〉を表すズー　　221
　　5.2.　地域性としてのズーの多様性
　　　　　―〈人〉を表すズー―　　225
　　5.3.　多様性の要因　　227
　　5.4.　多様性の中にみられる普遍性　　229
6　地域ごとに個別的にあらわれる語形　　231
　　6.1.　〈人〉を表す語　　232
　　6.2.　〈人の営み〉を表す語　　236
　　6.3.　〈人の一生〉を表す語　　237
　　6.4.　〈時期〉を表す語　　239
7　まとめ　　241

第2章　養蚕語彙による比喩表現の類型化　　245

1　はじめに　　245
2　資料について　　246

3　比喩に使用される養蚕語彙　　　　　　　　　　　　247
　　　　3.1.　〈蚕〉を対象とした語彙　　　　　　　　　247
　　　　3.2.　〈桑〉を対象とした語彙　　　　　　　　　251
　　4　比喩のメカニズム　　　　　　　　　　　　　　　252
　　　　4.1.　〈人〉を表す比喩　　　　　　　　　　　　252
　　　　　　4.1.1.　飼育期別の〈蚕〉を表す語彙からの比喩　252
　　　　　　4.1.2.　成長過程別および病的な症状別の〈蚕〉を
　　　　　　　　　表す語彙からの比喩　　　　　　　　253
　　　　　　4.1.3.　成長過程別の〈桑〉を表す語彙からの比喩　259
　　　　4.2.　〈人の生き方〉を表す比喩　　　　　　　　259
　　　　4.3.　〈子どもの育て方〉を表す比喩　　　　　　260
　　　　4.4.　〈農作物〉〈仕事〉を表す比喩　　　　　　261
　　　　4.5.　〈樹木〉を表す比喩　　　　　　　　　　　263
　　　　4.6.　〈時期〉を表す比喩　　　　　　　　　　　264
　　5　養蚕語彙にみられる比喩の類型　　　　　　　　　266
　　6　比喩の要因　　　　　　　　　　　　　　　　　　269
　　　　6.1.　〈人〉〈人の生き方〉〈子どもの育て方〉への
　　　　　　比喩について　　　　　　　　　　　　　　269
　　　　6.2.　〈農作物〉〈仕事〉〈時期〉〈樹木〉への
　　　　　　比喩について　　　　　　　　　　　　　　271
　　7　まとめ　　　　　　　　　　　　　　　　　　　　272

まとめと今後の課題　　　　　　　　　　　　　　　　　277

　　1　本書のまとめ　　　　　　　　　　　　　　　　　277
　　　　1.1.　養蚕語彙の保存　　　　　　　　　　　　　278
　　　　1.2.　養蚕語彙の造語法と語彙体系　　　　　　　279
　　　　　　1.2.1.　下位分類の方法　　　　　　　　　　279
　　　　　　1.2.2.　方言分布と語史　　　　　　　　　　280
　　　　　　1.2.3.　《蚕》《繭》《桑》の語彙　　　　　281

	1.2.4. 《飼育期別の蚕》の語彙	282
	1.2.5. 《場所》の語彙	283
	1.2.6. 《蚕の活動》の語彙	284
1.3.	養蚕語彙による比喩表現	286
2 残された課題		290

あとがき	293
初出一覧	297
文献用例出典一覧	299
引用文献	301
参考文献	307
索引	311

まえがき

　本書は、消滅の危機にさらされている養蚕語彙に焦点をあて、記述方言学の方法に基づいてその保存をおこなうと共に、「文化言語学」としての語彙研究を提示しようとするものである。

　本書の目標は、大きく二つある。一つは、養蚕語彙の記述方法を検討しながら、人びとによる生活世界のとらえ方が語彙の上にどのように反映されているのかを論ずることである。もう一つは、記述的な研究によって、養蚕語彙を保存することである。

　今、養蚕語彙の記述的研究に着手することは、日本の養蚕が消滅に向かっているなかにあって、現在的な大きな意味をもつ。日本の養蚕は、はるか昔から人びとの手によって大切に営まれ、長きにわたって日本経済および衣生活を支えてきた。なかでも、群馬県は、収繭量、技術、教育など、あらゆる面において日本の養蚕をリードし、日本国内ばかりか世界各国にその名を馳せた。県内には官営富岡製糸場が設置され、1872(明治5)年の操業以来、日本の近代化を牽引してきたことは内外の認めるところである。群馬県における当時の衣生活は、次の談話に垣間見ることができる。

　　ムカシワ　セーラーフクモ　フンドシモ　ミンナ　キヌダッタン、キヌ
　　ゾッキダッタヨ。イトー　ヒーテ　コーヤデ　ソメテ　モラッテ　オッ
　　タンダカラ。
　　(昔はセーラー服も褌もみんな絹だったの、絹ばかりだったよ。糸を引
　　いて、紺屋で染めてもらって、布を織ったのだから)

このように語られるその地は、群馬県南西部の山間地域、多野郡中里村（現在の多野郡神流町に属する）である。日常的な衣生活が、養蚕に基づくものであったことが語られる。養蚕は自給自足の生活を支える生業でもあったといえる。

　しかし、現在では、このような衣生活もすっかり変わり果てた。現在でいえば自動車に匹敵する世界的な生糸の需要も、それを想像するのが難しいほどに激減した。養蚕業衰退の波は、そのうねりを増幅させて養蚕王国群馬を飲み込もうとしている。このような時代を迎えた今、私たちに課せられた課題は大きい。養蚕が現実の生活世界から消えてしまえば、音声によって盛んに語られていた養蚕語彙も記憶の中だけにしまい込まれ、やがてはすっかり消滅してしまう。記述、保存の必要性は一段と高まる。今や遅きに失した感も否めないなかで、手をこまねいてただ嘆いているばかりではいられまい。

　そこで、本書では、記述方言学的かつ語彙論的な方法によって、養蚕語彙の記述、保存をおこなう。保存の方法には、作業の様子を映像化する方法や、説明を文字化する方法なども考えられる。しかし、記述方言学的かつ語彙論的な立場に立つことによって、消滅に向かっている養蚕が保存されるばかりではなく、それによって育まれてきた地域文化や精神文化がほのかに解明されていくと考える。消えゆこうとしているものの単なる記録にとどまらず、さらなる成果をえようと希望をふくらませている。

　その一つは、養蚕語彙にみられる方言的な特徴の記述と解明である。養蚕はさまざまに異なる地域社会を舞台にしてくり広げられる。自然環境をはじめとするそれぞれの地域社会の制約を受ける。養蚕語彙は、その地域社会の中で活躍する。当然、養蚕語彙の中には地理的な差異があらわれる。それを視野に入れて一語一語を丁寧に記述する作業は、方言研究がになう重要な使命を果たすことに連なる。

　二つめの成果は、語彙論の方法と可能性を提示することにある。生業語彙における養蚕語彙の特徴を考えた場合、養蚕は他の生業に比べて生活世界がより狭い範囲に限定される。このため、膨大な数の要素(語)で構成される語彙の体系というものを、よりコンパクトに把握できる。この点は、語彙論が

内包している課題、すなわち、語彙体系というものはどのように把握され、記述されるべきかという課題を検討するためには利点としてはたらく。人は自らの生きている世界、すなわち地域社会をどのようにとらえ、どのような〈もの〉や〈こと〉に興味を抱いて生活しているのか。この問いに、語彙論の立場から答えたいとのぞむならば、養蚕語彙という意味分野は範囲が限定されている分、把握しやすい。養蚕世界の分節の仕方、認識の仕方を明らかにしようとすることは、養蚕語彙の記述方法を模索することでありながらも、語彙論の方法と可能性を検討していく努力にほかならない。方言による養蚕語彙の記述的研究を通じて、語彙研究全般の発展に寄与することができるとすればこの上なくうれしい。

さて、本書の構成と内容を簡単に紹介する。

全体は部立てとし、第1部「研究の目的と立場」、第2部「養蚕語彙の概観」、第3部「養蚕語彙の造語法と語彙体系」、第4部「養蚕語彙の比喩表現」で構成する。研究の最後には、「結び」として本書のまとめと今後の課題を述べる。

以下、それぞれの部立てごとに、その内部の構成を述べ、全体の内容を記す。

第1部 「研究の目的と立場」

ここでは、本研究の目的と立場を述べるとともに、文化言語学的研究としての本書の学問上の位置づけを確認する。大まかな方針の提示をおこない、方言学および語彙論における本書の位置づけを述べることになろう。まず、第1章では、今、なぜ養蚕語彙かを考える。文化言語学を実践しようとする本研究の目的と意義、および基本姿勢を述べる。次いで、第2章では、養蚕語彙はどのように研究されるか提示する。養蚕語彙に関する先行研究や、文化言語学としての先行研究を概観したうえで、本書の前提や立場を述べる。養蚕語彙がどのように研究されてきたかを確認し、本書の前提となる考え方を検討する。本書に採録する養

蚕語彙の調査概要についても記す。

第2部　「養蚕語彙の概観」

　　臨地調査の結果や先行研究をもとに、養蚕語彙の概観をおこなう。まず、第1章では、養蚕語彙の内部に意味分野を設定し、下位分類の方法について述べる。群馬県吾妻郡六合村世立方言を例に、養蚕語彙を下位分類するための意味分野を帰納し、体系的記述の枠組みを設定する。その枠組みに、臨地調査でえられた養蚕語彙の全体を分類して記述する。養蚕語彙の下位分類と体系を把握するために、語形と意味のそれぞれに注目して意味分野を設定する方法を述べる。ここでは、六合村世立方言を例にして論ずるが、他の地域8地点(養蚕語彙の全体系記述をめざして調査した地域のみ)の養蚕語彙についても同じ方法を用いて記述し、語彙のリストを図示する。次いで、第2章では、養蚕語彙の中心的な構成要素となっている語(カイコ、クワ、マユ)をとりあげ、方言分布と語史の概略を述べる。ここでは、養蚕語彙のなかでも中心的な位置にある〈蚕〉〈桑〉〈繭〉を表す語を概観することとなる。これらの〈もの〉は、養蚕がおこなわれる場であれば地域や時代をこえて必ず存在している。これらに付与された語を、方言分布と語史の観点から概観することによって、養蚕語彙および養蚕の地域性と歴史性の概略を把握する。

第3部　「養蚕語彙の造語法と語彙体系」

　　養蚕語彙の記述方法についての検討をおこないながら、専門語彙として活躍する養蚕語彙の造語法と語彙体系を、意味分野ごとに記述し考察をおこなう。意味分野内の記述方法の検討を通じて、そこからうかびあがってくるさまざまな問題について考察していく。養蚕語彙の造語法と体系を記述し分析することによって、養蚕世界に身をおいて生活をしてきた人びとの認識がどのように反映されているのかを論ずる。ここでの考察は養蚕語彙全体に及ぶべきものであるが、第2部第1章で設定した下位分類の枠組みとしての意味分野のうち、《蚕》《桑》《繭》《場所》《蚕の活動》に分類される語彙を対象とする。これらの意味分野を養蚕世界と照らし合わせてみると、その中心に位置づけられる〈もの〉〈こ

と〉に対応している。このことから、それらが養蚕の専門語彙として中心的な役割をになっている意味分野であると判断し、他の意味分野に優先させて記述および考察の対象とする。

第4部 「養蚕語彙の比喩表現」

　専門語彙としての役割をはなれ、日常語彙として活躍する養蚕語彙の用法を記述し考察する。この用法を養蚕語彙による比喩表現としてとらえ、そのメカニズムを明らかにする。第1章では、比喩表現の実態を記述し、多様性と普遍性を考察する。第2章では、比喩表現の類型化をおこなう。消滅へ向かおうとしている養蚕語彙が、そのようにみえていながらも実は活き活きと活躍している方言社会があることを指摘し、その用法の背景を明らかにする。消滅を余儀なくされた語彙が、専門語彙としてではなく日常語彙として現代の方言社会で用いられる場合、そこには比喩表現が生じている。その比喩表現のあり方を記述し、養蚕語彙の現在的な用法について論ずる。

　なお、現在の養蚕業は、経済を支える主たる産業には位置づけられなくなってはいるものの、新たな活路を見いだしつつある。2007年1月、旧官営富岡製糸場を含む群馬県の養蚕をとりまくさまざまな事象が、歴史的に重要な意味をもつ産業遺産群(「富岡製糸場と絹遺産群」)としてユネスコ世界遺産暫定一覧表に登録された。これをきっかけにした活動が盛んになり、群馬県の地域社会は再び養蚕で活気づいている。文化言語学的研究を標榜し、記述方言学および語彙論の一つとして展開しようとする本書も、このような動きに合致した広く地域学に連なる研究でありたいと念ずる。

凡　例

1　語形の示し方

①話者の発話に基づく語形は音声表記としてカタカナで示す。その解釈は（　）内に漢字仮名交じりで示す。

例）クワ（桑）　　メー（繭）　　ヤスム（休む）

　　オカイコ（御蚕）　アサクワ（朝桑）　チューマイ（中繭）　クワキリ（桑切り）

　　ジョーゾク（上蔟）

また、漢字仮名交じり表記においても解釈が困難であると判断される場合には、その表記に続いて：を用い、次のように説明を記す。

例）ジョーゾク（上蔟：蚕を蔟という道具の中に入れる作業）

②特に語の構造に言及する場合、原則として合成語における造語成分の各要素間を、記号を用いて表す。原則は、次のように「-」を用いることとする。

例）アサ-クワ（朝桑）　クワ-キリ（桑切り）

　　チュー-マイ（中繭）

　　オ-コ-サン（御蚕さん）

ただし、第3部第1章においては、合成語の造語成分の自立性に注目し、「=」「-」「・」を次のように使い分ける。

例）各造語成分が自立形式である場合「=」

　　アサ=クワ（朝桑）　イト=メー（糸繭）

　　いずれかの造語成分が自立形式でない場合「-」

　　ハッキョー-サン（白狂蚕）　カンラ-ソー（甘楽桑）

　　いずれかの造語成分が自立形式でなくかつ接辞である場合「・」

　　オ・カイコ（御蚕）

また、第3部第2章においては、造語成分同士の結合部に、「-」と「・」を用い、次のように使い分ける。
 例）造語成分の前部と後部の間を示す場合「-」
   造語成分の前部内または後部内の一次結合、二次結合を示す場合「・」
    ハル-サン（春蚕）
    ハヤ-ナツ・ゴ（早夏蚕）、ショ・トー-サン（初冬蚕）
    バン-バン・シュー・サン（晩晩秋蚕）

さらに、第3部第4章においては、造語成分同士の結合部に、「-」と「・」を用い、次のように使い分ける。
 例）造語成分の後部が和語で自立形式の場合「-」
   造語成分の後部が漢語で自立形式でない場合「・」

③一つの〈もの〉〈こと〉に対して、複数の語形がある場合「〜」で示す。
 例）〈蚕〉に対してオコサマとオカイコの二語形があてられている場合
    オコサマ（御蚕様）〜オカイコ（御蚕）

2　用例の示し方
現代方言の用例
話者によって発話された談話資料は、音声表記としてカタカナで示す。それについての解釈は、（　）内に漢字仮名交じりで示す。漢字仮名交じり表記においても解釈が困難だと判断される場合には、さらに［＝　］で説明文を示す。

 例）オカイコワ　トーッテモ　カワイカッタ。
  （御蚕は、とても可愛かった）

  ズーン　ナルト　アメビードロノ　ヨーナ　キレーナ　イロン　ナル。
  （熟蚕［＝繭を作る直前にまで成長した蚕］になると、飴ビードロ［＝べっこう飴の色］のようなきれいな色になる）

なお、例文のえられた地域方言名は、各章の本文中に示す場合と例文のあとに示す場合がある。各章において分析の対象となる方言が異なるので、例文の地域方言名が明確になるように配慮して示す。

文献の用例

第2部第2章において文献の用例を記述するが、古辞書における表記はそれにしたがい忠実に活字にあらためる努力をした。古辞書における小書きの訓は、次のように漢字に続けて同じ大きさの文字で表記し、2行にわって表記された小書きの訓などは、複数行に割らず〈　〉に入れて表記した。

　　例）蚕　加比古　　　→　蚕　加比古
　　　　蠶　久禮乃彌彌受　→　蠶　久禮乃彌彌受
　　　　桑菜　久波乃木　　→　桑菜　久波乃木

　　例）　蠶 カヒコ 説文云－ 昨含反俗蚕字加比古／一訓在古加比須　虫吐絲也

　　→　蠶 カヒコ 説文云－〈昨含反俗蚕字加比古　一訓在古加比須〉　虫吐絲也

また、日本古典文学大系（活字本）から引用した用例については、各々の表記の仕方にしたがうが、該当の語形部分については原文通りに書きあらためる。

　　例）「…、蠶のまだ羽つかぬにし出だし、蝶になりぬれば、…」
　　　　「…、かいこのまだ羽つかぬにし出だし、蝶になりぬれば、…」
　　　　　　　　　　　　　　　　　　　　（堤中納言物語　虫めづる姫君）

特に、『万葉集』『日本書紀』については、次のように原文を示したのちに、（　）内に読み下し文を記す。

　　例）足常　母養子　眉隱　隱在妹　見依鴨

　　　　　（たらちねの　母が飼ふ蠶の　繭隠り　隠れる妹を　見むよしもがも）

　　　　　　　　　　　　　　　　　　　　　　　（万葉集　巻11　2495）

なお、本書の論旨に影響しない範囲において、わかりやすい漢字に書き改めた場合がある。

3　出典の示し方
①文献の用例では、その用例のあとに（　　）を付して書名・巻・頁等を記す。

②研究文献の引用をおこなう場合には2字下げにてそのまま記すが、出典の詳細は本文中には直接示さず、そこには「著者名(発行年)」のみを記す。引用した部分については、該当箇所のページと行を記す。出典の詳細は、後の「引用文献」の一覧に示す。

4　その他の括弧の使い方
①生活世界に存在する具体的な〈もの〉や、生活世界でおこなわれる具体的な〈こと〉は、〈　〉に漢字仮名交じりで示す。
　　例）生活世界における蚕そのものを表す場合　〈蚕〉
　　　　生活世界において蚕が脱皮のために活動を停止することを表す場合
　　　　〈休眠〉

②意味分野は《　》で示す。
　　例）蚕の意味分野　　《蚕》
　　　　作業の意味分野　《作業》

5　図・表・写真の示し方
図・表・写真は、各章内において、図1、表1、写真1からはじまり、通し番号をつけて示す。図と写真のタイトルはその下に、表のタイトルはその上にそれぞれ記す。

6　注の示し方

注は各章の末尾に掲げる。本文では、該当箇所に次のように上つきの小文字数字で指し示す。

　　例）12分野に分類して体系記述することができる^(注1)。

7　研究文献の示し方

研究文献は、本文中において「網野善彦(1980)」のように「著者(発行年)」のみを示す。その文献の詳細については「引用文献」の一覧に示す。

なお、本文中で言及した「引用文献」以外に、参考にした研究文献と、利用した辞書・事典がある。それについては、「参考文献」の一覧に示す。

第 1 部

研究の目的と立場

第 1 章　今、なぜ、養蚕語彙研究か
　　　　　―目的と意義―

1　はじめに

　本書では、記述方言学的かつ語彙論的な方法を検討しながら養蚕語彙について論ずる。本書の全体的な目的は、次の 3 点である。

(1) a. 消滅の危機に瀕した養蚕語彙を保存する。
　　b. 専門語彙としての養蚕語彙の造語法と語彙体系について論じながら、そこにみられる人びとの発想やもののとらえ方を明らかにする。
　　c. 養蚕語彙を用いた比喩表現について考察し、消滅の危機に瀕した状態にある養蚕語彙の現在的な使用のあり方を記述する。

　以下、これらの目的の一つ一つについて詳細と意義を述べる。なお、各章ごとにも細かな目的が存在するが、それについてはそれぞれの章の冒頭に記す。

2　文化言語学的研究としての目的とその意義

2.1. 養蚕語彙を保存する

　現在、養蚕語彙は、養蚕業の衰退[注1]にともなって消滅の危機に瀕している。すなわち、養蚕世界での専門的な使用はほとんどみられない語彙である。室山敏昭(1987)は、生活の変化がいちじるしい時代にあって語彙体系

も変容を余儀なくされていることを指摘し、漁業語彙や農業語彙の調査および記述的研究は一刻の猶予も許されないことを力説する。その農業語彙の中でも、調査研究の特に急がれる意味分野として養蚕語彙、山林語彙、和牛飼育語彙、肥料語彙をあげる。本書では、養蚕語彙が消滅の危機に瀕しているという、この看過できぬ状況を踏まえ、記述方言学的かつ語彙論的な方法によって保存をおこなうことを第一の目的とする。

　また、記述の対象は養蚕の盛んであった地域の方言とする。したがって、日本全国で養蚕のもっとも盛んであった群馬県方言を中心に調査、記述をおこなう。これは、関東方言における生活語彙の徹底的研究の一つとしても位置づけられるものである。篠木れい子(2002)は、関東方言における研究課題として、生活語としての語彙の徹底的な記述的研究をあげている。この課題は、関東方言における語彙研究の進展がおくれていること、関東方言では共通語の基盤である東京方言を含むことなどによる伝統的方言のおとろえが感じられることに注目して指摘されている。微かな光をともして存在している生活語彙を徹底的に研究することを急務の課題とする篠木の指摘の根底には、「消え去った生活人と生活風景を蘇らせるとともに、私たちの生活世界の認識のありように迫り、志せば現代人の基層をなす精神文化に迫り得る」力があるという考え方が流れている。

　記述方言学的な立場にたち、なおかつ語彙論的に養蚕語彙を保存することは、小林隆(2002)が「方言も文化遺産の一つであり、無形文化財にも匹敵する性格を有していることはもっと認識されてよい」としているように、地域に根ざした養蚕にまつわる日本の伝統文化を保存することに連なる。また、上野善道(2002)は、これからの方言研究の目指すべきこととして徹底的な記述調査研究をあげており、語の意味の説明に関しては「百科事典的」でありたいとしている。語彙と生活世界との関係を明らかにしようとつとめ、語彙論的な記述方法に基づいて養蚕語彙を保存するということは、上野の強調する重要課題にも合致するものである。

2.2. 養蚕語彙の造語法と語彙体系を論ずる

　消えゆくものの保存を第一の目的としつつも、その方法を方言学および語彙論に求めて具体的に検討をくわえながら記述することが、本書の第二の目的にして最大の目的である。養蚕語彙の保存の方法には、さまざまあることはいうまでもない。本研究においては、語の造語法に注目して語彙体系の記述方法を模索しながら、地理的変異を視野に入れて論ずることによって危機的状況にある語彙を保存しようとする立場にたつ。

　まず、語彙論的な記述の方法をとる立場は、篠木れい子(1999)に述べられた次の問いを受けて設定するものである[注2]。

> 人は、多様で連続した生活世界をどのように分節するのか。そして、どのようにしてことばを造りだし、〈もの〉〈こと〉の名前として付与していくのか。さらに、それはどのような精神に拠っているのか。

これは、語彙論を進めていくにあたってきわめて根本的な、あるいは根源的な問いである。本研究ではこの問いに答えるべく、次の点について検討しながら養蚕語彙を記述および考察する。

(2) a. 人びとによる養蚕世界の認識の仕方を明らかにするための具体的な方法について。
　　b. 養蚕語彙と養蚕世界の対応関係の仕組みを記述する方法について。

　これらの点を検討して考察することは、単に言語の実態だけの保存ではなく、そこに反映された人びとの考え方やものの見方をも保存することになると考える。養蚕語彙を保存するといったとき、何を保存するのかと問われれば、その答えは、養蚕語彙の実態をであり、そこに反映された人びとの認識をにほかならない。

　そのように養蚕語彙の保存の目指すところを定めれば、おのずと造語法と語彙体系の記述および考察が求められる。語をつくりだす行為は、生活世界

という具体的な場面の中での、人びとの具体的な営みによるものである。本研究ではその点を重要視し、人びとが語をつくり出す方法を「造語法」ととらえる[注3]。人びとが生活世界に対して主体的に関わった結果としての語のつくりを、そこでの発想と共にとらえていきたいと考えるからである。人びとによる生活世界のとらえ方である発想法を、造語のあり方、すなわち藤原与一(1962)のいう「ことばの述べかた」に求めようとする試みは、客観的な方法であると考えられる。この方法による考察は、一語一語の意味の関係性、すなわち語彙体系の記述にも深く関与する。造語法には人びとの生活世界に対する発想があらわれ、それによって形成される語彙体系には人びとによる生活世界の分節の仕方があらわれる。さまざまな側面から人びとの認識をとらえていきたい[注4]。

　さらに、方言学的な立場からは、地域に根ざした養蚕語彙のありようを考察することのほかに、地理的変異を視野に入れて論ずるという課題がある。養蚕をおこなう各地域を見わたしてみれば、同一の産業にたずさわってはいても、自然環境に大きく左右される具体的な養蚕世界は少しずつ異なっている。ここにも、方言学的な立場での養蚕語彙研究の意義があろう。それぞれの地域に身をおく人びとは、その中でそれぞれに養蚕世界を認識している。地域間の養蚕語彙には、同一の産業にたずさわるという点で共通性もあれば、異なる養蚕世界に身をおいて作業をおこなっているという点で個別性もあるにちがいない。このような見方をすれば、方言学的な立場から養蚕語彙を記述することの成果として、地域間の共通性や個別性をも保存することができるはずである。

2.3. 養蚕語彙の比喩表現を論ずる

　専門語彙としての用法をはなれ、日常生活の中で用いられる養蚕語彙の用法について論ずる。養蚕語彙は、日常生活の中では比喩表現として用いられている。まず、その用法にみられる地域ごとの個別性や、地域間の共通性を明らかにする。さらに、比喩表現の類型化をおこなう。

　養蚕が盛んであった地域には、養蚕語彙の体系が存しているのは当然のこ

とである。養蚕世界を整理、理解しかつ伝達するということを養蚕語彙の第一の役割としており、そこに存在意義が認められているからである。しかし、養蚕世界の展開する地域においては、それだけの役割にとどまっていない。養蚕語彙が専門語彙の呪縛から解き放たれて、日常語彙としての生命を注ぎ込まれる瞬間がある。そのような地域では、人びとにとっての養蚕世界はごくあたりまえの日常生活になっており、そこで生ずるすべてのできごとを現実として経験することが必定となっている。そこに、養蚕語彙の第二の機能が芽ばえる要因がある。養蚕語彙が単なる専門語彙ではなくなる必然性は、人びとがその現実をありありと経験していることにあると考えられる。養蚕世界を擁する方言社会において、第二の役割をになわされる瞬間は、人びとが実際に経験しているありありとした現実があるからこそ、それに基づいてもたらされると考える。養蚕世界の存在する地域社会では、そこに独自の行動や経験があり、養蚕語彙という独自の生活語彙のシステムが形成されるからである。さらに、それに対応する形で、独自の世界認識がなされ、独自の方言社会が形成されていく。そのために、養蚕語彙はそれだけですでに方言ではあるが、さらに一歩進んだかたちで地域に独自の、すなわち俚言としての用法が発生する。それが、いわゆる養蚕語彙の方言(俚言)的な用法とするものである。

　このような二次的な使用のあり方を、養蚕語彙の日常語彙としての用法と位置づけ、比喩表現の観点から考察していく。養蚕語彙が日常生活の中で二次的に用いられる比喩としての効果、および表現の経済性について検討を加える。単に専門語彙としての養蚕語彙を記述するばかりでなく、専門世界から解き放たれて日常の方言語彙として活躍する専門語彙のあり方に視野を広げて考察をおこなう。

3　文化言語学的研究としての基本姿勢

　あらためて、消滅していく語彙を保存し過去を振り返ることの意義について、広い視野をもって確認し、本研究の発展と深化の方向性を確認しておき

たい。
　養蚕語彙の用いられる養蚕世界は、地域に根ざした産業としての生活世界である。養蚕語彙の形成に関与している造語法は、それぞれの地域における養蚕世界に基づく発想によっていると考えられる。養蚕語彙の研究は、人がよってたつ地域というものを視野に入れた研究であるべきだと考える。藤原与一(1986)は、人びとの造語力の元には発想法、発想力といった「心のはたらかせかた」があるとし、造語法の研究について次のように述べる。

　　造語・造語法の世界には、言語生活者の精神活動を見ることができ、精神構造を見ることができる。この意味で、造語法の研究は、民衆精神史研究の役割をおのずからになうともされるかと思う。世界の諸民族がそれぞれに、おのれの母国語によって生活し、そこに造語の世界を展開させているとすれば、それぞれに、今、それぞれの精神行動・精神構造の世界を見ることができよう。かくして、彼我の精神界の比較を、この造語法研究の面からも具体的に進めていくことができるようになる。造語法研究の興味の外向的発展がここにある。　　　（13頁5行〜12行）

　造語法の研究によって、人びとの精神活動や地域の志向性などが明らかになってくるということである。同時に、地域間の比較をすることによって、各々の地域の特徴や地域を越えた普遍性も明らかになってくるということである。これらの点において、造語法の研究を含む養蚕語彙の研究は、同時に地域というものを明らかにしようとする「地域学」の目的とも重なりうると考える。
　さて、消滅していこうとしている語彙と、未来に向かって現代を生きる私たちの間には、きってもきることのできないのっぴきならない関係があろう。寺島実郎(2007a、2007b)は、1900年代、すなわち日本の近代である20世紀を生きた先人たちが残した歴史をたどるなかで、その意味について次のように述べる。

時代を真剣に生きた先人の足取りを追うことは、不思議なほど人間を謙虚な気持ちにさせる。それぞれの課題を背負いながら懸命に生きた先達がいたという事実そのものが、現代を生きる人間にとっての「暗闇の松明」になるからである。踏みしめるように二十世紀の意味を問いかけ続け、今我々が生きる二十一世紀への歴史の筋道を確認していきたい。

（2007b　276頁14行〜277頁3行）

　未来を生きていく上で、過去をたどることがいかに大切なことであるかを述べ、明確な認識と態度のもとに歴史研究を展開する。「未来は現在の中に内在している」と考え、私たちには「現在への真剣な関わり」が重要であるとする。さらに寺島は、「二十世紀を生きた最も身近な先達」として、両親をはじめとする市井の人びとをあげ、現在にそして未来に生きる私たちは、彼らの「思いと志を静かに引き継ぐ」べきであることを訴える。養蚕語彙の記述的研究に引きつけて考えれば、日本の近代化をうながし発展させてきた養蚕と、そこになみなみならぬ努力で貢献してきた人びとの存在を、事実として記し保存することは意義深いことだ。現代を、そして未来を生きる私たちのありようを模索しさらに決定づけていく作業として、消滅の危機に瀕した語彙の記述的研究は重要な位置におかれるべきだと考える。
　また、映画監督の小栗康平（2007）は「地域学」という学問分野を定めた場合、それに向かう際の態度と重要な視点について力説する。真の「地域学」というものは、地域を限定してくくって考えるのではなく「掘り下げて外へ開く」べきであることを強調し、次のように続ける。少し長くなるが、本論の基本姿勢に関わる重要な視点であるがゆえにそのまま引用する。

　　古代史で考えればこうだった、産業史から見るとこうである、そんなふうに重層的な視点を持ち込むことが肝心なのかもしれない。今の日本社会はなんだかひどくのっぺりとしたものに思えます。構造改革などといっても、本質的にはなにもかわらないのではないか、若い人は今の現実がよりよく変わって未来がよくなる、そんな感じはだれも持っていま

せん。のっぺりと閉塞している。しかしそののっぺりとした現実というものも、もっとよく見るとジグザグしている、ちょっとでこぼこもしている。亡くなられた鶴見和子さんがどこかの本で「つらら理論」ということを書いていらっしゃいました。古代的な感情は、つららのように、現代にも突き刺さっている。順番を追って現れるのではなくて、唐突に、時系列を越えて現れる。必ずそういう場面があるはずだ。私たちはそれを見落とさずに手掛かりにしていかなくてはならない。そんな風にお書きになっていたように記憶しています。突然、ボコッとある。何千年も前のものがつららのかたちをして突き刺さって、併存している。そういう風に考えると、やっぱりでこぼこなんですね、私たちの生きている現実というものも。ただのっぺりと感じていてはいけないのです。

　そのでこぼこの、どこが凸でどこが凹かということを、自分の方に手繰り寄せる。それが結局は地域というものの考え方だと私は思います。グローバリゼイションということがまことしやかに語られます。極論すればこんなの真っ赤な嘘、ですね。そっちに未来があるとは思えない。でこぼこを探していくのは、自分の足元でやるしかありません。

(204頁15行〜205頁15行)

　現代の日常生活の中には、私たちが意識するとしないと関わらず、先人たちの生きた過去が見えかくれしていることが述べられている。その歴史が、私たちの生きる現代に「でこぼこ」をもたらしているとする。方言学における語彙論は、言語学でありながら歴史学や地域学に連なる手法であり研究分野であると考える。言語学の手法に則った方言学は、その一方で、地域にこだわりそこに根ざした学問分野である。言語学の一分野である語彙論は、生活世界の認識の仕方やそれを反映した文化を明らかにしようとすることを目的の一つにもっている。だからこそ、方言学や語彙論が言語学の課題をにないながら歴史学や地域学にも触手をのばせる、否、のばしていくべき研究分野となることを求められているのである[注5]。

　このような考え方は、養蚕語彙研究の基本姿勢に求められるところであろ

う。記述方言学、語彙論の研究対象として養蚕語彙を位置づけてみても、養蚕の歴史や、地域に根ざした養蚕のあり方に視野を広げなければ、語彙の本質に迫ることは難しい。養蚕語彙が養蚕世界の何をとらえて何を表現するものなのか、そしてそれはどのような方法によっているのか。養蚕世界の中で養蚕語彙に迫りゆくことが本研究のめざすところであり、文化言語学的研究を標榜する所以である。養蚕語彙に軸足をおきつつ、それに関わる歴史や地域をみすえることを基本姿勢として文化言語学としての責めを果たしていきたい。

　寺島実郎や小栗康平の発言に教えを受け、過去をとらえることの意味や現在の日常生活の中での過去のたちあらわれ方というものを強く意識して見すえてみると、消滅の危機にさらされている養蚕語彙の記述はやはり大きな意味を帯びてくる。それは、方言学においても、地域学においてもだ。私たちの未来は、消えゆこうとしている過去の中にすでに見えかくれしている。そうであるとすれば、消えゆこうとしている養蚕語彙の中にも、方言学や地域学の未来がひそんでおり、ほのかな光を灯してくれているのではないか。養蚕語彙の研究は、その光を見いだそうとする作業の実践として位置づけられるのではないか。そのような期待がふくらむ。養蚕語彙の研究をとおして、よりよき未来を築いていくための努力を我が身にうながしていきたい。

注
1　『群馬の蚕糸業』、『群馬県統計年鑑』、『群馬県勢要覧』、『農業センサス』を参考に、群馬の養蚕世界を概観すると、まず、〈繭〉のとれ高の最高値は 30,097 トン（1939・昭和 14 年）である。養蚕農家戸数では、83,900 戸（1956・昭和 31 年）が最高値で、この当時には県内の農家の 7 割近くが養蚕農家であったことがわかる。県内全戸数に対する割合でも、3 割近くにのぼる。桑園面積では、48,170 ㌶（1930・昭和 5 年）が最高値である。近年（2001・平成 13 年）では、〈繭〉のとれ高 447 トン、養蚕農家戸数 1,080 戸、桑園面積 1,750 ㌶である。日本全国一位の養蚕県を誇る群馬でもこのような現状であることから、日本全国での養蚕の衰退はい

ちじるしいことが容易に推測できる。なお、もっとも新しい統計資料を確認すると、群馬県蚕糸園芸課の統計資料では、2007(平成19)年には〈繭〉の取れ高 186 ㌧、養蚕農家戸数 471 戸、桑園面積 1,176 ㌶となっており、数年のうちにいずれもが激減している現状をうかがい知ることができる。
2 筆者は、篠木れい子(1999)に共同研究者として参加した。
3 藤原与一(1986)は、語のつくりに「人」をみることを強調し、それを「語形成」とも「語構成」ともせず「造語」とする。
4 石井正彦(2007)は、人はみな「単語をつくる力(=造語力)」をもっており、それを駆使して現実世界や想像世界の事物、事象を表現できるとしている。それによって、造語以前よりもそれぞれの世界を一層はっきりと認識ができるとする。このことから、造語は、表現活動であると共に認識活動でもあると指摘する。
5 語彙研究、方言研究の立場から、篠木れい子(2002、2005)、木部暢子(2007)の指摘がある。篠木は、語彙の研究は「人文科学ばかりではなく自然科学のさまざまな分野の知を結集して、『生活の場』で生活人が紡ぎ出す『生活語』としての語彙研究」でありたいとし、地域学へ開いていく学問分野であるべきだとしている。木部は、これからの方言研究は一般言語学の道を歩みながらその一方で地域にしっかりと根を下ろして、「地域科学」の一翼をになう学問になるべきだと述べる。自らの経験に基づいて、民俗学や文化人類学、地理学、社会学の研究者と共に、同じ地域を一緒に調査をして知見を出し合い、個々の研究者がそれらを積み重ねていくことによって「地域科学」を実践していくことの重要性をとく。

第2章　養蚕語彙はどのように研究されるか
―研究の前提―

1　先行研究

1.1.　記述方言学的研究において

　養蚕語彙の方言学的研究は、日本の伝統的産業である養蚕が衰退するなかにあって、保存を目指そうとする立場から注目されてきた。方言学的研究のおもだったものを、発表順にあげれば次のようなものがある。

　　室山敏昭(1974)「カイコサン(蚕さん)の一生―養蚕語彙の全的記述を目ざして―」『言語生活』No.272　筑摩書房
　　山口幸洋(1977)「方言研究　オカイコと私―養蚕語彙ノート―」『文芸あらい』昭和52年8号　新居町教育委員会発行
　　青柳精三・青柳絢子(1981)「八丈島中之郷の養蚕語彙」『方言学論叢Ⅰ　方言研究の推進　藤原与一先生古稀記念論集』三省堂
　　善理信昭・和泉善子(1991)「農業語彙の研究―神奈川県高座郡寒川町を中心とする養蚕語彙について―」『日本語論考』大島一郎教授退官記念論集刊行会　桜楓社
　　室山敏昭(1998b)「第三章　鳥取県米子市夜見方言の養蚕語彙」『生活語彙の構造と地域文化　文化言語学序説』和泉書院

　室山敏昭(1974)では、兵庫県養父郡養父町中米地方言の養蚕語彙を全的に記述するとともに、かつては盛んにおこなわれていた当地の養蚕業の様子

を細部にいたるまで描き出そうという姿勢が貫かれ、研究が展開される。養蚕語彙の体系記述を目ざした研究において、早い時期におこなわれたものとして注目される。養蚕語彙を「一.蚕具／二.飼育方法／三.蚕の成長／四.病蚕／五.桑／六.その他」の6つに分類して、〈蚕〉を飼育する過程を再現することを目指した様式で記述がなされている。分類の方法については細かく述べられていない。

　山口幸洋(1977)では、静岡県新居町方言の養蚕語彙について記述する。ここで意図していることは、「新居町方言の記録の一環」であると同時に、「養蚕という作業を通して得た、カイコという虫の体験的観察の報告、つまり、一種の昆虫記風の手記」としての記述である。したがって、語りを記録するという様式で記述される。養蚕業の実態を活き活きと描き出そうとする姿勢がうかがわれ、養蚕を保存するという意味では価値が高い。

　青柳精三・青柳絢子(1981)では、八丈島中之郷方言の養蚕語彙を記述する。養蚕業はもちろん、さらにそこから黄八丈(天然染色と手織りの、伝統的な八丈織)に仕上げるまでの作業過程に注目し、その全過程で用いる語彙を養蚕語彙として記述している。養蚕語彙とともに、それが用いられる文も記述している。分類は、大分類として「蚕の呼び名／桑に関する語彙／桑葉の採取、運搬、保存に関する語彙／蚕の成長、飼育と蚕具に関する語彙／繭の形状等による呼称」の枠組みを設け、さらに細部にいたる小分類の枠組みも設けている。

　善理信昭・和泉善子(1991)では、神奈川県高座郡寒川町方言において、養蚕語彙を「養蚕で使われる言葉」と定義して記述をおこなっている。養蚕語彙全体を網羅できるようにと、蚕、蚕具、習俗などの分野から調査項目が定められ、それに基づいた調査がおこなわれている。「1.蚕／2.道具／3.習俗／4.その他」という大きな枠組みを設け、その下位に小分類をおこなって記述している。

　室山敏昭(1998b)では、鳥取県米子市夜見方言についての記述をおこなっている。養蚕語彙を生活語彙として記述することによって、「地域文化史」を再構成することを意図している。養蚕語彙は、「1.養蚕と養蚕に従事する

人／ 2. 養蚕場とその構造／ 3. 蚕／ 4. 蚕時／ 5. 蚕種／ 6. 孵化と掃立て／ 7. 飼育方法／ 8. 蚕具と作業／ 9. 桑摘みと桑付け／ 10. 蚕の成長／ 11. 病蚕／ 12. 繭／ 13. 養蚕と組合／ 14. 絹糸作りの用具と工場」に分類して記述されている。さきの室山(1974)と比較すると、分類が細かくなっている。新たな枠組みが設けられた点において、記述対象としての養蚕語彙に対して把握の仕方が広がったこと、その内部への視点が細かくなっていることがわかる。特に、「養蚕に従事する人」「養蚕場とその構造」「養蚕と組合」の枠組みが設けられているところには、文化言語学の実践としての「地域文化史」を視野に入れた記述の特色があらわれている。

　ところで、これまでにみてきた記述方言学的な研究と比べると、目的や記述の方針が異なっているものも存在する。養蚕語彙を網羅的に収集して編纂され、辞書的な記述をおこなったものである。具体的には、次のとおりである。

日本放送協会放送文化研究所編(1956)『養蚕用語のてびき』日本放送協会
阪本英一編(不明 1993 以降か)『安中の養蚕のことば』私家版

　日本放送協会放送文化研究所編(1956)は、養蚕語彙の研究を目的としたものではなく、「養蚕用語」がラジオ放送上難解であるという観点から、それらをわかりやすく言い換えるための基準を記述したものである。「放送養蚕用語専門委員会」が設立されての編集である。ラジオ放送は、音声言語のみに頼って放送局からの一方的な情報の伝達がおこなわれるため、この当時、よりわかりやすい放送用語を目ざそうという動きがあったようである。農業全般に関わって、いくつかの用語集や言い換え集が出版されており、この「養蚕用語」のてびきもその流れの中に位置づけられている。このようなてびきの存在は、この当時、養蚕を話題にした放送が頻繁に流されていたということを示しており、日本全国に意識的な聞き手が大勢いたということを示唆している。養蚕が日本全国で盛んにおこなわれていたことの証であると

共に、日本全国で養蚕語彙の共通語化ならぬ統一化がなされているとすれば、その要因の一つとなっている可能性がきわめて大きい。養蚕語彙の地域性を考察する際には、必ず視野に入れるべき重要な資料といえる。

間接的にではあっても全国の養蚕語彙を統一していくかにもみえるそのようなてびきに対して、地域の養蚕文化を記録しようという態度で語彙の収集がなされているものも存在する。それを代表するものが、阪本英一による資料である。編集の年代が不明なのが残念であるが、群馬県安中市の養蚕語彙が五十音順に配列され、網羅的に記述されている貴重な資料である。

1.2. 隣接研究分野において

養蚕語彙の記述的研究の隣接研究分野としては、民俗学や歴史学からの知見が多く発表されており参考になる。群馬県の養蚕語彙を記述するにあたって、重要なものとしては次のような研究がある。

群馬県教育委員会(1972)『群馬県の養蚕習俗』
近藤義雄編(1983)『群馬の養蚕』みやま文庫
群馬県史編さん委員会(1984)『群馬県史　資料編25　民俗1』
萩原進編(1986)『群馬の生糸』みやま文庫
板橋春男(1995a)「生業と生活時間」(『葬式と赤飯　民俗文化を読む』煥呼堂)
板橋春男(1995b)「養蚕と生活」(『葬式と赤飯　民俗文化を読む』煥呼堂)

これらの研究は、養蚕語彙が用いられる場である養蚕世界を知るための情報として、決して欠かすことのできない資料である。それぞれの地域ごとに異なる自然環境をどのように受け入れ、どのような工夫をこらして養蚕の作業を展開して生きたのか。道具や施設の進化や、技術の発展がどのようになされ、かつ、それらを受け入れてきたのか。養蚕以外の農業、すなわち稲作や麦作の作業とはどのようにしてやりくりをしてきたのか。民俗学や歴史学

における研究では、これらの問いに答えて養蚕世界を中心に記述がなされ、地域や世界、そして時代との関わりの中で、養蚕に関わる文化について論じられている。養蚕語彙の研究においても、それらの一語一語は常に養蚕世界に貼りついて存在し、そうあることによって語のすべての意味が決定しているということを忘れてはならない。

　さらに、養蚕のおかれた状況、あるいはとりまく環境を、総合的な視点から説いたものも数多い。本書の立場において、特に示唆的な文献は次のとおりである。

　　高崎経済大学附属産業研究所編(1999)『近代群馬の蚕糸業　産業と生活からの照射』日本経済評論社
　　佐滝剛弘(2007)『日本のシルクロード　富岡製糸場と絹産業遺産群』中央公論新社

　高崎経済大学附属産業研究所編(1999)は、筆者も共同研究者として参加したプロジェクトの研究成果である。経済学、民俗学、歴史学、思想史、文学、方言学の立場から、養蚕および製糸について記述し、論じているものである。養蚕業や製糸業の発展の仕方や歴史、それらの産業に関わる語彙、民俗、伝承のあり方を知ることができる。

　佐滝剛弘(2007)は、「富岡製糸場と絹遺産群」が、ユネスコが認定する世界遺産の候補にあがっていることを受けたものである。群馬県の養蚕を中心に、全国を視野に入れて製糸、織物についても説いている。そればかりではなく、「富岡製糸場と絹産業遺産群」の世界遺産としての価値についても、世界各地で認定を受けている他の世界遺産との対比をおこないながら評価している。養蚕語彙における体系の展開の仕方を考えるにあたり、非常に参考になる文献である。

　ところで、「絹遺産群」に位置づけられる養蚕家屋についても、それに焦点をしぼって建築学からの調査記述がおこなわれている。人が暮らす家屋を、「養蚕家屋」という視点から調査をしたものとして次の資料がある。

六合村教育委員会(2005)『赤岩　伝統的建造物群保存対策調査報告書』

　この研究報告書は、本書において養蚕語彙の調査地としている六合村の養蚕家屋を調査したものであり、養蚕を営む施設としての場所を表す語彙の体系を記述する際には特に示唆に富む資料である。なお、群馬県吾妻郡六合村赤岩地区は2006年に「重要伝統的建造物群保存地区」として認定されている。

2　本研究の特色

　養蚕語彙の記述方言学的研究における先行研究には、養蚕語彙の難解さを解消するためにわかりやすく言い換えようとするものや、衰退の渦中にある養蚕をどのようにかして保存しようとするものとがあることがわかった。

　前者は、養蚕が盛んだったころの目的にしたがい、難解な専門語彙の説明を記述したものである。本書の目的や方針とは異なる記述がなされている。

　後者は、養蚕を営んでいる地域社会での話しことば、すなわち音声言語を対象として記述、研究したものであり、方言学の中に位置づけられるものである。研究目的は、消滅の危機に瀕した語彙を記述しようという本書の目的の一つとも共通している。さらに、養蚕を営む地域社会で音声言語によって語られた養蚕語彙を記述の対象としている点でも共通している。方法についても、採録した養蚕語彙をさらに下位分類して、地域ごとに記述的な研究をおこなっているという点では、おたがいに共通性が認められる。

　しかし、後者の記述的研究の細部に目を向けてみると、養蚕語彙内部の下位分類は各々の養蚕世界にもとづいておこなわれているため、研究者ごとに異なっており決して統一的なものではない。調査地域が変わることにともなって養蚕世界も異なることから、養蚕語彙の分類と記述に差がでてくるのは当然ではあろう。しかしながら、分類の枠組みが異なるために、それぞれの地域の養蚕語彙が一地点の記述の中にとじ込められてしまい、地域の特殊性や地域間の共通性があっても実はなかなかみえてこない。さらに、養蚕世

界のみにもとづいて下位分類がなされるがゆえに、それが恣意的にかたよってしまってはいないかということも問うてみたくなる。

　そこで、本書では、まず、養蚕語彙の体系を記述する際の統一的な方法を模索する。養蚕語彙の範疇を規定し、その内部の下位分類を統一的におこなってみたい。その方法によって、さまざまな地域における養蚕語彙内部の意味分野が統一的に設定され、先行研究では積極的になされてこなかった地域間の個別性や共通性の解明がなされていくと考える。ここに、方言学的研究の成果が期待できる。

　さらに、養蚕語彙の記述が中心課題となるなかで、養蚕の生活世界、すなわち養蚕世界を見すえながら研究を進める。記述方言学や語彙論の研究対象として養蚕語彙を位置づけたとしても、養蚕の歴史や地域に根ざした養蚕のあり方に視野を広げなければ、語彙の本質に迫ることはできないと考える。養蚕語彙に軸足をおき、それに関わる歴史や地域に視野を広げ、文化言語学としての責めを果たしていきたい。語彙研究の立場に重心をおいて養蚕語彙の記述をおこないながら、養蚕世界の概念化と構造化の実態を明らかにする。養蚕語彙を下位分類するための枠組みを、まずは一語一語がもっている語の形式と意味に注目して設定する。養蚕世界がその内部にもっている枠組みを、語の形式と意味によって保証することをもくろむものである。養蚕語彙と養蚕世界とを区別してながめ、かつ、養蚕語彙を養蚕世界にもどしながら意味を把握し記述することによって、研究を深化、発展させていきたい。人は具体的な生活世界をありありと経験する中で、語を造りだしたり意味を派生させたりしているという考え方を基本とするからである。本研究ではそのような立場にたちながら、養蚕世界に対する人びとの認識のあり方を明らかにし、これまでの先行研究へのつみかさねをするかたちでつづいていきたい。

3　文化言語学と生活語彙論

　文化言語学は、藤原与一(1989)、文化言語学編集委員会(1992)、室山敏

昭(1998a、2004)による、研究の方向性を示した言語学の一分野である。「人と文化」「ことばと文化」との関わりを重要視し、言語学の向かうべき方向性を強く意識化したとらえ方である。

室山敏昭(2004)は、文化言語学について、生活語彙論を基礎論として「日本文化の地域類型(文化領域)」を解明することを課題とする言語研究のあり方だとしている。その基礎論となる生活語彙論は、語彙の意味分野を生活の場に即して定め、語彙の体系は「生活者の論理」に即して明らかにされるという立場をとる。それは、本書において、養蚕語彙の造語法および語彙体系を記述しかつ方言的な特徴を明らかにするためには、有効な研究の視点であり方法であると考える。人びとが体験しているすべての養蚕世界は、どのように理解され認識されているのか。これを明らかにしかつ保存することを、本書の目的としているからである。

生活の場、すなわち生活場面によって語彙世界の意味分野を設定する「生活語彙論」の方法は、藤原与一(1962、1986)によって提示され、その考え方の有用性は室山敏昭(1987)をはじめ、多くの研究者によって精力的に検証され研究の発展と深化が認められているところである。具体的な生活場面の分類については、たとえば藤原与一(1973)によって「愛媛県喜多郡長浜町櫛生方言」を対象に、土地の「生活感情・生活志向」を把握することを目的として、表1のように分類されている。社会言語学の立場にたつ真田信治(1990)も、「越中五箇山方言」の生活語彙を対象に、その地域社会における「生活形態を重視して、それぞれの語の機能する生活領域を枠とした分類」をおこなっている。具体的にその枠組みを引用すれば、表2のようになる。真田は、このように分類することを「土地土地の中での語彙のありようを描きだすという点においてはもっとも有用な方法」であると認定し、「対象地域社会の生活実態を描き、人々の生活体系の分析にまで連動していくものであろう」と考える。そのような基本姿勢をとりながら、方言語彙の社会的諸相をえがきだしている。語彙を生活世界すなわち地域社会にもどして、そこで生ずる意味によって体系記述することの重要性は、多くの研究者によって指摘されているところであり、本書においても同じようにその重要

表1　藤原与一(1973)による生活語彙の分類の枠組み

a) 生活一般語彙 　1. 助辞語彙 　2. 独立詞語彙 　2'. 副詞語彙 　　・分量表現に関するもの 　　・程度表現に関するもの 　　・情態表現に関するもの 　　・時の表現に関するもの 　　・理由の表現に関するもの 　　・能力の表現に関するもの 　　・心緒表現に関するもの 　3. 名詞語彙 　4. 数詞(→助数詞)語彙 　5. 代名詞語彙 　　・自称 　　・対称 　　・他称 　　・不定称 　6. 動詞語彙 　7. 形容詞語彙 　8. 形容動詞語彙 b) 生業語彙 　1. 農業語彙 　　・農夫 　　・労働 　　・耕作 　　・農具 　　・肥料 　　・家畜 　　・農作物 　2. 漁業語彙 　3. 副業商業語彙	c) 衣食住語彙 　1. 住の語彙 　2. 食の語彙 　3. 衣の語彙 d) 家族族縁語彙 　1. 家庭語彙 　2. 族縁語彙 e) 村落社会語彙 　1. 人間語彙 　　・身体 　　・精神 　　・感情 　　・人物 　　・性向 　　・行為 　　・悪態 　2. 交際語彙 　3. 冠婚葬祭語彙 　4. 年中行事語彙 　5. 公的生活語彙 f) 生活環境語彙 　1 自然環境語彙 　2. 天文気象暦時語彙 　3. 動植物語彙

表2　生活形態による語彙分類枠（真田（1990）185頁より引用）

I　自然環境 　1　動物 　　(1)鳥 　　(2)獣 　　(3)魚 　　(4)虫 　2　植物 　　(1)樹木 　　(2)草 　　(3)花 　　(4)菌類 　　(5)海草 　　(6)穀類・野菜 　3　鉱物 　　(1)金属 　　(2)石・土 　　(3)水 　2　天地 　　(1)天象・気象 　　(2)地象 　3　自然的現象 　　(1)光 　　(2)色 　　(3)音 　　(4)匂い 　　(5)味 　　(6)温度 　　(7)材質 II　社会生活語彙 　1　行事 　　(1)年中行事 　　(2)宗教に関する行事 　　(3)共同作業・交際 　2　慶弔 　　(1)結婚 　　(2)出産・誕生 　　(3)葬式 　4　挨拶 　　(1)挨拶 　　(2)応答 　5　仕事 　　(1)田仕事 　　(2)畑仕事 　　(3)和紙作り 　　(4)養蚕 　　(5)製糸・織物	(6)住居に関わる仕事 　　(7)山仕事 　　(8)総仕事 　　(9)土木工事 　　(10)藁仕事 　　(11)大工仕事 　　(12)針仕事 　　(13)炊事・洗濯 　　(14)生産物 　5　遊戯 　　(1)屋外での遊び 　　(2)屋内での遊び 　　(3)玩具・楽器 III　衣食住語彙 　1　衣 　　(1)衣服 　　(2)手回り品 　　(3)装身具 　　(4)化粧・化粧品 　　(5)裁縫用具 　　(6)寝具 　2　食 　　(1)食習慣 　　(2)用器 　　(3)料理の種類 　　(4)材料 　3　住 　　(1)家屋の構成 　　(2)家屋の種類 　　(3)家具・調度 　　(4)建築 IV　人間語彙 　1　人間 　　(1)人間一般 　　(2)性向 　　(3)神仏 　　(4)職場・職業・職名 　　(5)家称名 　　(6)集落名 　2　親族 　　(1)親族名称 　　(2)人代名詞 　　(3)呼称・人名 　3　身体・病気 　　(1)身体の部位 　　(2)身体の状態	(3)生理現象 　　(4)病気の種類 　4　精神的状態 　　(1)意識・感覚 　　(2)感情 　　(3)心理的状態 　　(4)性質 　　(5)体質 　5　存在・行動 　　(1)存在 　　(2)状況 　　(3)動作 　　(4)行為 V　時間・空間語彙 　1　時間 　　(1)移動的時間 　　(2)固定的時間 　　(3)時期・時代 　　(4)過去・現在・未来 　　(5)時機 　　(6)順序・終始 　　(7)人間に関する事項 　2　空間 　　(1)空間・場所 　　(2)微細地名 　3　数量 　　(1)数 　　(2)助数詞 VI　表現一般語彙 　1　抽象的関係 　　(1)変化 　　(2)程度 　　(3)様相 　2　言語 　　(1)言語一般 　　(2)擬声・擬態語 　3　助辞 　　(1)助詞 　　(2)助動詞 　4　独立詞 　　(1)連体詞 　　(2)副詞 　　(3)接続詞 　　(4)感動詞 　　(5)間投詞 　　(6)文末詞

性を認めて体系記述を試みる。

　ところで、方言語彙を「生活語彙」であると呼び、「方言人」にとっての「方言の中の必要全単語」がまさしく「生活語彙」であるとするのは、生活語彙論を提唱する藤原与一（1970）である。「生活語彙」は、藤原与一（1986）によって次のように定義されている。

　　私どもにとって、語の生活は、語を運用する生活であり、それは、自己
　　の語彙の中から所要の語をえらんでくる生活である。したがって、つね
　　に語の生活の前提には語彙の存在があるとされる。この語彙を、私は、
　　「生活語彙」と呼んでいる。各人は、言語生活者として、その人なりの
　　生活語彙を有し、方言人は、その方言生活のわく内にあって、自己なり
　　の生活語彙を所有している。　　　　　　　　（14頁5行〜10行）

　人びとが日々の生活の中で用いる一語一語は、語彙というまとまりの中から、その場その時に合致してえらびだされた語であるという。だからこそ、語彙はその場その時に密接に関わる、まさしく「生活語彙」であるということになる。このようなとらえ方に基づいて考えれば、方言の語彙はおのずと「生活語彙」である。藤原与一（1976）は、語彙の分類と記述を次のように考える。

　　語彙記述は分類にきわまる、分類が生命線であるとも言えよう。その分
　　類は、「生活」を見る目によってなされるべきものである。――「生
　　活」の原理とでも言いうるものが、ここにあるはずである。
　　　　　　　　　　　　　　　　　　　　　　（775頁26行〜27行）

　これが、語彙世界に生活場面を導入して意味分野を設定することの基本的な考え方である。生活語彙論をおしすすめ深化させてきた室山敏昭（1987）は、「生活語彙」研究の目的を次のように説明している。

「生活語彙」の体系に即して、地域の生活構造、換言すれば地域文化の構造の特色を解明し、土地の人びとの生活意識、外界認識の体系を究明して、「言語」と「生活」との関わりを、全円的に記述し尽くすことが、生活語彙研究における一つの重要な自己目的でなければならないと考える。　　　　　　　　　　　　　　　　　　（43頁22行～28行）

　生活場面を導入して意味分野を設定することには、必然性のあることが説かれている。このように考えれば、現実の生活に即して意味分野を限定して記述し、それを積み重ねていくことは、日本語の語彙全体の研究につながる有効な方法であるといえる。
　さて、人びとが養蚕をおこなっている〈場（空間）〉と〈時（時間）〉は連続しており、そこでの営みは多岐に及んでいる。養蚕世界に生きる人びとは、必要な道具を駆使しつつ、さまざまな工夫を凝らし、自らの体を動かして作業をおこなう。その作業には、繭生産という人間の生の営み、すなわち生きるための必要条件としては衣生活、生業としては経済的利益のそれぞれにおいて、欠かすことのできない重要な目的がある。さらに、それを遂行するための場所を必要とする。作業の単位は1年であり、時間の進行（時間軸）にともなって作業は進められる。その中で造語され運用されている養蚕語彙は、養蚕世界における、連続した時間を分節し、同様に連続しておこなわれる作業を分節する。そこには、養蚕業を営む人びとによる価値観をも含んだ認識が反映されているはずである。養蚕業が自らの体を動かしておこなわれる作業であるからこそ、そこで用いられる養蚕語彙には身体観や作業観があらわれてくると考える。このような立場でおこなうすべての記述および考察は、室山敏昭（2004）のいう生活語彙論を基礎論とした「文化言語学」の目的に合致したものであり、さらにそれを実践しようとするものである。室山敏昭は、「文化言語学」においては「地域生活者―語彙のシステム（意味のシステム）―生活環境」を結ぶパースペクティブによって課題が追求されるべきだとしている。これを、本書と対応させてみれば次のようになる。

```
文化言語学  ：地域生活者   ─  語彙のシステム(意味のシステム)  ─  生活環境
           ↓         ↓              ↓                    ↓
養蚕語彙研究：養蚕業従事者  ─  養蚕語彙のシステム         ─  養蚕世界
```

　生活語彙論では、語彙の体系は常に生活者の論理に即して構築されているものと考える。この考え方のうえに立てば、養蚕語彙のシステムはすべて養蚕業従事者の論理に即して構築されていると考えられる。養蚕業従事者と養蚕世界との接点に、養蚕語彙を位置づけ、そこに反映されている人びとの価値観を明らかにしようとする点で、本書は文化言語学的な研究として展開するものである。

4　語彙体系における意味分野の設定
　　―あらためて養蚕語彙とは何か―

　語彙の体系に注目した研究は、生活場面にそって意味分野を定めておこなう方法をとることが多い。そうすることによって、数多くの大きな成果があがっている。方言語彙あるいは日本語語彙の研究においては、ある意味分野を設定して部分体系を記述し、それを繰り返していくことによって語彙体系の全的な記述をめざす方向で研究が展開されているのである。その方向性を示した研究には柴田武(1971、1972、1976、1988)、日本方言研究会・柴田武(1978)があり、真田信治(1976、1990)はその有効性を認めつつ社会言語学としての語彙研究をおしすすめてきた。また、室山敏昭(1987、1998a、2001、2004)、篠木れい子(1996a、1996b、2000)、吉田則夫(1981、1988、1992)、町博光(1987、2000)、上野智子(2004)、岡野信子(2005)、友定賢治(2005)らも、方言語彙を中心に日本語の語彙について、それぞれに意味分野を限定することによって部分体系を記述し、緻密な論を展開している。日本語史においても、前田富祺(1985)が国立国語研究所(1964)『分類語彙表』を柱として意味分野を設定し、語彙の分類および体系の帰納をおこない語彙史を展開している。

しかしながら、吉田則夫(1988)が記述の方法論を述べながら指摘するように、たとえ意味分野を限定して部分体系を記述しそれを単純に積み重ねていったとしても、すぐには語彙体系全体の記述には結びついていかない。語彙の体系というものは、それができるほど単純だとは考えにくい。意味分野を限定していったん語彙を記述したとしても、その要素である語はまた、他の意味分野に分類される可能性が大いにあるからである。
　このように、語彙における全体系の記述は困難であることが認識されつつ、意味分野を限定して研究が活発に進められてきた。本書で記述と考察の対象となる養蚕語彙も、人びとの生活場面に即して生活語彙の意味分野を分節して設定するものである。養蚕を営む人びとが、その過程において使用する専門的なことばのまとまりを養蚕語彙としてとらえることとする。この定義は一見厳密性にかけ、おおらかにすぎるようにもみえるが、語彙のもっている性格上、妥当なものであると考える。意味分野を人びとの生活場面に即して設定することは、文化言語学としての分析をおこなうためには必然的なとらえ方であるという立場に立ちつつも、一方では、他の意味分野との語の出入りがあろうことは明確に意識化して記述をしていく必要がある。
　あらためて、養蚕語彙について、生活場面である養蚕世界と共に定義すれば次のようになる。

　　　主に養蚕業従事者が、養蚕世界において養蚕を営むために用いる語のまとまりを養蚕語彙とする。養蚕世界とは、実際に養蚕がおこなわれる場であり、そこに存在する具体的な〈もの〉や〈こと〉のすべてをふくむ。「蚕(幼虫)に桑などを与えて飼い育て、繭を生産する産業」が養蚕である。その過程(第3部第2章1節参照)で必要とされ、用いられている生活語彙が養蚕語彙である。

　養蚕語彙としての本来の意味は、専ら養蚕をとりまく人びとの生活世界(＝養蚕世界)での用法に求められる。この意味は、養蚕世界で生活してきた人びとの、実際の経験やそこで培ってきた知識によって説明される。人びと

が養蚕世界を表現するために用いる語のまとまりが、養蚕語彙であるということになる。

　このように、まずは養蚕世界を規定し、そこで用いられている語彙を養蚕語彙ととらえることとする。語彙は生活世界とは決して分離することができず、おのずとこのような規定の仕方が要求されてくるが、規定した生活世界にあらわれる語彙こそが、その生活世界を分節し細分化している、まさにその意味分野の語彙であるといえる。

5　調査の概要

5.1.　調査地域

　本書における養蚕語彙の調査地域は、全国で最も養蚕の盛んであった群馬県を中心とする。ほかに、埼玉県秩父市と島根県鹿足郡日原町、およびフランス南部地域のヴァロンポンダルク(Vallon pont d'arc)とする。それぞれの調査地域の位置は、図1～3に示したとおりである。

　群馬県内の調査地域は、養蚕をとりまく自然環境とに注目して選定した。それぞれの地域の位置は、図2のとおりである。図2の地形図でおおよそわかるように、群馬県の自然環境は平野地域と山間地域の差が著しいため、それが養蚕の方法を左右する最も大きな要因となり、養蚕語彙に反映されると考えたためである。平野地域と山間地域では、〈桑畑〉のありようも大きく異なり、気温の変化にも大きな差がある。そのため、養蚕の方法には当然のごとく違いがみられる。養蚕世界と養蚕語彙との関わりを考える場合、自然環境は調査地域の選定において考慮しなければならない観点であるとした。なお、図2では、地域名の前に「▲」を付した地域が山間地域である。

　養蚕の方法の他に、目的も県内の地域ごとに異なるが、それは調査地域の選定のためには考慮しなかった。萩原進編(1986)にあるように、群馬県内は蚕糸業における分業体制が確立したことによって、「〈繭〉を主とする地域」「〈蚕種：蚕の卵〉を主とする地域」「〈製糸〉を主とする地域」「〈織物〉を主とする地域」「〈繭〉〈製糸〉〈織物〉を一貫する地域」に分かれており、

それぞれの地域で盛んな産業があった。養蚕は〈繭〉か〈蚕種〉のいずれかを目的としている産業であり、〈製糸〉〈織物〉はその養蚕のあとに続く産業である。それぞれの地域で主としていた産業はあったとしても、必ず前者の目的に向かう養蚕農家は存在している。養蚕語彙の調査では、何を主としている地域であるかということより、話者が養蚕を営む養蚕農家であるか否かが重要であると考えられる。各養蚕農家が目的の異なる地域のなかにあっても、〈繭〉や〈蚕種〉を収穫する養蚕にたずさわっているということが重要である。その養蚕農家が、どの産業を主としていた地域にあったかという点

図1　全国の調査地点位置図

は、専門語彙としての養蚕語彙調査において重要度は低い。そのように考え、養蚕の目的に関しては調査地域の選定の際に重要な観点とはせず、調査地域を代表する話者、すなわち養蚕農家を選定する際に確認すべき観点とする。

したがって、平野地域(図2では●の地域)と山間地域(図2では▲の地域)から養蚕農家のかたがたを話者として選定し、その際には〈繭〉〈蚕種〉のいずれを目的としていたかということを確認して調査することとした。話者の属性については 5.2. 話者に記すとおりであるが、具体的な考察に関係する部分も多いので、調査地域の詳細と共にあらためて第2部、第3部、第4部の各章に記す。ここでは、群馬県内の調査地域を、自然環境と養蚕の目的に着目して示すと表3のようになる。秋原進編(1986)によれば、山間地域には〈蚕種〉を目的とした地域はみられない。県内の調査地域のうち「○」を付した地域では、養蚕語彙の全体系を記述することを目的として調査をおこなった。それ以外の地域では、養蚕語彙内部の部分体系を比較することを目的として、ある部分に限定して調査をおこなった。

また、群馬県以外の地域では、埼玉県秩父市と島根県鹿足郡日原町を選んだ。位置は、図1のとおりである。いずれにおいても、養蚕語彙の全体系を記述することをめざして調査をおこなった。この2地点は、群馬県の特

図2　群馬県内の調査地域

表3　群馬県内の調査地域

自然環境 目的	平野地域	山間地域
〈繭〉	○前橋市富田町 ○佐波郡玉村町 ○藤岡市中大塚 富岡市下高尾 安中市板鼻	○吾妻郡六合村世立 吾妻郡六合村赤岩 吾妻郡長野原町林 ○利根郡片品村古仲 ○利根郡片品村摺渕 利根郡昭和村糸井 ○多野郡中里村
〈蚕種〉	佐波郡境町島村	なし

徴を明らかにすること、調査地域の違いをこえて養蚕が盛んな地域における養蚕語彙の共通性を把握することをめざして選定した。群馬県方言と同じ方言区画に属する隣接地域からは埼玉県秩父市方言を、群馬県方言とは異なる方言区画に位置づけられる地域からは島根県鹿足郡日原町方言を選んだ。それぞれの方言区画内において、養蚕の盛んであった地域である。方言区画の違いが、養蚕語彙の個別性をもたらす要因となっているか否かについても検証することをめざした。いずれも、比較的平らな土地柄であり、〈繭〉を目的として養蚕を営んでいる地域である。

　さらに、日本語方言ばかりではなく、日本よりも先に養蚕をおこなわなくなったフランスにおいても調査をおこなった。調査地点は図3に示したとおりである。言語をこえた養蚕語彙としての普遍性や、言語ごとの個別性を把握することをめざした。その土地土地に根ざした語彙の文化言語学的な研究として、より広い視野をもって使命を果たしたいと考えたからである。フランス語では、おもに、造語法における日本語方言との比較や、現在の養蚕語彙の実状を記述することを目的として調査をおこなった。同時に、消滅の危機に追いやられた語彙の現況がどのようであるのかについても把握したいと考えた。調査地域は、フランス国内では比較的養蚕の盛んであった南フランスを調査地域に選んだ。言語の違いをこえて、養蚕が盛んであった地域に

図3　フランス調査地点位置図

おける養蚕語彙の共通性や個別性について考察していこうと考えたからである。聞き取り調査をおこなった地域は、南フランスに位置するヴァロンポンダルクである。群馬県農政部蚕糸課(1999)によれば、当地域はフランスの主要養蚕地帯の中に位置している。フランス語南仏方言に属するヴァロンポンダルクは、都市リヨン(Lyon)の位置するローヌ・アルプ(Rhône-Alpes)の、南部にある地域である。マルセイユ(Marseille)から北に約200kmに位置する。ローヌ・アルプ一帯はフランスでも養蚕が盛んだった地域であり、現在では資料館が多く存在している。その中でも、ヴァロンポンダルクには、調査当時未だ資料館として養蚕をおこなう magnanerie(養蚕所)があった(写真1)。このことから、当地をフランスの調査地域として選択した。その養蚕所は山深い地域にあり、ＴＧＶの駅(リヨン)からヴァロンポンダルクまでは、バスが1日に1本しか往復していない。養蚕所に最も近いバス停におりても、まだなおたどりつけはしない地域であった。

　フランスでは、この他に、同じく南フランスに位置するエクサンプロヴァンス(Aix-en-Provence)、モンペリエ(Montpellier)においても、聞き取り調査および博物館等での調査をおこなった。エクサンプロヴァンスは、ヴァロンポンダルクと同様に、南フランスに位置している。パリ(Pari)から800km

ほど南下した地域で、国内では養蚕の盛んだった地域として知られている。1800年代にはエクサンプロヴァンス出身の文学者による、養蚕を題材にした文学作品が出版されているほどである。具体的にはディウルーフェの『蚕の歌』や、ミストラル『プロヴァンスの少女』が有名である。後者については、杉冨士雄訳(1977)がある。調査時には、エクサンプロヴァンスの農村地帯を走るある道路の両脇に、桑の木が植えられてあった。その当時、すでに大木になっており、長い並木道となって続いていた(写真2)。かつて養蚕が盛んであった頃のことを彷彿とさせる風景であった。

また、エクサンプロヴァンスにほど近い、モンペリエのモンペリエ大学医学部の庭にはさまざまな〈桑〉の標本が植えられており、その中には日本からの品種もあった。参考までに、その〈桑〉の名前を記せば次のとおりである。

Morus kohkuso Auct ／ Mûrier Kohkuso ／ MORACEAE ／
Issu d'un arbre introduit du Japon en 1956　　　　（下線は筆者による）

下線部は「国桑」であろう。この品種は、日本放送協会放送文化研究所編(1956)によれば「農林省蚕糸試験場で育成した新品種」とされている。南フランスと日本との交流を示唆し、両国共に良質の〈繭〉を生産するための研究が進められていたことを示している標本である。

写真1　〈ma magnanerie 養蚕所〉の内部
　　　　ヴァロンポンダルク

写真2　〈桑の並木道〉
　　　　エクサンプロヴァンス

なお、フランスでの調査時には、学部時代の外国語科目でフランス語をご指導くださった篠木平治先生(群馬県立女子大学名誉教授)に通訳をしていただいた。本書で扱うフランス語の記述については筆者である新井がすべての責任を負うものであるが、調査でえられた音声資料の正確な文字起こしや翻訳は、篠木平治先生のお力をかりて実現したものである。

5.2. 話者

本書に採録した養蚕語彙は、1989年から2009年の間におこなった臨地調査でえられたものである。各地域の養蚕語彙を生き生きと語ってくださった話者は、以下に示すとおりである。

群馬県内と県外に分けて、各調査地域、調査時期、話者の生年．性別を記す。なお、各調査地域の話者の記述で、「／」によって併記した男女はご夫婦であり、調査時には同席していただいたことを示す。共に同地域での養蚕従事者である。それぞれの農家における養蚕は、ご夫婦を単位とする家族全員の手によって営まれていた。ご夫婦の間では、お互いに共通する養蚕語彙を用いて作業がおこなわれてきたといえる。

群馬県内

各調査地点の位置は図1、図2を参照

吾妻郡六合村世立(1991～1993年調査、2004～2009年追加調査)

  A：1929(昭和4)年生　男性／B：1931(昭和6)年生　女性

吾妻郡六合村赤岩(2008年調査、2009年追加調査)

  A：1932(昭和7)年生　男性

  B：1940(昭和15)年生　男性

吾妻郡長野原町林(2001～2003年調査、2004～2005年追加調査)

  A：1925(大正14)年生　男性／B：1924(大正13)年生　女性

  C：1924(大正13)年生　男性

  D：1924(大正13)年生　男性

  E：1927(昭和2)年生　男性

利根郡昭和村(2007年調査)

　　　A：1935(昭和10)年生　男性／B：1936(昭和11)年生　女性
利根郡片品村古仲(1992年調査)

　　　A：1917(大正6)年生　男性／B：1923(大正12)年生　女性
利根郡片品村摺渕(1992年調査)

　　　A：1919(大正8)年生　男性／B：1922(大正11)年生　女性
前橋市富田町(1992年調査)

　　　A：1922(大正11)年生　男性／B：1924(大正13)年生　女性
佐波郡玉村町(1995年調査)

　　　A：1903(明治36)年生　男性

　　　B：1940(昭和15)年生　男性／C：1944(昭和19)年生　女性
佐波郡境町島村(2001年調査)

　　　A：1929(昭和4)年生　男性／B：1935(昭和10)年生　女性
藤岡市(1989〜1992年調査、2001年調査、2004〜2009年追加調査)

　　　A：1914(大正3)年生　男性／B：1916(大正5)年生　女性

　　　C：1929(昭和4)年生　男性／D：1928(昭和3)年生　女性

　　　E：1941(昭和16)年生　男性／F：1945(昭和20)年生　女性

　　　G：1929(昭和4)年生　女性

　　　H：1941(昭和16)年生　男性

　　　I：1927(昭和2)年生　男性／J：1931(昭和6)年生　女性

　　　K：1920(大正9)年生　男性

　　　L：1949(昭和24)年生　男性
富岡市下高尾(2005年調査)

　　　A：1929(昭和11)年生　男性／B：1940(昭和15)年生　女性
安中市板鼻(2004年調査)

　　　A：1941(昭和16)年生　男性／B：1940(昭和15)年生　女性
多野郡中里村：多野郡神流町中里村(1991〜1992年調査)

　　　A：1915(大正4)年生　男性

　　　B：1915(大正4)年生　男性

　　　　C：1919(大正8)年生　男性
　　　　D：1921(大正10)年生　男性
　　　　E：1923(大正12)年生　女性
　　　　F：1926(大正15)年生　女性

群馬県外
各調査地点の位置は図1を参照
　　埼玉県秩父市(1995年調査)
　　　　A：1936(昭和11)年生　男性／B：1936(昭和11)年生　女性
　　島根県鹿足郡日原町(1993年調査)
　　　　A：1913(大正2)年生　女性
　　　　B：1914(大正3)年生　女性
　　　　C：1919(大正8)年生　男性／D：1920(大正9)年生　女性

　以上が、日本語方言における調査地域と話者である。フランス語の調査地域と話者は次のとおりである。

フランス
各調査地点の位置は図3を参照
　　ヴァロンポンダルク(Vallon pont d'arc)　フランス語南仏方言
　　　　　　　　　　　　　　　　　　　　　(1999年調査)
　　　　A：1929年生　女性
　　　　B：1950年生　女性

　お二人ともヴァロンポンダルク生え抜きの女性であり、親子である。お二人は、1968年まで当地での養蚕経験があるという。
　なお、フランスにおける下記の地点では体系的な調査はおこなっていないが、本論の中で言及することがある。

エクサンプロヴァンス（Aix-en-Provence）　1995年9月10日〜12日
　　　　　　　　　　　　　　　　　　　調査
モンペリエ（Montpellier）　　　　　　1995年9月14日調査

　エクサンプロヴァンスのデータは、ペンション経営者に対する面接調査および博物館等での調査によるものである。このときには、パリ出身の旅行者からも、データをえられた。モンペリエでは、博物館等で調査をおこなった。

　以上の他にも、講演先で出会ったみなさん、高崎経済大学山崎プロジェクトにおける勉強会で出会ったみなさん、筆者の居住地である藤岡市中大塚およびその周辺に暮らすみなさんからもたくさんのご教示を受けた。みなさんとの会話を通して調査した語彙、それを元に再調査してえられた語彙を取り上げる場合は、本書の該当する部分において話者としての属性に言及する。

5.3. 調査方法

　まず、さきに記したそれぞれの地域において、長年養蚕業にたずさわってきた複数の話者に同席していただき、会話形式によって養蚕業を語っていただいた。その会話は、養蚕業の営みを手順に沿って説明していただく方法をとった。調査者である私もそこに同席し、重要な部分では質問を加えながら談話の一つ一つを文字化して記録をとった。その談話の全体は、状況が整わない場合を除いて録音をおこなった。具体的な文字化資料の例を示せば次のとおりである。

(1) 群馬県吾妻郡六合村世立方言
　　ウチノ　ホーワ　カシューサンツーノガ　イチバン　オーカッタン。バンシューツー　ヤツモ　ハエタン　ソノ　ツギニ。ソシテ　ハルゴモ　ヤッタン。
　　（私の家の方では、夏秋蚕というのが一番多かったの。晩秋というやつも掃いたの、その次に。そして春蚕もやったの）

次に、その中から養蚕業の営みの中に存在している〈もの〉や〈こと〉を表し概念化をおこなっている語を、養蚕語彙と認定して抜き出した。上の例文から抜き出した養蚕語彙は次のとおりである。

(2) a. 名詞　ハルゴ(春蚕)、カシューサン(夏秋蚕)、バンシュー(晩秋)
　　 b. 動詞　ハク(掃く)

　さらに、これらの語彙の個々の意味を記述するために、時をあらためて質問調査をおこなった。それによって、ハルゴ(春蚕)、カシューサン(夏秋蚕)、バンシュー(晩秋)が1年の内に複数回おこなわれる養蚕期を表す語彙であること、ハク(掃く)が養蚕の作業をおこなうときの特別な動作であることを確認して、それを採録した。

(3) a. 名詞　ハルゴ(春蚕)　5月中旬から6月中旬に飼育する蚕。
　　　　　　カシューサン(夏秋蚕)　7月下旬から8月下旬に飼育する蚕。ナツゴ(夏蚕)という言い方もする。
　　　　　　バンシュー(晩秋)　8月下旬から9月下旬に飼育する蚕。バンシューサン(晩秋蚕)、アキゴ(秋蚕)という言い方もする。
　　 b. 動詞　ハク(掃く)　卵から孵った黒い毛の生えた小さな蚕を、鷹の羽の箒(写真3)を使って種紙から飼育場所へ移す。手を用いると、小さな蚕がつぶれてしまうための方法である。

　以上のようにしてそれぞれの語の記録をとり、調査結果を整備した。これらを基礎資料として用いて語彙体系の記述や造語法の考察、比喩表現の考察をおこなった。

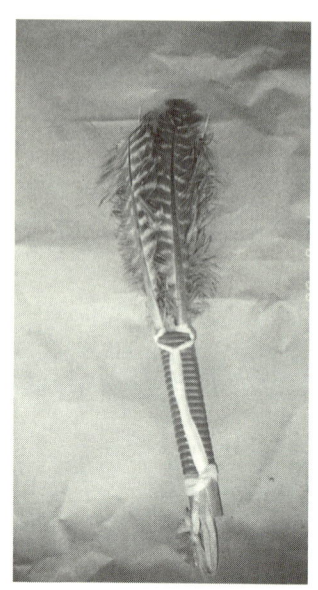

写真3 〈鷹の羽の箒〉
群馬県藤岡市

第 2 部

養蚕語彙の概観

第1章　養蚕語彙の分類と記述

1　はじめに

　養蚕語彙という意味分野の設定は、先に述べたように生活場面を基準にしたものである(第1部第2章4節参照)。養蚕世界という生活場面で用いられるさまざまな語を、養蚕語彙としてくくっている。養蚕語彙として各々の語を統一的に分類、記述しようとするとき、生活場面を見すえつつも、あらためて語の形式と意味に注目して方針をたてる必要があろう。

　そこで、語彙の体系記述のための方針を定めつつ、養蚕語彙の内部にある下位分類としての意味分野を設定し、同時に語彙の分類および記述をおこなう。意味分野を設定することによって、語彙体系の記述方針を定めていくことにする。

　なお、本章で記述の対象とする方言は群馬県吾妻郡六合村世立方言とする。章末には、同じ方法を用いて他の地域の養蚕語彙を分類、記述したものを図示する。

2　群馬県吾妻郡六合村世立について

　六合村世立は、群馬県の西北部に位置する山間地域である(第1部第2章5節参照)。村の92%を山林と原野が占める。この数字が示すように、平らな土地は山間にある一部と河川流域のごくわずかである。村全体が山深い地域であるため、標高が高く地形も複雑である。そのため、季節の変化がいち

じるしく、冬の寒さは特に厳しい。そのような自然環境の中での産業は、木工品の製作と炭の生産が特に盛んで、養蚕は夏の現金収入をまかなうために重要な位置づけにあった。それは、次の表現が示すとおりである。

(1) a. イチバン　オカイコノ　サカンノ　トキワ　ニワサキノ　イシガキノ　アタママデー　クワー　ウエテネー。
（一番養蚕の盛んな時は、庭先の石垣の先まで桑を植えてね）
b. ナニヨリノ　シューニューダッタヨ　ナツノネ。オコサンワ　エライヒトダッタ。
（何よりの収入だったよ、夏のね。御蚕様は偉い人だった）

近年[注1]では、冷涼な気候を活かした花卉栽培が盛んにおこなわれている。

3　養蚕語彙の語構造とそれに基づく分類手順

養蚕語彙における名詞語彙について、意味分野を定め下位分類をおこなう。養蚕世界で専門的に用いられる養蚕語彙は、その大半を名詞語彙が占めている。前田富祺(1989)が日本語の語彙の特徴として指摘しているように、養蚕語彙においても、名詞語彙がきわめて多くそれに比べて動作語彙、形容語彙は少ない[注2]。したがって、名詞語彙を記述することによって養蚕語彙の体系のおおよそは記述できることになろう。

六合村方言における各々の語の構造に注目をすると、養蚕語彙には単純語が少なく複合語と派生語をあわせた合成語がいちじるしく多い(図3参照)。語構造に注目して語彙数を述べれば、次のとおりである。

単純語：合成語　＝　32：142

合成語の方が圧倒的に多いのは、日本語の語彙全体の割合からしても納得

のいくことであり、養蚕語彙においても、章末の図①〜⑧で示すようにすべての地域に共通している性質である。合成語の中でも、複合語の割合は高い。

単純語と複合語の構造は、概略、図1のように図示することができる。単純語は一つの要素からなり、その意味が語としての意味でもある。複数の要素からなる合成語、本章では多くの場合に複合語であるが、語の意味的な中心はその後部要素がにない、それが語の基幹となって機能している。養蚕語彙の意味分野を設定して下位分類をおこなうために、この複合語の語構造に着目してみたい。語彙体系の記述をするときにおこなう基本的な作業過程を提示しながら、養蚕語彙の記述を試みる。方針は次に示すとおりである。

方針1　養蚕語彙の全体を記述するための、一貫した方法を提示する。
方針2　養蚕語彙の内部に意味分野を設定し、そこに養蚕語彙を分類する。
方針3　意味分野の設定には、養蚕世界の生活場面を見すえつつも一旦そこからはなれ、語の形式と意味に重心をおく。

この方針に則って、養蚕語彙を記述するための意味分野を設定し、下位分類をおこなう。その作業過程を、順序立てて大まかに示したものが図2である。養蚕語彙では、合成語の中でも複合語がほとんどであるが、派生語も認められるので、それらの合成語の後部要素を同等にあつかうことには問題がある。しかし、ここでは便宜的にひとまず派生語も複合語と同等にあつかい、のちにその問題点を解消していくこととする。

まず、図2に示したように、手順1では、「①単純語と複合語の区分」を

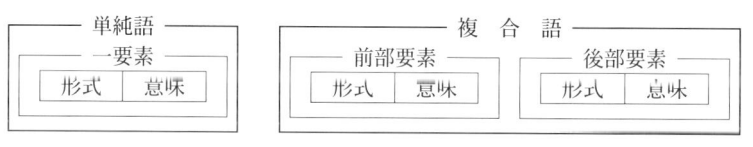

図1　単純語と複合語のつくりとしくみ

したのち、「②複合語の後部要素に同じ造語成分をもつ語を統合」する。複合語のうち、二つのタイプA類とB1類に認定する語の後部要素に注目し、その類同性によって「③意味分野の設定」をする。設定した意味分野に「④複合語A類、複合語B1類を分類」する。その結果、手順1では、第一次分類と第二次分類がおこなわれる。すなわち、養蚕語彙内部における意味分野の設定と、「複合語A類」、「複合語B1類」の分類である。なお、のちに詳しく述べるが、ここで「複合語A類」、「複合語B1類」と認定したものが、いわゆる複合語である。

次に、手順1での分類から除外した複合語のうち「⑤B2類と、単純語であるC類の語に焦点を当て、設定した意味分野に分類」する。「複合語B2類」の中には、いわゆる派生語も分類される。このとき、新たな意味分野が必要であればその枠組みを新たに設定する。この手順2における二段階目の作業によって、すべての採録語彙が分類できることになる。これが第三次分類である。

最後に、手順3の第四次分類をおこなう。これは、「⑥各意味分野の内部をさらに下位分類」する作業である。

以下、この図2の手順にしたがって、第一次から第四次までの養蚕語彙の分類の視点を述べつつ、体系記述の方法を示す。

後部要素		⇒ 語の意味 ⇒	前部要素	
形式	意味	による分類	形式	意味

第一次分類　第二次分類　　　　　　第三次分類　　　　　　第四次分類
①単純語・複合語の区分　　　⑤複合語B2類・　　　　　⑥意味分野内の
②複合語の後部要素の統合　　　単純語C類の分類　　　　　下位分類
③意味分野の設定
④複合語A類・複合語B1類の分類

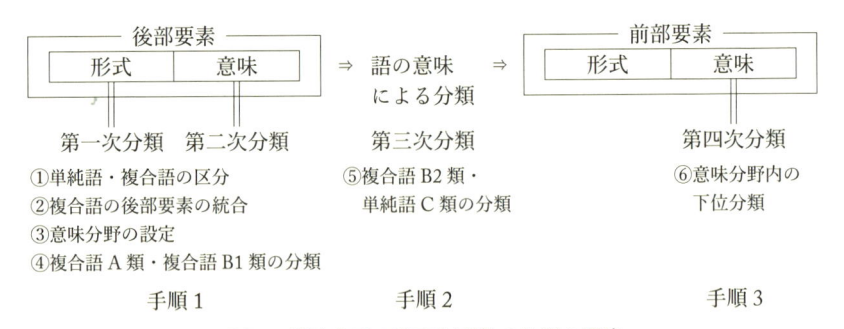

　　　　手順1　　　　　　　　　　手順2　　　　　　　　　手順3

図2　意味分野の設定と語彙の分類の順序

4 養蚕語彙の分類方法と意味分野

4.1. 第一次分類および第二次分類と意味分野の設定

　前節で述べた分類の手順にもとづいて、具体的に記述をおこなう。第一次分類は、複合名詞における後部要素の形式による分類である。第二次分類は、後部要素の意味による分類である。しかし、語の形式と意味を、厳密に切りはなして考えることは不可能であることから、必然的に、両者の分類は同時におこなわれることになる。そうであるとしても、語が形式と意味という単位をもっている以上、分類の手順としては、便宜的に第一次分類、第二次分類として区別しておくこととする。それによって、語彙体系の記述に、語の形式と意味をどのように反映させていいけばよいのかを明らかにすることができると考える。

　複合名詞の後部要素は、その語の意味の基幹としてはたらいている。そのため、それぞれの複合名詞がその後部に同じ形式を有していれば、まずは同一の意味をになっていると考えてよいであろう。したがって、はじめに後部要素の形式に注目して養蚕語彙を分類する。

　たとえば、次のように後部要素に-コ、-ゴ、-カイコ、-ゲーコ、-サンをもっている語を分類する。

```
        複合語                     後部要素
   ヤスミ-コ  （休み蚕）　⎫
   オキ-コ　　（起き蚕）　⎬ -コ
   ノリ-コ　　（のり蚕）　⎪
   サキ-コ　　（先蚕）　　⎭

   ケ-ゴ　　　（毛蚕）　　⎫ -ゴ
   ハル-ゴ　　（春蚕）　　⎭

   オ-カイコ　（御蚕）　　-カイコ
```

オー-ゲーコ(大蚕) ⎫
コ-ゲーコ(小蚕) ⎬ -ゲーコ

カシュー-サン(夏秋蚕) ⎫
バンシュー-サン(晩秋蚕) ⎪
ゲン-サン　(原蚕) ⎬ -サン
ハッキョー-サン(白狂蚕) ⎪
リョッキョー-サン(緑狂蚕) ⎭

　このように、第一次分類では形式のみに注目しているようではあるが、先に述べたように現実問題として、形式から意味を切りはなすことは不可能である。たとえ第一次分類において、忠実に形式だけに注目して分類してみても、効率的な分類とはいえない。形式に注目しつつ、それがになっている意味を考慮しなければ、第一次分類はおこなうことはできないことはいうまでもない。このことを、端的に示している例をあげてみる。たとえば、サンという形式である。サンを後部要素にもつ語を全てあげれば次のようになる。

(2) a. カシュー-サン　バンシュー-サン　ゲン-サン　ハッキョー-サン
　　　リョッキョー-サン
　　b. オ-コ-サン　キョーシ-サン

　すなわち、サンという形式は、(2a)では(蚕)であり、(2b)では敬称の(様)相当の接尾辞である。第一次分類において、形式だけに注目をするのであれば、(2a)と(2b)は同一の分類がなされるが、同時にその形式が表す意味に注目をすることは必然的なことであり、むしろそのようにすることの方が方法として効率的である。両者を便宜的に切りはなして第一次分類、第二次分類とするが、実は両者は同時におこなっている分類である。
　以上の方針にしたがって分類した結果が、表1、表2、表3である。第一次分類によって、142の複合名詞は82種の後部要素にまとめることができ

第1章　養蚕語彙の分類と記述　47

表1　意味分野Iとその設定に関わる形式

分類 意味分野	第一次分類・第二次分類			
			第三次分類	
	A 後部要素14種	B1	B2 後部要素15種	C 12語
《蚕》	－カイコ(蚕) (-)ケーコ(蚕) －ゲーコ(蚕) －コ(蚕) －ゴ(蚕) －サン(蚕)	－	－サン(様) －シュ(種) －ボー(坊) －ツキ －スキ(透き)	ズー ヒキリ ビク コブシ チョーチン(提灯) タネ(種)
《桑》	(-)クワ(桑) クヮ(桑) －ソー(桑)	－	－キ(木) －ギ(木) －ドーシ(通し) －バレー(払い) －ズエ －ハ(葉) －バ(葉)	イヅノセ(一ノ瀬) バンドー(坂東) ドド(どど)
《繭》	(-)マユ(繭) (-)マイ(繭) －メー(繭)	－	－カー(皮) －ハリ(張り) －コモリ(籠もり)	ビショ サビ(錆) ケバ(毛羽)
《飼育》	－ガイ(飼い) －イク(育)	－	－	－

　る。後部要素に共通の形式をもっている語が数多く存在しているということである。それぞれの表においてA類、B1類、B2類に分類して示している形式が、82種の後部要素である。
　第二次分類では、表1、表2、表3のA類、B1類に分類した形式の意味に注目して、養蚕語彙内部の意味分野を設定する。表1、表2、表3のB2類の形式、および、C類の単純語の意味は除外して意味分野を設定する。その理由は以下のとおりである。

(3) a. B2類に分類した形式は多種多様であり、意味も同様である。また、いわゆる派生語を構成する接尾辞も含まれている。したがって、それ

表2　意味分野Ⅱとその設定に関わる形式

意味分野 \ 分類	第一次分類・第二次分類			
	A	B1 後部要素16種	B2 後部要素3種（第三次分類）	C 4語
《虫害》	—	-ムシ(虫)	—	—
《蚕の活動》	—	-ヤスミ(休み) -オキ(起き)	—	フナ ニワ
《廃物》	—	-シリ(尻) -グソ(糞)	—	クゥデ(桑で)
《人》	—	-シ(師)	-サン -カイ(買い) -ヒリョー(日料)	—
《場所》	—	-シツ(室) -ジョ(所) -バラ(原) -ハタ(畑)	—	モロ(室)
《信仰》	—	-サン -ユエー(祝い) -ダマ(玉) -ダンゴ(団子) -カザリ(飾り) -ボヤ	—	—

　　だけでは養蚕語彙内部の意味分野の設定基準にはなりえない。
　b. C欄に分類した形式は単純語であり、1語の意味によらなければ意味分野の設定基準にはなりえない。

　表4は、A、B1欄の後部要素の意味に注目して設定した、範疇化の枠組みであるところの意味分野である。表4に記したように、六合村方言における養蚕語彙については12の意味分野を設定することができた。表1、表2、表3では、この枠組みを意味分野の欄に示している。この12意味分野は、養蚕を営む方言人が獲得している普遍的な枠組みであると考えられる。

第1章　養蚕語彙の分類と記述　49

表3　意味分野Ⅲとその設定に関わる形式

意味分野	分類	第一次分類・第二次分類		第三次分類	
		A	B1 後部要素34種	B2	C 9語
《作業》		―	-トリ(取り) -キリ(切り) -カリ(刈り) -モギ(捥ぎ) -ツミ(摘み) -コキ(扱き) -タテ -カケ(掛け) -カキ(掻き) -ダシ(出し) -クレ(呉れ) -ズケ(付け) -ホリ(掘り) -イレ(入れ) -ヌキ(抜き) -オリ(織り) -アゲ(上げ) -ヒロイ(拾い) -カタズケ(片づけ) -コ(事)	―	―
《道具》		―	(-)マブシ(蔟) -ゾク(蔟) (-)ヤトイ(雇い) -ズ -オ(緒) -ナワ(縄) -ズエ(杖) -ボテー -モジ -タナ(棚) -シ(紙) -キ(機) -ハサミ(鋏) -カマ(鎌)	―	ハネ(羽根) ハシ(箸) ショイコ(背負いこ) ヤグラ(櫓) ワク(枠) ツメ(爪) ユタン(油単) タテ カギ(鉤)

表4　意味分野の段階性

意味分野Ⅰ	《蚕》《桑》《繭》《飼育》
意味分野Ⅱ	《虫害》《蚕の活動》《廃物》《人》《場所》《信仰》
意味分野Ⅲ	《作業》《道具》

　日本語方言においては、自然、社会、言語環境がそれぞれに異なる9地点の地域の養蚕語彙を調査し体系記述をおこなった。12意味分野はいずれの地域にも共通してみられる枠組みであった。これは、養蚕語彙の分類の枠組みが、自然、社会、言語のいずれの環境からも影響を受けないということである。室山敏昭(1996)が言うように、語彙は人が外部世界を認識するための記号であると考えれば、語の形式と意味によって設定した意味分野は、養蚕を営む方言人による養蚕世界の分節枠であると共に、彼ら自身の認識の在り方を示すものである。そして、全地域に共通している意味分野は、養蚕を営む方言人の共通認識であると判断できる。

　ところで、12の意味分野は、養蚕語彙内部においてはそれぞれが対等であるが、第一次分類、第二次分類と手順をふんでくると、設定段階で相互間に差異が認められる。表4では、それを反映して、12の意味分野をⅠ、Ⅱ、Ⅲに分類して記述した。表1、表2、表3に分けて記述しているのもそのためである。その差異とは、それぞれ、意味分野を設定する際の基準が異なっているために生じているものである。具体的には次のようにまとめることができる。

　　Ⅰグループ：その意味分野に所属している語彙の大半が、同一の意味を表す形式を後部要素にとり、それが意味分野を統合する分類枠となっている(表1参照)。
　　Ⅱグループ：その意味分野に所属している語彙の後部要素の形式は異なっているものの、それらの意味の類同性によって意味分野を設定できる(表2参照)。
　　Ⅲグループ：後部要素の形式および意味は複雑多様で、意味の同一性、

類同性のいずれも認められず、それぞれの形式がになう意味だけでは意味分野を設定することができない。養蚕業がおこなわれる場、すなわち養蚕世界を導入して意味分野を設定する(表3参照)。

Ⅰグループに所属する語彙の後部要素は、表1のA欄にあるように、意味分野名とも密接であり養蚕語彙としての専門性が高いものと解釈して良いであろう。これらの後部要素の中には、その他の合成語の基幹としてはたらくだけでなく、単純語としての役割をになっている要素も含まれている。逆に、Ⅱグループ、Ⅲグループに所属する語彙の後部要素は、表2、表3のB1欄にあるように、専門性が弱く日常的な生活世界でも用いられているものである。ここに分類される養蚕語彙の専門性は、言語活動上の次のような営みによって高められる。

(4) a. 専門性の低い後部要素に、Ⅰグループの専門性の高い要素を前部要素として合成させる。
　　b. 具体的な養蚕世界という生活場面と密着して用いる。

(4a-b)の2点の営みのいずれかによって専門性は高められると考える。語彙の分類、記述をするにあたっては、いったんは生活場面から離れたとしても、それを常に見すえていなければ実行できないということを示している。これは、いかなる意味分野においても同じことがいえるであろう。

4.2. 第三次分類

第三次分類では、先に設定した意味分野に、第一次分類、第二次分類で除外しておいた複合語のうちB2類と、C類である単純語も含めて養蚕語彙の全採録語彙を分類する。複合名詞は、前部要素も含め、1語の意味をとらえることによって分類を確定する。このことによって、先の第二次分類で除外していたもの(B2類、C類)を含め、採録できた養蚕語彙全体の分類が可能

《蚕》33語 (7:26)
オコサン (御蚕さん) ~オカイコ (蚕) ~ケーコ (蚕)
ハルゴ (春蚕)
カシューサン (夏秋蚕)
バンシューサン (晩秋蚕)   タネ (種)
                              ケゴ (毛蚕)
サンシュ (原蚕)   メー
ザンシュ (支配種)
ニホンシュ (日本種)   ヤスミコ (休み蚕)
                              オキコ (起き蚕)
オーゲー (大飼い蚕)
コゲー (小飼い蚕)   ノリコ (のり蚕)
                              サキコ (先蚕)
シロマユ (白蚕) ~ハッキョーサン (白狂蚕)
リョーキョー (緑狂蚕)
チジミ (縮蚕)
セミコ (蝉蚕) ~ブシン (節蚕) ~ビケコラジー (節蚕)
アタマヌキ (頭透き) ~チューテン (黒坊) ~クロボー (黒坊)
コロシ

《蚕の活動》10語 (2:8)
ヒトヤスミ (一休き) ~ジョーハク
フタヤスミ (二休き) ~ニジョーハク (二休み)
フナヤスミ (舟休み) ~ケアゲ (中休)
ニジヤスミ (庭休み) ~ニジアゲ (庭)

オコンアゲ (御蚕さん上げ) ~ジョージュク (上蔟)
ワタアゲ (早上げ)
オーアゲ (大上げ)

ヒキリヒロイ (ひきり拾い) ~ベーヒロイ (ザう拾い)
コクソヌキ (糞抜き)
ツミイレ (積み入れ)
コシリカタズケ (蚕座片付け)
コシリダテ (御加返り)

《作業》27語 (0:27)
オコンヨリ (糸り)
オコンヨセ (寄せ掛き)
オコンコキ (扱き)
タカガリ (蚕段上げ)

ヒトオキ (一起き)
フタオキ (二起き)
フナオキ (舟起き)
ニワオキ (庭起き)

クワキリ (桑切れ)
クワモミ (桑もみ)
クワコキ (桑扱き)
チューキリ (中切り)

クワクレ (桑くれ)
クワヤリ (桑やり)

ケゴドリ (毛取り)
ケゴハケ
クワグラホリ

《飼育》7語 (0:7)
オコンカイ (御蚕さん飼い)
ヤダイナイ (物飼い) ~ジョーレードイ (丈育)
ヒコガイ (稚蚕飼い)
タナガイ
ニダンガイ (二段飼い)
ニワガイ (三段飼い)

《蚕の敵》1語 (尽取の虫)
ジャヤドリ (蛇取り)

《敵病》5語 (0:4)
コワリ (蚕病)
コンリ (蚕病)
ヤミニゴシリ (休み蚕痢)
オキニゴシリ (起き蚕病)

《桑》28語 (4:24)
クワ (桑)
ヤマグワ (山桑)   クワズエ (桑すえ)
ギリグワ (際桑)   クワノハ (桑の葉)
ママグワ (産桑)   シタッパレー (下払い)
                              ドド
ロンー (魯桑)
バンドー (仮称)
イチノセ (一ノ瀬)

タデドーシ (立て通し)
タカギ (高木)
オオガリグワ (根刈り桑) ~ザルグワ (所桑)

ボーグワ (棒桑) ~キリグワ (切り桑)
ヒルグワ (畳桑)   ヘダグワ (技桑)
コビルックワ (小昼桑)
ヨーグワ (夜桑)
ウチグワ (打ち桑)
アサグワ (朝桑)   ヒカリックワ (光桑) ~ヒカリックワ (光桑)

《人》4語 (0:1)
キョーシーサン (教師さん)
クズメーカイ (蚕購買い)
ナンビヒジリ (蚕目利)
カンペツン (鑑別せ)

《道具》30語 (11:19)
ネヒ (卵)
ハシ (ハシ)

ワク (枠)   イナモジ (米もじ)
ヤグラ (櫓)   ヤブセシ (調べ)

ケーコヌノ (蚕翻)
ヤトイヘヤン (やとい)
ヤトイコヤ
カイドガコヤ (酒飼い)
カザキ (蚕)

サンピキ (新蚕網)
サンジメ
サンデー
ガイドコシパ (西新汁)
カドコシパ (西新汁)

ケーコ (蚕)   ショーコシワ (積み入れ)
カナメ (蚕目)   カナボー (蚕)
シチジメ (ヒチが)   カカアシ (掛け矢)

《場所》5語 (1:4)
モロ (蚕)
サンジューン (蚕)
チャサンジューン (稚蚕飼育)
クラハル (蚕原) ~カゲシ (受蚕)

《信仰》6語 (0:6)
コグマニョー (蚕上げ配り)
メーダマアクサリ (備日詣)
メーダマ (備日)
ジョーロクダンゴ (十六団子)
タンゴボリ (団子穴り)
オカイコガミン (御蚕神さん)

《繭》18語 (6:12)
メー (繭) ~マイ (繭) ~ハマユ (繭)   ケゲ (毛羽)
イトメー (糸繭)
ホンメー (本繭) ~ジョーメー (上繭) ~チューメー (中繭)
クズメー (眉メー)
タマメー (玉繭)
コマイ (小繭)
サビメー (銹繭) ~サビ (銹)
ビショー (錆繭) ~ビショ (鋸)

ウスミゴモリ (薄皮)
ジェニゴモリ (死に種もり)
ジューンベリ (十能降り)

図3 群馬県吾妻郡六合村方言における養蚕語彙の体系

になる。その結果として、語のみを記述したものが図3である。図の大きな枠組みが、第一次分類と第二次分類によってえられた12の意味分野である。その他の凡例は、図の下に記したとおりである。

なお、ここまでの手順にしたがって、六合村方言以外の8地域における養蚕語彙を分類してみると、それぞれ同じように記述することができる。したがって、12の意味分野は養蚕語彙における下位分類の枠組みとして、地域を違えても共通に存在しているものと考えられる。本章の最後に、参考資料として図3と同様の方法で記した8地点の語彙体系(図①〜⑧)を示す。

4.3. 第四次分類

第四次分類は、それぞれの意味分野に分類された語のさらなる下位分類である。これによって、養蚕語彙の構成が明らかになると考える。それぞれの意味分野の細分化の実態を明らかにすることにもなる。

ところで、この分析をおこなう前に、考えておかなければならない問題点がある。何によって細分化の実態を明らかにするかという問題点である。意味によっておこなうことは当然のことであるが、何の意味によるかを明確にするために、養蚕語彙の性質、特に語構造の面からの性質を考えておかなければならない。

まず、第二次分類の意味分野の設定は、複合名詞における後部要素の意味によっておこなった。そのとき、後部要素の性質には次に示す2種類の後部要素があり、意味分野の範疇化の仕方に差異をもたらしていた。

(5) a 形式が同じ意味を表す異形態をとっており、それらが直接的に意味分野の分類枠に関わる後部要素(表1のA欄)
 b. 形式と意味が複雑多様で、それらの類同性に意味分野の分類枠を求めなければならない後部要素(表2、表3のB1欄)

(5a-b)の両者の間で差異がみられるものの、これらの後部要素が関わる意味分野は、前部要素の意味に注目することによって細分化の実態が明らかに

できるであろう。

　さらに、複合名詞の内でも後部要素だけでは意味分野設定の基準になり得ない語と、単純語もあり、1語の意味に注目することによってはじめて養蚕語彙としてのはたらきをなしている語彙がある。これらが、その意味分野の内部でどのように細分化に関わっているのかを明らかにするためには、1語の意味によっておこなうしかない。

　そこで、第四次分類でおこなう意味分野の細分化の実態の把握は、次の手順にしたがっておこなうものとする。

　　手順1：複合名詞の前部要素の意味によって細分化の実態を明らかにする。
　　手順2：複合名詞ではあっても、1語の意味によって養蚕語彙としての機能を果たしている語については、1語の意味によって細分化に関わる様子を明らかにする。
　　手順3：単純語は、1語の意味によって細分化にかかわる様子を明らかにする。

　この手順にしたがって第四次分類をおこなうことにより、人びとの造語法に反映された発想法が明らかになると考える。

　さて、第四次分類の考察は本書の中心となるものであり、第3部において詳細にとりあげるが、ここでは養蚕語彙における評価語として機能している部分体系を取り上げて第四次分類としての例を示してみたい。評価語が分類される意味分野は、《蚕》と《繭》である。それぞれの意味分野から、評価価値の認められる語を抜き出して記すと表5のようになる。両方の意味分野で、評価に関わる語彙はマイナス（－）の方が圧倒的に多く、かたよりがみられる。養蚕世界においては、〈蚕〉と〈繭〉が常に評価の対象となっているからであると考える。よりよい〈繭〉の収穫をめざす態度と、緊密な相関関係を示しているとみてよいであろう。養蚕に生活をかけていた人びとにとって、病気の〈蚕〉や出荷が不可能な〈繭〉が続出することはきわめて不

表5 《蚕》《繭》における評価語

意味分野	評価	第四次分類		語　　彙	語彙数
《蚕》	－	病気	色	シロッーコ(白蚕) ハッキョーーサン(白狂蚕) クロッーコ(黒蚕) クローボー(黒ぼう) リョッキョーーサン(緑狂蚕)	13語
			状態	ウミーコ(膿蚕) フシーコ(節蚕) タレーコ(垂れ蚕) アタマースキ(頭透き) ゴローツキ(ごろつき) ビク(びく) コブーシー(こぶし) チョーチン(提灯)	
	＋	健康		(ジョーブ ノ オコサン) (丈夫の御蚕さん)	0語 (句：1)
《繭》	－	異常	段階	クズーメー(屑繭) チューーメー(中繭) タマーメー(玉繭)	11語
			色	サビ(錆) サビーメー(錆繭)	
			状態	ビショ(びしょ) ビショメー(びしょ繭) コーマイ(小繭) ウスッーカー(薄皮) シニーゴモリ(死に籠もり) ジューノーーハリ(十能張り)	
	＋	正常	質	ホンーメー(本繭) ジョーーメー(上繭)	2語

都合なことである。第四次分類によれば、〈蚕〉については「色」「状態」、〈繭〉については「段階」「色」「状態」が発想の源になっていることがわかる(表5)。意思表示をしない〈蚕〉の病気は、体の色や状態によって診断され、養蚕の最終段階におかれる〈繭〉は繭の色や状態、質の段階が問題にされるということを示していよう。いかに丈夫な〈蚕〉を育て、いかに質の高

い〈繭〉を生産するかということは、養蚕を営む人びとの最大関心事であることは間違いない。〈蚕〉〈繭〉には、プラス（＋）とマイナスの両方の観点からの評価意識がはたらくものの、人びとの期待から逸脱するマイナスのそれらにはより強い関心をいだくことになったと考えられる。

　なお、このような評価意識のはたらく意味分野としては、〈人〉の性質を表す性向語彙がある。室山敏昭（2001）では、方言性向語彙における研究において、その体系が「マイナス評価の方向へ著しく傾斜した展開構造、すなわち〈負〉性の原理を示す」ことを実証している。性向語彙では、「社会的規範（指向価値）」に適合する〈人〉の性向は、人びとにとって当然のこととされ無標となることを指摘している。同様に、詩人である川崎洋（1997）、伊藤信吉（2000）も、〈人〉を評価して表現する語彙を悪態表現としてとりあげ、その量の豊富さと表現する内容の豊かさについて指摘している。川崎は、特に音声言語の世界では、悪態が愛情表現に結びついていくものであることを説く。伊藤は、群馬県方言における〈人〉に対する悪態をとりあげ、「負の方へ傾いで」いる表現の豊かさを語っている。養蚕語彙における〈蚕〉〈繭〉の評価語に関しても、〈人〉への評価をおこなう性向語彙の原理や、悪態表現にそなわる表現の豊かさと同様の原理に基づいているといえる。

5　まとめ

　養蚕語彙の全的な体系記述を目指し、その内部の部分体系を記述すべく一貫した方法によって意味分野を設定することを試みた。第三次分類までの段階で記述した語彙のありようは、図3および章末の図①〜⑧のとおりである。この記述は、意味分野ごとに分類した語彙のリストである。今後、一語一語の意味、文の中での用法、語と語の緻密な関係性など、記述における重要な部分を完全に示していくことが必要である。

　本章からみえてくるさらなる課題としては、養蚕語彙の体系を考えた場合、第四次分類の詳細な考察が求められる。本書の第3部では、それぞれの意味分野ごとに語同士の関係性を把握して第四次分類をおこなうべく、造

語法にも注目しながら考察する。その積み重ねによって、方法を検討しながら語彙体系を記述し、養蚕世界を理解し把握するために人びとはいかなる造語の営みをおこなってきたのかを明らかにしていきたいと考える。

注
1 　六合村は 2006 年 7 月 5 日「重要伝統的建造物群保存地区」に認定され、かつての勢いとは異なるものの、今現在養蚕によって地域が活性化している。その勢いにのって、2007 年には観光を目的とした養蚕業が復活したという。
2 　前田富祺(1989)は、日本語における語彙の歴史を概説する中で、次のように述べている。「意味分野をどのように分けるべきかについては、定説はない。ただ、意味分野を考えるということは、全体の語彙体系を考えるための便宜であるから、考えやすい意味分野から研究していくということも許されよう。一方には、人間(人間の思考によって分けられる世界)をおき、他方には自然(人間を離れても成立する秩序のある世界)をおくこととし、より人間に近い意味分野から遠い分野へと並べることも考えられる。語彙のとらえ方からみると、意味分野がもっとも細かに分かれているのは体(体言)の世界であり、用(用言)の世界がこれにつぎ、相(形容詞、形容動詞など)の世界はあまり細かには分かれていない。したがって、体の世界を中心とする意味分野を最初に取り上げ、これに対応する用の世界、相の世界を考えてゆくのが適当であろう。」(1674 頁　右 3 行 - 17 行)

《蚕》 33語 (4:29)

オカーサマー (御蚕様) 〜オカイコ (蚕)

ハルゴ (春蚕)　タネ (種)
ナツゴ (夏蚕)　ケゴ (毛蚕)　オー (王)
アキゴ (秋蚕)　ニバンコ (二番蚕)　サンドゴ (三度蚕)
バンシュー (晩秋)　　　　　　　　　ヤスミコ (休蚕)
バンバン (晩晩)　オキシコ (起き蚕)
　　　　　　　　オクレッコ (遅シ蚕)

オーガイ (大粒い蚕)

シロカイコ (白蚕)　ホシー (干し飯)　オメンシャレ (お洒落)　ヘッタキューサン　ヘッタキョーサン (白狂蚕)
ヴミコ (膿蚕)〜ブシッコ (節蚕)〜ヘラレコ (触れ蚕)　ヘウミビキ (膿引き)〜フシッタカ (節痂)
クイーナ (喰い渋り)　　　　　　　　　　　　　　　　　　　　　　　　　　　　　　　　アタマヤキ (頭焼き)
ゴロ　　　ゴロ (縒蚕)
ホソリッコ (細り蚕)

《蚕の活動》 8語 (0:8)

オカイコアゲ (御蚕上げ)〜オニーアゲ (御蚕上げ)〜オコナアゲ (御蚕上げ)〜オオサマアゲ (御蚕様上げ)
ワカアゲ (若上げ)
オーアゲ (大上げ)
スーヒロイ (ずら拾い)

アミミネキ (網張き)
アミイレ (網入れ)
コクソアタマスケ (蚕頭片づけ)
ケトリ (毛取り)〜コシトリ (蚕尻取り)
シツラエナラエ (室拵え)

《飼育 (飼い蚕)》 9語 (0:9)

カイ・カイー (飼い)
イシュユーシー (素養)〜ヘビラジョーシー (平養)
コハガイ (こぼ蚕)
ハコガイ (箱飼い)
ドムロガイ (土室飼い)
タナガイ (棚飼い)〜ロカガイ (籠飼い)
ニダンガイ (二段飼い)

ショミンキ (初眠き)
ニミンキ (二眠き)
サンミンキ (三眠き)
ヨミンキ (四眠き)

《作業》 23語 (0:23)

オカリ (蚕切り)
クワコキ (桑抜き)
クワツケ (桑掛け)

ネオリ (秋刈り)

クワクレ (桑くれ)
クワヅケ (桑付け)

ケトリ (毛取り) 〜ケキリ (毛切り)

マイカキ (蚕扱き)

《桑》 23語 (4:19)

クワ (桑)

アゼクワ (畔桑)　クワエダ (桑株っこ)　ドメドメ (脇れ桑)
チジレッパクワ (縮れ桑)　モチドメ (餠どめ)
ロン… (品名)
カンシュー (甘来系)
イチネ (一ノ瀬)
タコウマ (多胡早生)
ナドー (立て通し)
タカワ (高桑)

アキクワ (秋桑)
ヒルクワ (昼桑)
ウチクワ (打ち桑)　　　　　　　　キリクワ (切り桑)
　　　　　　　　　　　　　　　　　ハクワ (葉桑)
ヨビダシクワ (呼び出し桑)　　　　ヒカリクワ (光桑)
ウーマデクワ (大桑)

《虫害》 2語 (0:2)

カイガラムシ (貝殻虫)
シャクトムシ (尺取り虫)

《蚕病》 7語 (2:5)

ノケラ (蚕病)
ナカクラ (中病)
オキサミ (蚕害)

クワゼ (蚕風)〜カクゼ (蚕室室)
コクセ (蚕室室)

ニシリ (蚕下)

《繭》 24語 (5:19)

メー (繭) 〜マイ (繭) 〜マニー (繭)

イトマユ (糸繭)

ホンマイ (本繭)　〜ジョーマイ (上繭)

クズマイ (屑繭)〜チューマイ (中繭)〜ゲタマイ (下繭) 〜ゲマイ (中繭)
タマ (玉)
ヨコレマイ (汚しやん繭) 〜ビショーマイ (ぶしょう繭)
ハマイ (半繭)〜クズヌノカワ (繭皮)〜オオカタガン (お隅かたガン) 〜ヒトヒロカワ (一皮)
ウスカワ (薄皮)
シニモリ (死に蘢もり)
ハブキマイ (喰い切り)
クイキリ (喰い切り)
ネズミックイ (鼠喰い)

《場所》 4語 (0:4)

サンシツ (蚕室) (飼育所)
シーウンジョ
クワバラ (桑原)
クワバシ (桑場)

《人》 3語 (0:3)

マイカイ (繭買い)
カイビョー (蚕引)
ヨーサンキョーシ (養蚕教師)

《道具》 53語 (10:43)

クワクレダイ (桑台)〜キューダイ (給桑台)　〜キューダイ (桑籠み)
ツメイカゴ (爪籠)　　　　　　　　　　　セセラナー (前定語り)
クワキリ (桑切り)〜クワクミ鎌〜クワ (鎌)
クワキリホーチョー (桑切包丁)
クワキ (桑枝)　　　　　　　　　　　　　　キリイタ (切り板)

マブシ (麻)
クラマブシ (島田麻)
カイリョーマブシ (改良麻)
カイデンマブシ (回転麻)

カゴ (籠) 〜カコウラン (大籠)
オーカゴ (大籠)
シチブカゴ (七分籠)
ハンカゴ (半籠)
ヒトメマブシ (一目詰まり)

フゴ
ザーガーガゴ (マーガーガゴ)
クワレーカコ (蚕桑籠) 〜オオクズダワラ (大簾籠所)
クワクレザル (桑ヨナ簾)〜ハコザル (小簾)〜ヒラザル (平簾)
クワトリザル (桑より簾)〜オオガザル (大簾)〜ハンガザル (半簾)

サンザン (蚕屋秤)
ヨーサンヒシャク (養蚕小体)

カタズミ (硬炭)
タキオトシ (炊き落とし)

ケバカキ (毛羽かき)〜ケバキリ (毛羽切り)〜ハンザール (半刃)〜ハンザール (半刃)

《信仰》 8語 (1:7)

キヌガサマー (絹笠様)
コカゲサン (小笠さん)
マイダマカザリ (繭玉飾り)
オカイコウマイ (休み繭)
ヤスミモチ (休み餅)
モタ (木)

ユタン (油単)

――凡例―
・《　》で表したものは第一次分類、第二次分類によって設定した意味分野である。この枠組みの配列は、上から意味分野 I、II、III のグルーピング (表4参照) によっている。
・〜の記号で横に並列して意味を表す語形であるのは、同じ意味を表す併用語形である。
・意味分野内の意味は像のひとまとまりを、第四次分類の統合結果によるものである。
・《　》の後に記した数字は、その意味分類された語彙の語彙数を表す。（　）内の数字は、（単純語の数：合成語の数）を表している。（　）内の数字は、それらが合成語の一部となっている場合は、原則記入しない。
・カタカナ表記で語形を表す。漢字や仮名交じり表記が可能な場合は、それが合成語の一部となっている場合は、原則記入しない。

図① 群馬県藤岡市方言における養蚕語彙の体系

《蚕》

オカイコサマ（御蚕様）～オコサマ（御蚕様）～ケァーコ（蚕）
タネ（種）
ハルゴ（春蚕）
ナツゴ（夏蚕）
アキゴ（秋蚕）
バンシュー（晩秋）
バンバンシュー（晩晩秋）
ケゴ（毛蚕）
ニバンゴ（二番蚕）
ズー
フナゴ（舟蚕）
オキゴ（起き蚕）
ニホンシュ（日本種）
シナシュ（支那種）
ヤスミゴ（休み蚕）
トビッコ（とび蚕）
オーグァーニ（大飼い蚕）
コグァーニ（小飼い蚕）
オクレッコ（遅れ蚕）
ヤスマズ（休まず）
シロッコ（白蚕）～ハッキョーサン（白狂蚕）～ホシー（干し飯）～コブシー
リョッキョーサン（緑狂蚕）
タレコ（垂れ蚕）
ジーゴ（地蚕）
クイニゲ（喰い逃げ）
ゴロツキ
チョーチン（提灯）～アタマスキ（頭透き）～アンドン（行灯）

《桑》20語（4:22）

クワ（桑）
ヤマックワ（山桑）～ヤブックワ（藪桑）
キワックワ（際桑）
マモノックワ（まもの桑）
ネックワ（根桑）
ドドメ
ハルゴックワ（春蚕桑）
アキゴックワ（秋蚕桑）
カノメックワ（桑のめ桑）
ロノー（魯桑）
モクソー（-桑）
カンラソー（甘楽桑）
タゴワセ（多胡早生）
イチノセ（一ノ瀬）
タテドーシ（立て通し）
タカギ（高木）
ボーグワ（棒桑）
ハグワ（葉桑）
ヒカリッパ（光葉）～テンパ（天葉）
アサグワ（朝桑）
ヒルグワ（昼桑）
ヨーグワ（夜桑）
ウチクワ（打ち桑）～ホジョグワ（補助桑）
オークワ（大桑）

《繭》16語（4:12）

メー（繭）～マユ（繭）
ケバ（毛羽）
ホンメー（本繭）
クズンメー（屑繭）
タマンメー（玉繭）
チューメー（中繭）
サビンメー（錆繭）
ビショ～ビションメー（びしょん繭）
トックリメー（徳利繭）
ハナツキメー（鼻付き繭）
ウスッカワ（薄皮）
ハリッカワ（張り皮）
シニゴモリ（死に籠もり）
ハフヌケ（-抜け）

《蚕の活動》12語（4:8）

シジ（獅子）～シジ（ノ）ヤスミ（獅子の休み）
タケ（鷹）～タケ（ノ）ヤスミ（鷹の休み）
フナ（舟）～フナ（ノ）ヤスミ（舟の休み）
ニワ（庭）～ニワ（ノ）ヤスミ（庭の休み）
シジオキ（獅子起き）
タケオキ（鷹起き）
フナオキ（舟起き）
ニワオキ（庭起き）

《飼育》14語（0:14）

ジョーソーイク（条桑育）～ジョーソー（条桑）～
ヒラジョーソー（平条桑）～ヒラガイ（平飼い）
コバガイ（こば飼い）
ハコガイ（箱飼い）
イブシガイ（燻し飼い）
アンドンガイ（行灯飼い）
ニグラガイ（にぐら飼い）
シツガイ（室飼い）
タナガイ（棚飼い）
ヒミツガイ（秘密飼い）
ニダンガイ（二段飼い）
～ヤマガイ（山飼い）

《虫害》5語（1:4）

カミキリムシ（噛み切り虫）
キイット
カイガラムシ（貝殻虫）
ドビンワリ（土瓶割）～シャクトリムシ（尺取り虫）

《廃物》6語（3:3）

ウラ（裏）～コグソ（蚕糞）
ヤスミウラ（休み裏）
オキウラ（起き裏）
コモ（菰）
カデ（桑で）

《人》4語（0:4）

メァーカイ（繭買い）
ケァーコビリョー（蚕日料）
センベツシ（選別士）
センベツフ（選別婦）

《場所》3語（1:2）

シツ（室）
カバラ（桑原）
クワヤ（桑屋）

《信仰》9語（0:9）

ハキタテイワイ（掃き立て祝い）
ジョーゾクイワイ（上蔟祝い）
メァーダマカザリ（繭玉飾り）
メァーカキ（繭掻き）
メァーダマ（繭玉）
ハキタテモチ（掃き立て餅）
ボクノキ（ぼくの木）
キヌガサダイミョージン（絹笠大明神）
ケァーコガミサン（蚕神さん）

《作業》32語（0:32）

オコサマアゲ（御蚕様上げ）～オコアゲ（御蚕上げ）～ケァーコアゲ（蚕上げ）～ジョーゾク（上蔟）
ワカアゲ（若上げ）
オーアゲ（大上げ）
ズービレー（-拾い）
ヒキヒレー（ひき拾い）
カミヌキ（紙抜き）
アミヌキ（網抜き）
アミイレ（網入れ）
コグソカタズケ（蚕糞片づけ）
ウラトリ（裏取り）
シツハリ（室貼り）
シツゴシラエ（室拵え）
クワキリ（桑切り）
ウラガリ（うら刈り）
タカガリ（高刈り）
チューガリ（中刈り）
ネガリ（根刈り）
クワモギ（桑捥ぎ）
クワツミ（桑摘み）
シタックワトリ（下桑取り）
カーバラウネァー（桑原うない）
ハルウネァー（春うない）
ドヨーウネァー（土用うない）
クワクレ（桑くれ）
クワズケ（桑づけ）
ケバトリ（毛羽取り）
ケバキリ（毛羽切り）
ケバコケ（毛羽掛け）
メァーカキ（繭掻き）

《道具》41語（10:31）

ハネ（羽）
ハシ（箸）
ケーコダナ（飼い蚕棚）～コノメ（この目）
コノメバシラ（この目柱）
コノメダケ（この目竹）
ヨーサンヒバチ（養蚕火鉢）
クロズミ（黒炭）
シロズミ（白炭）
カゴ（籠）～ケァーコカゴ（蚕籠）
オーカゴ（大籠）
シチブカゴ（七分籠）
イトアミ（糸網）
ワラアミ（藁網）
サンザシ（蚕座紙）～コギャッカミ（蚕飼い紙）
シンシューザル（信州笊）
ホカゴ（ほ籠）
クワットリニシゴ（桑採り腰籠）
クワッツミニシゴ（桑摘み腰籠）
セーコ（背負いこ）
セーコナワ（背負いこ縄）
ダボー（駄棒）
クワツミ（桑摘み）～ツメ（爪）
センテーバサミ（剪定鋏）
クワキリガマ（桑切り鎌）
クワキリギカイ（桑切り機械）
クワキリボーチョー（桑切り包丁）
クワモギキ（桑捥ぎ機）
クワクレダイ（桑くれ台）
シークダイ（飼育台）
マブシ（蔟）
ボヤマブシ（ぼや蔟）
タケマブシ（竹蔟）
シマダマブシ（島田蔟）
カイテンマブシ（回転蔟）
ユタン（油単）
ケバトリキ（毛羽取り機）
カギ（鍵）

―凡例―

- 《　》で記したものは第一次分類、第二次分類によって設定した意味分野である。この枠組みの配列は、上から意味分野設定の際のⅠ、Ⅱ、Ⅲのグルーピング（表4参照）によっている。
- ～の記号で横に並列して記述してあるものは、同じ意味を表す併用語形である。
- 意味分野内の語彙のひとつのまとまりは、第四次分類の統合枠によるものである。
- 《　》の後に記した数字は、その意味分野に分類された語彙数を表す。（　）内の数字は、（単純語の数：合成語の数）を表している。
- カタカナ表記で語形を表す。その語形を漢字仮名交じり表記が可能な場合は直後の（　）内に記す。漢字仮名交じり表記が不可能な場合には、原則記入しない。それが合成語の一部なっている場合は - を記す。

図②　群馬県多野郡中里村方言における養蚕語彙の体系

《蚕》31語（10:21）

オコサマ（御蚕様）～カイコ（蚕）

ハルゴ（春蚕）
ナツゴ（夏蚕）
バンシュー（晩秋）～バンシューサン（晩秋蚕）

オーゲーコ（大飼い蚕）～ヒャッカンゲーコ（百貫飼い蚕）
コゲーコ（小飼い蚕）
ニダンゲーコ（二段飼い蚕）

ハッキョーサン（白狂蚕）～コシャリ
リョッキョーサン（緑狂蚕）
フシ（節）～フシッコ（節蚕）
ゴロ～イトナシ（糸無し）

ホソ（細）
ナダレ
クイニゲ（食い逃げ）
アタマアカリ（頭明かり）

タネ（種）
ケゴ（毛蚕）
ニバンゴ（二番蚕）

ヤスミッコ（休み蚕）
オキッコ（起き蚕）

ズー
サンドゴ（三度蚕）

オクレッコ（遅れ蚕）
トビッコ（とび蚕）
ヤスマズ（休まず）

《桑》24語（7:17）

クワ（桑）

アゼグワ（畔桑）

ロソー（魯桑）～メドギ（-木）
オーシマソー（大島桑）
イチノセ（一ノ瀬）
イチベー（市平）
グンアカ（群赤）

ミショー（実生）
タテドーシ（立て通し）
タカギ（高木）

アサクワ（朝桑）
ヒルクワ（昼桑）
ヨークワ（夜桑）
ウチクワ（打ち桑）
オーグワ（大桑）

ネックワ（根桑）
クワッパ（桑葉）
ネッコ（根っこ）
ドドメ

ボーグワ（棒桑）
ハクワ（葉桑）
テンパ（天葉）～ヒカリッパ（光葉）

《繭》12語（3:9）

メー（繭）～マユ（繭）

イトマユ（糸繭）

ホンメー（本繭）

クズンメー（屑繭）
タマンメー（玉繭）
チューメー（中繭）
ビションメー（びしょん繭）
トックリメー（徳利繭）
ウスッカワ（薄皮）
シニゴモリ（死に籠もり）

ケバ（毛羽）

《蚕の活動》8語（2:6）

ショミン（初眠）　ショミンオキ（初眠起き）
ニミン（二眠）　ニミンオキ（二眠起き）
フナ（舟）　フナオキ（舟起き）
ニワ（庭）　ニワオキ（庭起き）

《飼育》10語（0:10）

カイコ（飼い蚕）　イブシガイ（燻し飼い）
ヒラガイ（平飼い）～ジョーソーイク（条桑育）
タナガイ（棚飼い）～カゴガイ（籠飼い）～ヤグラガイ（櫓飼い）
ニダンガイ（二段飼い）
コバガイ（こば飼い）
ハコガイ（箱飼い）

《虫害》3語（0:3）

カイガラムシ（貝殻虫）
シャクトリムシ（尺取り虫）
ギボシカミキリ（ぎぼし噛み切り）

《廃物》5語（1:4）

コクソ（蚕糞）
ウラ（裏）
ヤスミウラ（休み裏）
オキウラ（起き裏）
ジョーゾククワゼ（上蔟桑ぜ）

《人》3語（0:3）

メーカイ（繭買い）
～クズンメーカイ（屑繭買い）

ケーコビリョー（蚕日りょう）

《場所》3語(1:2)

シツ（室）

クワバラ（桑原）
クワバ（桑場）

《信仰》6語(0:6)

ハキタテイワイ（掃き立て祝い）
オコアゲイワイ（御蚕上げ祝い）
メーダマカザリ（繭玉飾り）
メーカキ（繭掻き）
メーダマ（繭玉）

キヌカササマ（絹笠様）

《作業》20語（0:20）

オコアゲ（御蚕上げ）～ジョーゾク（上蔟）
ワカアゲ（若上げ）
オーアゲ（大上げ）

コモヌキ（菰抜き）
アミヌキ（網抜き）
アミイレ（網入れ）
ウラトリ（裏取り）
コクソカタズケ（蚕糞片づけ）
ジョーゾクカタズケ（上蔟片づけ）

クワキリ（桑切り）
クワツミ（桑摘み）
クワモギ（桑捥ぎ）
ネガリ（根刈り）
チューガリ（中刈り）

クワクレ（桑くれ）
クワズケ（桑づけ）

ケバキリ（毛羽切り）

メーカキ（繭掻き）～マユカキ（繭掻き）

《道具》29語（8:21）

ハネ（羽）
ハシ（箸）

ケーコダナ（蚕棚）～コノメ（この目）
タテギ（立て木）
コノメダケ（この目竹）

サンザシ（蚕座紙）

カゴ（籠）～ケーコカゴ（蚕籠
オーカゴ（大籠）
シチブカゴ（七分籠）

ザマ
イカキ

クワクレザール（桑くれ笊）

イトアミ（糸網）
ワラアミ（藁網）

ツメ（爪）　クワモギ（桑捥ぎ）
センテー（剪定）
クワキリガマ（桑切り鎌）
クワキリギカイ（桑切り機械）
クワキリボーチョー（桑切り包丁）
キリバン（切り板）

メーブクロ（繭袋）

ケバトリ（毛羽取り）

マブシ（蔟）
シマダマブシ（島田蔟）
カイテンマブシ（回転蔟）
カギ（鍵）

一凡例一

- 《 》で記したものは第一次分類、第二次分類によって設定した意味分野である。この枠組みの配列は、上から意味分野設定の際のⅠ、Ⅱ、Ⅲのグルーピング（表4参照）によっている。
- ～の記号で横に並列して記述してあるものは、同じ意味を表す併用語形である。
- 意味分野内の語彙のひとつのまとまりは、第四次分類の統合枠によるものである。
- 《 》の後に記した数字は、その意味分野に分類された語彙数を表す。（ ）内の数字は、（単純語の数：合成語の数）を表している。
- カタカナ表記で語形を表す。その語形を漢字仮名交じり表記が可能な場合は直後の（ ）内に記す。漢字仮名交じり表記が不可能な場合には、原則記入しない。それが合成語の一部なっている場合は - を記す。

図③　群馬県前橋市方言における養蚕語彙の体系

図⑷ 群馬県佐波郡玉村町方言における養蚕語彙の体系

《蚕》26語 (7:19)

オオサマ (御蚕様) ~ゲーサン (蚕)

ハルゴ (春蚕)
ショーコ (秋蚕)
バンシュー (晩秋)

ニテゴ (日陰)
シボ (支母)

ヒャクニチゲー (百貫飼い蚕) ~オーゲーゲ (大飼い蚕)
コガーコ (小飼い蚕)
コシャリ
リョンキョー (緑玉蚕)
オナゴ (落ち蚕)
チジミコ (縮蚕)
タガ
チョーチン (提灯)

《蚕の活動》12語 (4:8)

シジ (獅子) ~シジノハシ (獅子の休み) シジオキ (獅子起き)
タケ (嶽) ~タケノヤスミ (嶽の休み) タケオキ (嶽起き)
フナ (舟) ~フナノヤスミ (舟の休み) フナオキ (舟起き)
ニワ (庭) ~ニワノヤスミ (庭の休み) ニワオキ (庭起き)

《作業》21語 (0:21)

オコサマアゲ (御蚕様上げ) ~オコアゲ (御蚕上げ) ~ヘヤアゲ (早上げ)
ワカアゲ (若上げ)
ハタアゲ (叩き上げ)

スーヒロイ (-拾い)
ニモヌキ (網抜き) ~ムシノコスミ (鼠放き)
アミカケ (網掛)
ウラトリ (うら取り)
コゾゴキタスミ (蚕糞はずし)

《飼育》5語 (0:5)

ジョーシューイク (委育育・委育青)
ニダンジョーシュー (二段飼い)
コスタケ (毛引飼い)
タナトナゲ (棚飼い)

《虫害》2語 (0:2)
シガトリムシ (凶虫の虫)
カイガラムシ (害虫虫)

《餌物》6語 (1:5)
ウラ (裏) ~
ヤスミウラ (中裏)
ナガウラ (長裏)
オキウラ (起き裏)
コジン (蔟裏)
ジョーソーボク (奉表扉)

《桑》25語 (4:21)

クワ (桑)

ヤマノワ (山桑)
ショニョックワ (実生桑)
ドドメックワ (桑)
ジヌマクワ (治助桑)
ローノー (鲁桑)
バンドー (仮東) ヘベンドーアカギ (仮東赤木)
タチポン
タカギ (高) ヘキョーギ (強伎)
アサギ (朝桑)
ヒルグワ (昼桑)
ヨウクワ (夜桑)
クンリックワ (-桑)
ウチックワ (打ち桑)
ヨビダシックワ (呼び出し桑)

ハングワ (春桑)
ネックコ (根つこ)
ドドメ
ハルゴックワ (春蚕桑)
ショーコックワ (秋蚕桑)
ネグサ (切り桑)
ハゲワ (禿桑)
ヒガリッペ (光桑)

《繭》(繭) 16語 (3:13)

メー (繭) ~マーユ (繭)

ホンメー (本繭)

クスメー (屑繭)
ダマメー (玉繭)
チューメー (中繭)
サビメー (鍋繭)
ビショービショーメー (- 繭)
トックリメー (徳利繭)
ハナクリメー (顔付き繭)

ウスッカワ (薄皮)
ヘリッカワ (張り皮)
シニゴモリ (死に籠り)
ハラヌケ (-抜け)

《ケバ》(毛羽)

メー (繭) ~マーユ (繭)

《場所》2語 (0:2)

サンシツ (蚕室)
クワバ (桑畑)

《道具》29語 (7:22)

クワコタナ (蚕棚)
セシアーメージ (切り連折)
クワキリバーチョー (桑切り包丁)
パン (仮)
クワノイレター (桑入れ台)
ザブッカゴ (-籠)
メター
クワイレザル (桑を入れ所)

《人》3語 (0:8)
オーバイ (繭買い)
ケーニビリョー (蚕日和) ~ヒヨリトリ (日和取り)

《信仰》8語 (0:8)
ハキタテマユー (掃き立て祝い)
アガリユ (上げ湯)
メーダマカザリ (繭玉飾り)
メーダマ
メーカザリ (繭飾り)
アガキ
コガサマ (蚕様さん)

《ケバトリキ》(毛羽取り機)

マグシ (繭)
ワラマブシ (寧繭)
カイテーブン (回転蔟)
カギ (鉤)

〔凡例〕

- 《 》で囲んだものは第一次分類、第二次分類によって設定した意味分野である。この枠組みの配列は、上から意味分野設定の際のⅠ、Ⅱ、Ⅲのグループピング (表4参照) にそっている。
- 《 》の後に記した数字は、その意味分野に分類された語彙数を表す。(単純語の数:合成語の数) ( )内の数字は、原則記入しない、漢字仮名交じり表記が可能な場合は ( ) 内に記す。
- カタカナ表記で語形を表す。その語形を漢字仮名交じり表記の一部となっている場合は・を記す。

図⑤ 群馬県利根郡片品村摺渕方言における養蚕語彙の体系

《蚕》19語 (6:13)

オコサマ (お蚕様) ～ケァーコ (蚕)　　タネ (種)

ハルゴ (春蚕)
シューニ (秋蚕)
オーゲァーコ (大飼い蚕)
コシャミ
スキッコ (透き蚕)
タレコ (垂れ蚕)
クイニゲ (食い逃げ)
ゴロツミ
タガ

ズー
ニドバキ (二度掃き)
オキッコ (起き蚕)
ヤスミッコ (休み蚕)
トビッコ (-蚕)
オクレッコ (遅れ蚕)
ヤスマズ (休まず)

《桑》23語 (7:16)

クワ (桑)　　ネ (根)
ドドメ

ヤマックワ (山桑)
オーハラグワ (大原桑)
ドドメックワ (-桑)
イチベー (市平) ～イチベックワ (市平桑)
ジスケ (治助) ～ジスケックワ (治助桑)
サンチ～サンチックワ (-桑)
バンドー (板東)
アサグワ (朝桑)
ヒルグワ (昼桑)
ユーグワ (夕桑)
サシクワ (差し桑)
ヨビダシグワ (呼び出し桑)
アゲックワ (上げ桑)

ハルゴックワ (春蚕桑)
シューコックワ (秋蚕桑)
キリクワ (切り桑)
クワッパ (桑葉)

《繭》13語 (3:10)

メァー (繭)　　ケバ (毛羽)
タネメァー (種繭)
ホンメァー (本繭)

クズメァー (屑繭)
タマンメァー (玉繭)
チュメァー (中繭)
サビ (錆) ～サビメァー (錆繭)
ビションメァー (びしょん繭)
ハナツキメァー (鼻つき繭)
ウスッカー (薄皮)
シニゴモリ (死に隠り)

《蚕の活動》12語 (4:)

シジ (獅子) ～シジヤスミ (獅子休み)　　シジオキ (獅子起き)
タケ (鷹) ～タケヤスミ (鷹休み)　　タケオキ (鷹起き)
フナ (舟) ～フナヤスミ (舟休み)　　フナオキ (舟起き)
ニワ (庭) ～ニワヤスミ (庭休み)　　ニワオキ (庭起き)

《飼育》6語 (0:6)

ジョーソーガイ (条桑飼い)
ニダンガイ (二段飼い)
ニバガイ (-飼い)
イブシガイ (燻し飼い)
タナガイ (棚飼い) ～カゴガイ (籠飼い)

《虫害》1語 (0:1)

シャクトリムシ (尺取り虫)

《廃物》6語 (0:6)

コシリ (蚕尻)
ヤスミゴシリ (休み蚕尻)
ナカゴシリ (中蚕尻)
オキゴシリ (起き蚕尻)
コグソ (蚕糞)
クワゼ

《人》2語 (0:2)

メァーカイ (繭買い)
ケァーニビリョー (蚕日料)

《場所》2語 (0:2)

サンシツ (蚕室)
クワオキバ (桑置き場)

《信仰》7語 (0:7)

ハキタテユエァー (掃き立て祝い)
アゲユエァー (上げ祝い)
メァーダマカザリ (繭玉飾り)
メァーダマ (繭玉)
ジューロクダンゴ (十六団子)
アカボヤ
コカゲサン (蚕影さん)

《作業》19語 (0:19)

オコサマアゲ (御蚕様上げ) ～ケァーコアゲ (蚕上げ) ～ジョーゾク (上蔟)
ワカアゲ (若上げ)
オーアゲ (大上げ)
ズーヒレー (-拾い)
ムシロヌキ (筵抜き)
アミヌキ (網抜き)
アミイレ (網入れ)
コグソカタズケ (蚕糞片づけ)
コシリタテ (蚕尻立て)

サンシツゴセァー (蚕室拵え)
サンシツハリ (蚕室貼り)

クワコキ (桑扱き)
クワツミ (桑摘み)
クワクレ (桑くれ)
クワズケ (桑づけ)

ケバトリ (毛羽取り)
メァーカキ (繭掻き)

《道具》27語 (8:19)

ハネ (羽)
ハシ (箸)
イトアミ (糸網)
ナワアミ (縄網)

コノメ (この目)
コノメダナ (この目棚)
コノメボー (この目棒)
ジョーソーダナ (条桑棚)
カゴ (籠) ～ケーコカゴ (蚕籠)
オーカゴ (大籠)
シチブ (七分)

ツメ (爪)
センテーバサミ (剪定鋏)
クワキリギカイ (桑切り機械)
クワキリボーチョー (桑切り包丁)
キリバン (切り板)
ザマッカゴ (-籠)
コシッカゴ (腰籠)
クワクレザル (桑くれ笊)

ユタン (油単) ～マユブクロ (繭袋)
ケバトリキ (毛羽取り機)
マブシ (蔟)
カヤマブシ (茅蔟)
カイテンマブシ (回転蔟)
カギ (鍵)

―凡例―

・《 》で記したものは第一次分類、第二次分類によって設定した意味分野である。この枠組みの配列は、上から意味分野設定の際のⅠ、Ⅱ、Ⅲのグルーピング（表4参照）によっている。
・～の記号で横に並列して記述してあるものは、同じ意味を表す併用語形である。
・意味分野内の語彙のひとつのまとまりは、第四次分類の統合枠によるものである。
・《 》の後に記した数字は、その意味分野に分類された語彙数を表す。（ ）内の数字は、（単純語の数：合成語の数）を表している。
・カタカナ表記で語形を表す。その語形を漢字仮名交じり表記が可能な場合は直後の（ ）内に記す。漢字仮名交じり表記が不可能な場合には、原則記入しない。それが合成語の一部なっている場合は - を記す。

図⑥　群馬県利根郡片品村古仲方言における養蚕語彙の体系

《蚕》41語 (10:31)

オコサマ (御蚕様) ～オカイコ (蚕) ～ケーコ (蚕)
メス (雌)　オカイサン (蚕)
オス (雄)　チャサン (蚕)

ニホンシュ (日本種)
シナシュ (支那種)

ハルゴ (春蚕) ～ナツゴ ～ナガゴ (夏蚕)
アキコ (秋蚕)
ショシューコ (初秋蚕)
バンシュウコ (晩秋蚕)
ショトーコ (初冬蚕)

ヒナリンシキリン～アアガリコ (上がり蚕)
サンミンキン (三眠蚕)
ナラビコ (並び蚕)
イチニセ (一蚕) ～ヤスミッコ (休み蚕)
オクレコ (建社蚕)
ヤスマメ (起き蚕)

オータマコ (大粒蚕)
オキチャクライ (宛れ屋くらいの繭の蚕)

チジミコ (縮み蚕) ～デジミッコ (縮み蚕)
シロコ (白蚕) ～コブシーコーニーコーカビュー (硬化病)
タシコ (垂れ蚕)
スキコ (透き蚕)
フンンタカ (節高)　コロツキ

《蚕の活動》19語 (3:16)

ショニン (二齢) ～タダン (甲)
サンミン (三齢) ～フナ (舟)
ヨンミン (四齢) ～ニワ (庭)

イチレー (一齢)
ニミレー (二齢)
サンミレー (三齢)
ヨンミレー (四齢)
ゴミレー (五齢)

ハキタテ (掃き立て)
ハイサン (配蚕)

オコナア (御仲上げ)
オーアガ (大上げ)
ワカアゲ (若上げ)
ジョーバライ (名払い)
ツナンゲロイ (つの台)

アミイレ (網入れ)
ウラトリ (裏取り)
モキスメ
コダンタラメ (蚕糞片づけ)
ショーツーカタヌキ (蚕糞片づけ)

《作業》21語 (0:21)

カタカザ (拡蚕)
ショニンオキ (二眠起き)
サンミンオキ (三眠起き)
ヨンミンオキ (四眠起き)

ダイザカリ (食い盛り)
アンドメ (屋止め)
クブレイダ (毛振るい)

チューガリ (中入り)

ケブトリ (名盛取り)
クブキリ (名切り)

クワバラカンコン (桑刷箱回し)
カンミャン (蚕扉やし)

《飼育》7語 (0:7)

チャサンシーケ (稚蚕飼育)

イオボガイ (鳥飼い)
タナガイ (棚飼い)
ウラ (楽)

ヒトタナ (一棚)
フタタナーシーニー (二段楽)
ミカワ (ニカハリ)

マイカキ (繭掻き)
ケノキリ (毛羽取り)
メーダン (繭出し)

《虫類》2語 (America)

アメガワ
カミキリムシ (蛆み切り虫)

《桑の物》5語 (1:4)

ユカン (楽)
クラ (楽)
ウラ (楽)
ヤスミクラ (休み蚕)
オキクラ (起き蚕)
カダガラバー (〜育)

《人》2語 (1:1)

カンベツン (選別士)
セリ (親り)

《道具》30語 (14:16)

アミ (網) 〜ワラトリヤミ (裏取り網)
イトアミ (糸網)
ヨンレーアミ (四齢網)
ショーアミ (〜名号網)

カコ (繭) 〜ショーワラカコ (三尺繭)
ロジャンヤカコ (大尺繭)

ヘネ (羽)
ハジ (羽)

タキ (蓋)

サンバコ (蚕飼育箱)

コモ (楽)
ウオ (船)

スミ (炭)
イロリ (囲炉裏)

マイカキ (繭掻き)
ケバキリ (毛羽取り)

《桑》31語 (4:27)

クワ (桑)

クロッワン (耕麦) 〜サカイクッワン (境桑)
ヤマッワン (山桑)

タニ (ノキ) 〜ヨキ (多枝の木)
ネコエラン (猫えらん) (枝返り)
ハナズソーコン (〜桑) 〜ヤスミッニ (〜簾)
イケーセ (植社桑)

ハルンニッワン (春枝桑)
アキッワン (秋枝桑)
アキッワン (秋枝桑)

トメッワン (止め桑)
オークワ (大桑)
アラッワン (朝桑)
ヒルッワン (昼桑)
ヨーッワン (夜桑)
ウチッワン (打ち桑)

マキッワン (調き桑)
ウンミッワン (摘み桑)
ツリッワン (釣り桑)
ムダッワン (無駄桑)

クワエダ (桑技)
カブラ (株) 〜クワッカブラ (楽株)
ドドレ
モチドドメ (餅〜)
ジャミッワ (〜桑)

エダッワ (枝桑)
キリッワ (切り桑)
シンバ (新葉)
ヒカリミッワ (光桑)

《場所》6語 (3:3)

サンッジ (蚕室) 〜ザ〜コ (室)

ザ (屋)
クワバ (名場)
モロ (室)
クワバラ (桑)

クワトリカコ (名釆り龍)
クワクラカコ (茶くみ龍)
バミューナーガロ (小龍)
コダル (小龍)

《倍仰》10語 (2:8)

カンタナイシャ (桑立て祝)
カンワモチ (柏団)

ワダイス (楽玉)
マイガキ (繭飾り)
ボク

マイダーカゲリ (廣玉飾り)
ユガカキ (繭箱き)
オシラサマ (おじら様) 〜コガウヤン (霊穂さん)

マユフクロ (繭奴)

ワラデーマーサヤイーン (田島蓋) 〜カイデーン (旧届)
ブシン (袋)
カイデーノーブーク (廣袋)
マユン (繭)
カイテーンマーン (〜菴)
ボール
ワク (枠)

《繭》15語 (4:11)

マユ (繭)　ケンペー (毛羽)
イトマユ (糸繭)

ホンマイ (本繭) 〜ホンケン (本繭)
クズマイ (屑繭) 〜チューマイ (中繭)
タマケン (玉繭) 〜ツケン (玉)

ピコマイ (繭) 〜ピビコン
シニコモ (死じ繭)
アペッカウリ (皮)
ウスッカー (薄皮)

凡例
《》で記したものは第一次分類、第二次分類によって設定した意味分野である。
─の記号で並列して記述してあるものは、同じ意味を表す併用語形（表参照）によっている。
…意味分野内の語彙のひとつのまとまりを、第四次分類の統合形によるものである。
その後に記した数字は、その意味分野の語彙数を表す。（単純語の数：合成語の数）を表している。
カタカナを表は男子平仮名交じり表記が可能な場合は、その語形を交じり表記の（）内に記す。その合成語の一部となっている場合は・を記す。

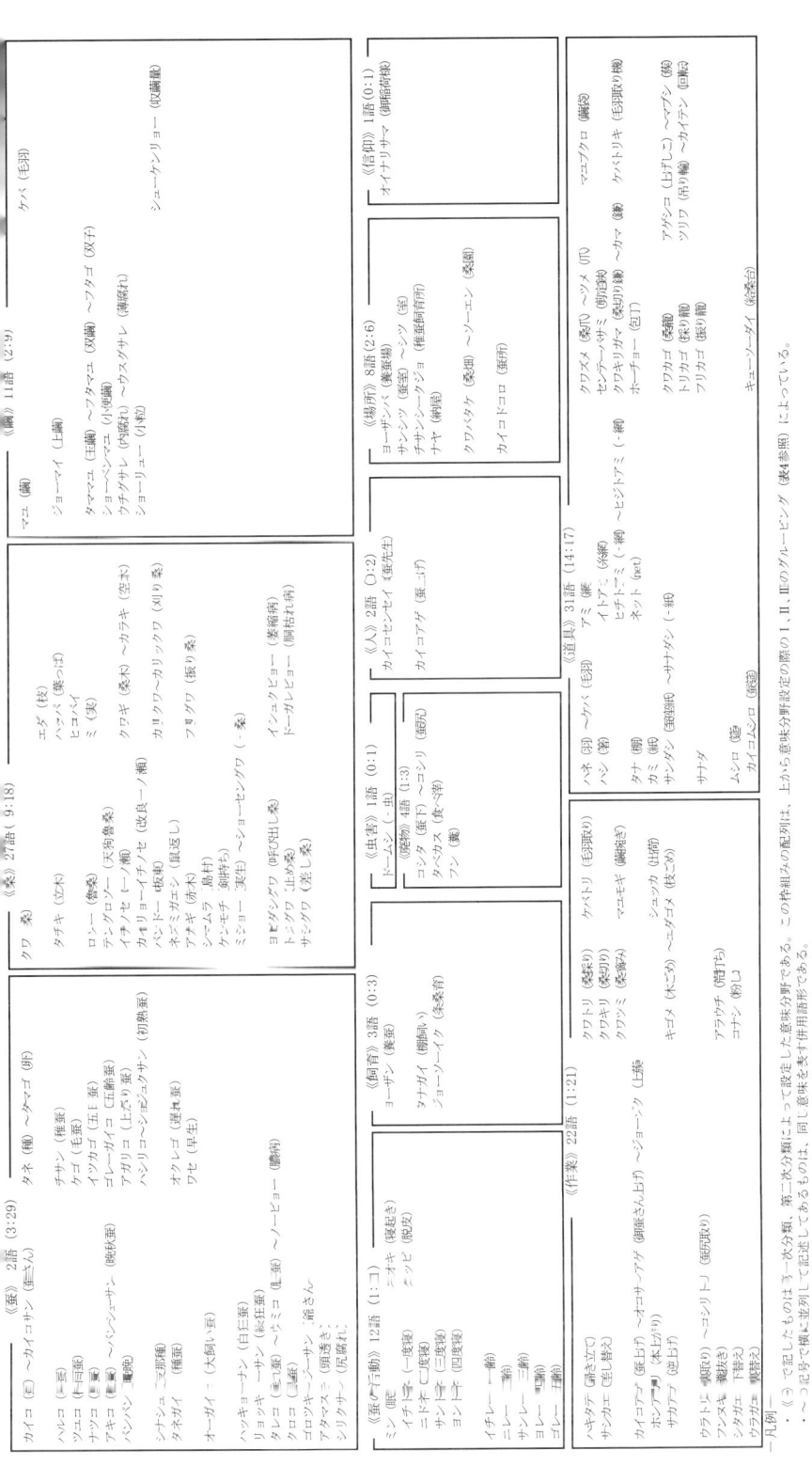

図⑧ 島根県鹿足郡日原町方言における養蚕語彙の体系

第2章　養蚕語彙の分布と歴史

1　はじめに

　養蚕世界の中心には、まず〈蚕〉(写真1)がいる。そこでは，餌となる〈桑〉(写真2、3、4 p.92)を必要とし、〈繭〉(写真10 p.106)を目的として作業が進められる。〈蚕〉は生物学的には変態をする昆虫であるが、養蚕を営む人びとにとっては生計を支える家畜であり、他の単なる昆虫とは異なった存在である。

　そこで、本章では、養蚕世界の中心に存在する〈蚕〉〈桑〉〈繭〉に対する名づけについて、方言分布と語史を記述する。方言分布としての共時的な記述と、語史としての通時的な記述をおこない、養蚕世界の中心に存在する〈蚕〉〈桑〉〈繭〉に対する名づけの概観をおこなう。

　方言分布は、先行研究をもとにして分布地図を描く。本章では、その共時的な方言分布から、それぞれの語の歴史を再構築したり、分布の形成過程を

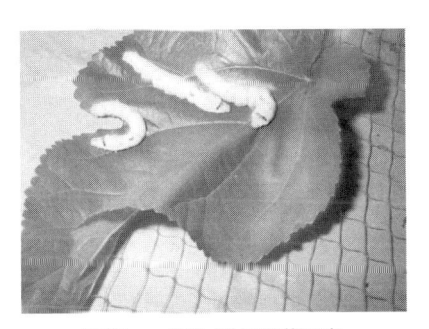

写真1　〈蚕〉群馬県藤岡市

明らかにしたりするというところまでにはいたらないが、養蚕語彙のなかでも中心的な構成要素となる語の全国的な多様性について考察し、第3部以降で記述および考察をしようとする群馬県方言の位置づけを把握しておきたい。

　語史については、前田富祺(1985)による「語史研究のフローチャート」の方法を用いて、その概略を把握する。文献にあらわれる〈蚕〉〈桑〉〈繭〉の語について、現在使用しうる国語辞典(注1)を活用して語史の記述をめざすが、この方法においては調査資料の範囲が限定されるため、語史の推定に、より正確さを期するためには不十分な調査になることは否めない。前田(1985)も自ら指摘するように、国語辞典を最大限に活用しつくしたとしても、そこで取りあげる用例のかたよりなど、問題点がいくつか考えられるからである。しかし、〈蚕〉〈桑〉〈繭〉を表す語は名詞であり、最大限の注意をはらう必要はあるものの、〈もの〉自体をある程度明確にとらえやすいという性格を考えれば、この方法によって語史の概略を把握することは可能であると考える。〈蚕〉〈桑〉〈繭〉を表すそれぞれの語が、各時代の中でどのような表記、どのような語形によって表されてきたのか、その語形がいつの時代から用いられてきたのか、という語史の推定を試みる。具体的には、〈蚕〉〈桑〉〈繭〉を表すと考えられる「蚕」類、「桑」類、「繭」類の表記に付された和訓、すなわち順番に「かいこ」「くわ」「まゆ」の語形を中心とし、それに関係する語形も取りあげながら語史を推定する。なお、それぞれの語について、国語辞典にあげられた用例を中心に使用例を記述するが、具体的な表記や語形(和訓)を示す場合は、必ず影引本にあたりそれに基づいて記述するものとする。

　養蚕語彙の体系記述のはじめに、〈蚕〉〈桑〉〈繭〉の総称を取り上げるのは、養蚕業が盛んであったか否かに関わらず、養蚕世界が展開する地域社会(空間)、および時代(時間)のうちには必ず存在している〈もの〉であり、地域性、時代性を反映したそれぞれの名づけが存在すると考えるからである。日本語の諸方言における〈蚕〉〈桑〉〈繭〉を表す語の分布、およびそれらの語史を明らかにし、そこに日本全国でも特に養蚕の盛んであった群馬県方言

を位置づけて考察していくことによって、それぞれの地域の養蚕語彙の特徴が把握できると考える。

なお、日本語の造語法の特徴を明らかにするために、比較の対象の一例としてフランス語をとりあげ、両者の比較もおこなう。

2 〈蚕〉を表す語

2.1. 〈蚕〉の方言

群馬県方言における〈蚕〉を表す語について、全国諸方言における語と比較し、造語の特徴を考察する。〈蚕〉とは写真1のように、白色の幼虫である。

まず、群馬県方言で臨地調査をおこなった11地域の語と、同様に調査をして得られた埼玉県秩父市方言と島根県鹿足郡日原町方言を記述する。おのおのの調査地域における〈蚕〉の総称は、表1に示したとおりである。いずれの地域でも、敬称の接辞を付さないカイコ類が用いられている。この他に、敬称の接辞を付した合成語が用いられている。

表1に示したそれぞれの地域の語は、日本全国で養蚕が最も盛んであった昭和30年代に〈蚕〉を飼育していた方々からえられたものである。人びとは、養蚕の方法を親から受け継ぎ、地域に巡回してくる養蚕教師の指導を受けながら養蚕をおこなっていたという。群馬県内11地域と埼玉県1地域においては、敬意を表す接辞のつかないカイコ類も使われているが、一般的にかつごく自然に用いられていたのは、〈蚕〉を表す形式に「御-」「-様」のついたオーカイコ、オ-コーサン、オ-コサマである。自然傍受をしていても、専ら敬意を含む語が聞かれる。それに対して、島根県鹿足郡日原町では専らカイコを用いており、カイコ-サンが聞かれるのは稀である。いずれにしても、養蚕に従事してきた人びとが、〈蚕〉という単なる昆虫に、敬称の接辞を付して名づけをおこなっていることに注目すべきであろう。

次に、敬称の接辞を用いて〈蚕〉の名づけをおこなうという行為は、全国ではどのように位置づけられる現象なのかを考察する。敬称の接辞が付され

70 第 2 部　養蚕語彙の概観

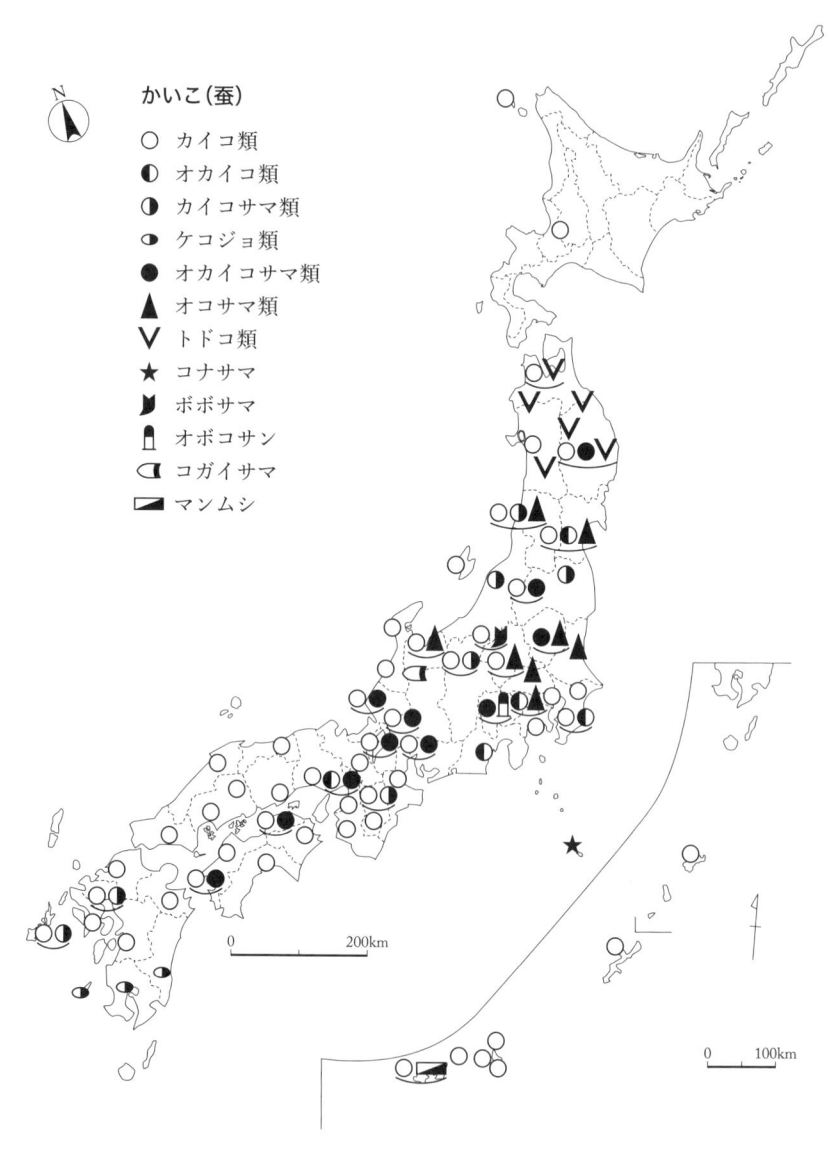

かいこ(蚕)

- ○ カイコ類
- ◐ オカイコ類
- ◑ カイコサマ類
- ☾ ケコジョ類
- ● オカイコサマ類
- ▲ オコサマ類
- ∨ トドコ類
- ★ コナサマ
- ☽ ボボサマ
- ⌘ オボコサン
- ⊂ コガイサマ
- ⌐ マンムシ

平山輝男編著(1992)『現代日本語方言大辞典 2』(明治書院) p.1038 より引用。ただし、pp.1035 ～ 1040 のデータを参考にして加工した。

図 1 〈蚕〉を表す語の分布

第 2 章　養蚕語彙の分布と歴史　71

表1　〈蚕〉の総称を表す語彙

地域＼意味	(御-蚕-様)	(御-蚕)	(蚕)	(蚕-様)
多野郡中里村	オーカイコーサマ	オーコーサマ	△	ケァーコ	△
藤岡市	△	オーコーサマ	オーカイコ	カイコ	△
富岡市	△	オーコーサマ	△	カイコ	△
安中市	オーカイコーサマ	オーコーサマ	△	カイコ	△
佐波郡玉村町	△	△	オーカイコ	カイコ	△
前橋市	△	オーコーサマ	△	カイコ	△
吾妻郡長野原町	オーカイコーサン	△	オーカイコ	カイコ	△
吾妻郡六合村	△	オーコーサマ	オーカイコ	ケーコ	△
利根郡片品村古仲	△	オーコーサマ	△	ケァーコ	△
利根郡片品村摺渕	△	オーコーサマ	△	ケーコ	△
利根郡昭和村	△	オーコーサマ	オーカイコ	カイコ	△
埼玉県秩父市	△	オーコーサマ	オーカイコ	カイコ～ケーコ	△
島根県鹿足郡日原町	△	△	△	カイコ	カイコーサン
	接頭辞+〈蚕〉+接尾辞	接頭辞+〈蚕〉	カイコ類	〈蚕〉+接尾辞

△：該当する語形が積極的には用いられないことを示す

るということは、〈蚕〉という昆虫が、人びとによって敬意の対象として扱われていることを示していよう。平山輝男(1992)によって、〈蚕〉を表す語の方言分布をみてみる。図1[注2]に、それを示す。この地図のもととなる調査は昭和後期におこなわれており、その当時の老年層(大正以前に生まれた方々)からえられた語彙によって作成された地図である。したがって、この地図の話者は、表1の話者に比べるとやや上の世代ということになるが、養蚕に従事した時期はほぼ同時代であるとみることができる。全国72地点からえられた語であることから調査地点の選定が少ないというきらいがあるが、各語のおおよその分布をつかみ、造語法を考察することは可能である。図1をみると、日本全国には〈蚕〉を表すためにさまざまな形式が存在していることがわかる。沖縄県竹富町でマンムシがみられる他は、コの形式を有した語がみられる。後の〈蚕〉の語史でも詳しく述べるが、コは〈蚕〉を

表している形式である。造語法に注目すると、〈蚕〉を表す形式に「御-」や「-様」のような敬意を表す接辞がつく語形が、東日本に偏って分布していることがわかる。東日本全体に分布するオカイコ類、カイコサマ類、オカイコサマ類、関東地方を中心としたオコサマ類、八丈島のコナサマ、長野のボボサマ、山梨のオボコサン、富山のコガイサマがそれである。同様に、親愛や尊敬の意を表すとされている接尾辞ジョの付されたケゴジョ類が、宮崎、鹿児島に分布している。また、青森県、岩手県、秋田県にみられるトドコは「貴いコ」と考えられ[注3]、〈蚕〉を「貴い」と呼ぶことで敬意が表されている。敬意の含まれるこれらの語形は、東日本に広く分布しており、その勢力は近畿、四国、九州地方にまで及んでいる。さきに表1でみた群馬県方言も、もちろんここに位置している。一方、西日本、特に中国、沖縄地方では、敬意を含まない語形カイコの勢力が強い。〈蚕〉を表す語に敬意を含むか含まないかという、造語法の観点から日本全体の分布をとらえることができそうである。敬意を含む複数の語形が分布する地域と、敬意を含まない単一の語形が分布する地域では、養蚕の価値が異なるであろうと予測する。この分布は、それぞれの地域における養蚕の価値や歴史と無関係だとは考えにくい。

　ちなみに、繭の生産量と桑園の面積によって、養蚕の盛んであった地域をみてみる。まずは、全国の繭の生産量を確認する。図2は、明治25(1892)年と大正8(1919)年の繭の生産量を都道府県別に地図化したものである。大日本蚕糸会(1921)『大日本蠶絲會報』第351号の口絵にある「生産統計明治25年と現今の産繭比較地図」をもとに作図した。図1の話者(大正以前に生まれた方々)が養蚕に関わっていた時期の繭の生産量の変化を表している。図2をみると、およそ30年の間に、いずれの都道府県においても繭の生産量が急激に増加している。西日本では顕著である。生糸の需要が増していった頃の、養蚕の隆盛ぶりが想像される。嶋崎昭典(2000)によれば、1910年代は繭の生産量が急激に増え、製糸の機械化が発展した時代だったという。いずれにしても繭の生産量が多いのは東日本に偏っており、〈蚕〉に対して敬意を含む複数の語形を付与している地域と一致している。さらに、桑園面

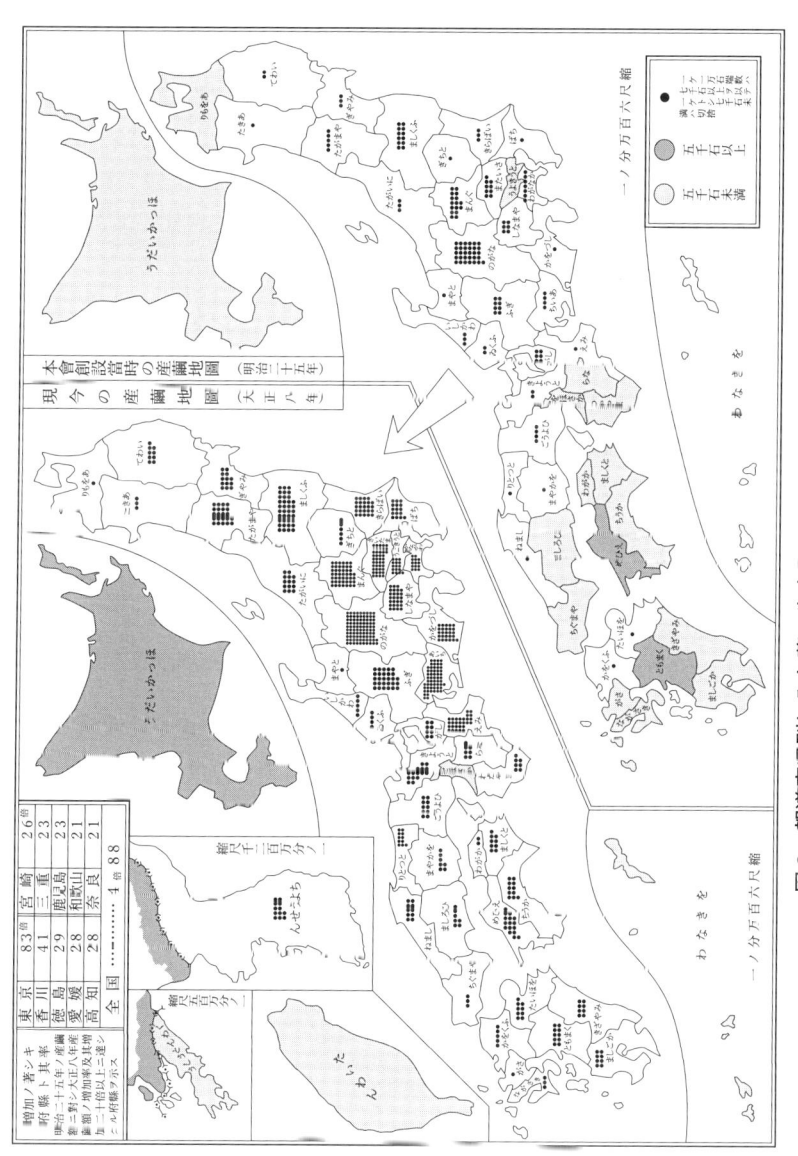

第 2 章　養蚕語彙の分布と歴史　73

図 2　都道府県別にみた繭の生産量　大日本蚕糸会 (1921) より

積を確認する。時代は下るが、1970年のデータ[注4]をみてみる。桑園面積の広い地域は都道府県別に、群馬、長野、福島、埼玉、山梨、山形、茨城、熊本、岐阜、鹿児島が上位に並ぶ。これらの地域で、全国の桑園面積の75%だという。東日本の地域が多い中に、九州地方の熊本と鹿児島も上位にはいっている。地方別にその率をみると、関東地方35%、中部地方26%、東北地方19%で、合計すると東日本には全国の80%の桑園が認められる。これらの桑園面積が広い地域も、〈蚕〉に対して敬意を含む語形を付与する地域とほぼ一致している。繭の生産量が多かったり、桑園面積が広かったりする地域の養蚕は、人びとの生活を支える重要な位置にあったといえる。そのような地域は東日本であり、西日本では九州地方南部である。敬意を含む語形の分布地域は、繭の生産量が多くかつ桑園面積も広い地域、すなわち東日本に広がる。桑園面積の広い九州地方南部にも、敬意を含む語形がみられる。〈蚕〉を表すために、敬いの気持ちを表現する形式をもった語形は、養蚕が盛んにおこなわれていた地域に分布するのだ。この地域の人びとにとっては、〈蚕〉は変態をとげて成長する単なる昆虫ではなかった。敬いの対象となりうる存在だった。特に、群馬県を含む東日本は、養蚕をその土地に定着させ、さらに盛んにさせる土壌をすでに兼ね備えていた。そのように考えられはしないだろうか。

　さて、〈蚕〉は現代より一時代前にはどのような名称が与えられていたのだろうか。それを知るために、『現代日本語方言大辞典』より前に調査された資料として、佐藤亮一監修(2004)『標準語引き日本方言大辞典』をみてみる[注5]。かいこ【蚕】の項目に採録されている語形を、おおよそ東日本方言と西日本方言に分類したものが次である。下線＿＿を付した部分は、敬意を表す形式だと解釈されるものであり、筆者が付したものである。

東日本

おぼこ、おぼこさま、おぼこさん、おんぼこさん、おんぼくさん、おんばくさん、こなさま、とどっこさま、おんぼく、ぼこさま、ぼこさん、ひめこさま、おこ、おこー、おこーさま、おこさま、おこさん、おこどの、お

こもっつぁん、おこもでさま、こどの、こどのさま、こどんさま、このさま、よごさん、とーとこ、とーどこ、ととこ、とどこ、どどこ、ととこさま、ととっこ、とどっこ
ひめこ、ひめご、こな、ぼこ　　　　　（以上、「こ」をもつ語形：37語）

おしら、おしらさま、おしらさん、おひめさま、おひめさん、おむし、しろーさま、しろさま、しろはん、めんめさま、ぼぼーさま、ぼぼさま、ぼぼさん
あとと、めんめ、のんのー、ひめ、ひる（カイコの幼虫）、もつく、むし、ぼぼ、ぼぼー　　　　　　　　（以上、「こ」をもたない語形：22語）

西日本

けこぞさん、こーがいさま、こがいさま、こもでさま、こんぎゃはん、ひめこさん、ぼこんさん、けごじょ、かーごじょー、きゃーごじょ、きゃごじょ、けーごじょー、けこじょ、けごじょー、けごぞ、こごじょさま、こごぜ、こもじょ
かーご、くわこ、くわご、こばえ、こもぜ、こぼせ、こぼぜ、こがい、ひめっこ、ひめがいこ　　　　　（以上、「こ」をもつ語形：28語）

おしなもんさま、おじょろさま、よめじょ・さー
まむしぐゎ、むしがー、むすわー、むしぐゎ、むしぐゎー、むしっぐゎ、じょろー、よめじょー、いちとい、いとぅむし、まんむし、ぼーし、まむし　　　　　　　　　　　　（以上、「こ」をもたない語形：16語）

「お（御）」は美化語をつくる接頭辞、「さま（様）」「さん」「つぁん」「はん」「どの（殿）」は人名などに付して敬意を表す接尾辞だと考えられる。これらが付された語は、東日本、西日本を問わず用いられているが、東西差が認められる形式もある。「とーと」類の形式は、西日本にはみられない。先に述べたように、これを「貴い」と解釈するとすれば、敬意を表す形式で

あると考えられる。一方、「じょ」類の形式は、東日本にはみられない。『標準語引き日本方言大辞典』の記述にしたがえば、「『じょ』は本来、親愛や尊敬の意を表す接尾語」だとされている。

　敬意を表す形式もさることながら、ここにあげた語の全体を見通してみると、図1、すなわち昭和後期の全国諸方言にはあらわれなかった語形もみられる。全国各地の農家で一般的に養蚕が営まれるようになったのは、江戸時代になってからだといわれるが、その当時には〈蚕〉の呼び名がバラエティーに富み、豊かな発想によって名づけがおこなわれていたということである。敬意を表す形式以外の造語成分もいくつかみてみると、「子供（ぼこ）」「幼いもの（ぼぼ）」「姫（おひめさま、おひめさん、ひめこ、ひめご、ひめっこ、ひめこさん）」「おしら神様（おしら、おしらさま、おしらさん）」と解釈されるものなどがある。さきにみた図1に比べ、対象への敬いの気持ちや愛しいと思う気持ちのあらわれた造語が多い。これらの発想の仕方をさらに考察するには、各地に伝わっている伝承との関わりも視野にいれなければならないであろう。

　先に述べたように、現在の群馬県方言でも、〈蚕〉に「御-」や「-様」をつけ、生活を支える大切な〈生きもの〉として〈蚕〉をとらえていた。現代に生きる群馬県の人びとも、まさに江戸時代の人びとと同じような発想をしていたと考えられる。このような発想がなされていたことは、次のような文例からも納得ができよう。

（1）群馬県藤岡市方言
　　a. オカイコガ　マユー　ツクル　マエニ　ナルト　アメビードロノ
　　　ヨーナ　キレーナ　カラダンナルヨ。
　（蚕が繭を作る前になると、飴ビードロ［＝べっこう飴の色］のような、綺麗な体になるよ）

（2）群馬県吾妻郡六合村方言
　　a. オカイコノ　セナカワ　シロクッテサー　アオイダガ　シロクッテ

キレーダヨネー。シロガ　ナントモ　イエネー　セナカガ　キレーナンダヨ。
(御蚕の背中は白くてさ、青いのだが白くて綺麗だよね。白が何とも言えない背中が綺麗なのだよ)

 b. メシメーシゴトニ　イキャーネー　［桑の］アサツユー　オカイコガ　ヨロコブダヨー。ニッチューノ　アツイトキニワネー　アサツユノ　クワークレリャー　オカイコガ　トテモ　ヨロコブダヨー。
(飯前仕事に行けばね、［桑の］朝露を御蚕が喜ぶのだよ。日中の暑いときにはね、朝露の桑をくれれば、御蚕がとても喜ぶのだよ)

 c. オカイコノ　ハナシー　シテタラ　オモイダシテ　カワイクッテ　マタ　［養蚕を］ヤリテーヨーダヨー。
(蚕の話をしていたら思い出して、可愛くてまた［養蚕を］やりたいようだよ)

(3) 群馬県利根郡昭和村方言

 a. カイコワ　オーゴトダッタケド　オカイコワ　カワイカッタヨ。セーカツノ　ミナモトダモン。
(養蚕は大変だったけれど、蚕は可愛かったよ。生活の源だもの)

　決して楽ではなかった養蚕を「またやりたい(2c)」と言い、〈蚕〉を「飴ビードロ(1a)」「綺麗(2a)」「可愛い(2c)(3a)」と評価し、〈蚕〉が「喜ぶ(2b)」とその気持ちまで読みとってきた人びとは、単に現金収入のためだけに養蚕を営んできたのではないといえる。〈蚕〉は経済的な面だけではなく、精神的にも人びとを支えてきたということなのであろう[注6]。
　ちなみに、日本より先に養蚕が衰退し、現在ではまったくおこなわれていないフランス[注7]では、〈蚕〉は(4)のように表される。

(4) フランス北部　パリ　　　　　　　　〈蚕〉：vers à soi(虫＋絹)
　　 フランス南部　ヴァロンポンダルク　〈蚕〉：magnan(蚕)

パリ(Pari)では「絹の虫」という発想の句で表現され、ヴァロンポンダルク(Vallon pont d'arc、南仏方言：オック語[注8]の地域)では発想は不明であるものの、固有名称として語彙化がなされている。ヴァロンポンダルクのmagnan は、magnanarelles(養蚕をする女の人)や magnanerie(養蚕をする所)という語彙をも派生させている。フランス南部は、フランス国内でも養蚕の盛んな地域であったとされるが、そのような地域に語彙化がみられ、かつ、それが他の語を派生させているという点では、それを必要とする養蚕世界のあり方を反映しているといってもよいであろう。日本語をフランス語と比較すると、日本語の特徴をとらえることができる。日本語では、〈蚕〉は「虫」であるという発想が、語形にあらわれない地域が多い。〈蚕〉を敬意の対象としてとらえることを、あたりまえのようにおこなっている地域が多い。これらの点は、少なくとも、養蚕が盛んにおこなわれるようになった時代からの日本語の特徴であるといえよう。

2.2. 〈蚕〉の語史

　〈蚕〉は、全国の各地域で、それぞれの発想によって名づけがおこなわれていることがわかった。同時に、養蚕の盛んであった群馬県の方言では、〈蚕〉が人々から尊ばれ、親しみをもって育てられてきた、敬意の対象ともいうべき昆虫であるということもわかった。ここでは、その造語の際に用いられている〈蚕〉を表す代表的な語形カイコの成立を中心に、文献資料を用いて〈蚕〉の語史について概略を把握する。

　文献資料にみられる中央語では、古く、〈蚕〉はコ(甲類)という1音節で表されている。上代の人びとは〈蚕〉を表すために具体的にはどのような語を用いていたのか、『万葉集』『古事記』『日本書紀』の用例をみてみることにする。

(5) 足常　母養子　眉隠　隠在妹　見依鴨
　　(たらちねの　母が養ふ蠶の　繭隠り　隠れる妹を　見むよしもがも)

(万葉集　巻11　2495)

(6) 垂乳根之　母我養蠶乃　眉隠　馬聲蜂音石花蜘蛛荒鹿　異母二不相而
　　（たらちねの　母が養ふ蠶の　繭隠り　いぶせくもあるか　妹に逢はずして）
　　　　　　　　　　　　　　　　　　　　　　　　（万葉集　巻12　2991）

(7) 荒玉之　年者來去而　玉梓之　使之不來者　霞立　長春日乎　天地丹　思足椅　帶乳　根笑　母之養蠶之　眉隠　氣衝渡　吾戀　心中少　人丹言　物西不有者　松根　松事遠　天傳　日之闇者　白木綿之　吾衣袖裳　通手沾沼
　　（あらたまの　年は來去きて　玉梓の　使の來ねば　霞立つ　長き春日を　天地に　思ひ足らはし　たらちねの　母が養ふ蠶の　繭隠り　息衝き渡り　わが戀ふる　心のうちを　人に言ふ　ものにしあらねば　松が根の　待つこと遠く　天傳ふ　日の闇れぬれば　白木綿の　わが衣手も　通りて濡れぬ）
　　　　　　　　　　　　　　　　　　　　　　　　（万葉集　巻13　3258）

(8) 中中二　人跡不在者　桑子尓毛　成益物乎　玉之緒許
　　（なかなかに　人とあらずは　桑子にも　ならましものを　玉の緒ばかり）
　　　　　　　　　　　　　　　　　　　　　　　　（万葉集　巻12　3086）

(9) 故、所殺神於身生物者、於頭生蠶．
　　（故、殺さえし神の身に生れる物は、頭に蠶生り，）
　　　　　　　　　　　　　　　　　　　　　　　　（古事記　上巻　五穀の起源）

(10) 此神頭上、牛蠶與桑。（此の神の頭の上に、蠶と桑と生れり）
　　　　　　　　　　　　　　　　　　　　　　（日本書紀　巻第1　神代上　第5段）

(11) 顱上生粟。眉上生蠶。眼中生稗。腹中生稲。陰生麥及大小豆。
　　（顱の上に粟生れり。眉の上に蠶生れり。眼の中に稗生れり。腹の中に稲生れり。陰に麥及び大小豆生れり。）
　　　　　　　　　　　　　　　　　　　　　　（日本書紀　巻第1　神代上　第5段）

(12) 又口裏含蠶、便得抽絲。自此始有養蠶之道焉。
　　（又口の裏に蠶を含みて、便ち絲抽くこと得たり。此より始めて養蠶の道有り。）
　　　　　　　　　　　　　　　　　　　　（日本書紀　巻第1　神代上　第5段）

(13) 三月辛巳朔丁亥、天皇欲使后妃親桑、以勸蠶事。爰命蜾蠃、〈蜾蠃人名。此云須我屢。〉聚國内蠶。於是、蜾蠃、誤聚嬰兒、奉獻天皇。々々大咲、賜嬰兒於蜾蠃曰、汝宜自養。蜾蠃即養嬰兒於宮墻之下。仍賜姓、爲少子部連。
　　（三月の辛巳の朔丁亥に、后妃をして親ら桑こかしめて、蠶の事を勸めむと欲す。爰に蜾蠃　蜾蠃は、人の名なり。此をば須我屢と曰ふ。に命せて、國内の蠶を聚めしめたまふ。是に、蜾蠃、誤りて嬰兒を聚めて、天皇に奉獻る。天皇、大きに咲ぎたまひて、嬰兒を蜾蠃に賜ひて曰はく、「汝、自ら養へ」とのたまふ。蜾蠃、即ち嬰兒を宮墻の下に養ふ。仍りて姓を賜ひて、少子部連とす。）
　　　　　　　　　　　　　　　　　　（日本書紀　巻第14　雄略天皇六年三月）

『万葉集』には〈蚕〉の登場する歌が4首(5、6、7、8)みられ、3首(5、6、7)は「飼ふコ」、1首(8)は「桑コ」と詠まれている。「飼ふコ」は、現在日本全国で広く用いられているカイコの源となるものだと考えられるが、まだ1語として完成していない表現である。(8)「桑コ」は、現在私たちの用いるイナゴ(蝗)と同じ造語法である。イナゴはすなわち稲につく虫(稲のコ)であり、クワコはすなわち桑につく虫(桑のコ)であろう。このクワコは、先に『標準語引き日本方言辞典』にも採録があったように、江戸時代以降、都から離れた大分、熊本でクワゴとなって用いられており、俚言形として最近まで〈蚕〉の意味で使われていた。なお、現在の群馬県方言にもクワゴはみられ、〈蚕〉によく似た〈桑〉につく害虫を表す。

『古事記』(9)、『日本書紀』(10、11、12、13)では、その文体の性質上、「蠶」「蠶」への訓が『万葉集』のようにはなかなか判断しにくい。用例の読み下し文におけるそれぞれの表記に対する訓は、古典文学大系の記述にした

第 2 章　養蚕語彙の分布と歴史　81

がったものではあるが、それだけで語史を判断するのは迷うところである。
(13)雄略天皇六年の用例のように、〈子供〉の「こ(甲類)」と〈蚕〉の「こ」を混同したことによるエピソードから、〈蚕〉が一音節語「こ」で呼ばれることが多かったということはうかがえる。(12)(13)に示したように、(12)「養蠶」、(13)「蠶事」の表記は〈養蚕〉をさしていると考えられ、古典文学大系の読み下し文では「こかひ」としている。この時代には、〈蚕〉が一音節語「こ」によって表現されていたことは間違いはないが、その他に「かふこ」が語彙化して1語となった「かひこ」も用いられていた可能性もあり、判断が難しい。中古になり時代は少しくだるが、『本草和名』(14)、『新撰字鏡』(15)、『倭名類聚抄』(17、18、19、20)の記述には「加比古」とあり、上代においてその語形が誕生する萌芽があるとすれば、(9)〜(13)でも「かひこ」であった可能性もすてきれない。

　辞書ではどのように記されているかをみておく。

(14)白殭蚕〈陶景注云養蠶字有合薄殭者〉和名加比古
　　頭注　加比古 飼子　　　　　　　　　　　(本草和名　下巻　17ウ)

(15)蝶　久波古　　　　(天治本　新撰字鏡　巻第八　25　虫部　第83)

(16)蠶　加比古　　　　(天治本　新撰字鏡　巻第八　21　虫部　第83)

(17)蠶　説文云〈昨含反俗蠒字加比古　一訓在古加比須〉　虫吐絲也
　　　　　　　　　　　(伊勢十巻本　倭名類聚抄　巻六　40ウ)

(18)蠶　説文云〈昨含反俗為蠒字和名加比古一訓古加比須〉　虫吐絲也
　　　　　　　　　　　(伊勢二十巻本　倭名類聚抄　巻14　25オ)

(19)蠒　蚴附　説文云蠶〈昨含反俗為蠒加比古〉虫吐絲也　玉篇蚴〈亡消反与蟻同〉蠒初生也　　(伊勢十巻本　倭名類聚抄　巻8　38オ)

(20) 蚕蚜附　説文云蠶〈昨含反俗為蚕賀比古〉虫吐絲也　玉篇蚜〈三消反
　　 和名与蟻同〉蚕初生也　　　（伊勢二十巻本　倭名類聚抄　巻19　19ウ）

　漢字を偏や旁によって分類し、音や訓をつけた日本最古の漢和辞書だとされる『新撰字鏡』(892〜901)には、和訓として(15)「久波古」と(16)「加比古」がみられる。蝶が〈蚕〉と同じ昆虫を指しているかどうかは不明であるが、〈蚕〉はもともと野生の昆虫で、人間が絹をとるために改良をし、家畜化してきたものであるということを考えれば、蝶で表される昆虫も〈蚕〉と同類としてとらえ、その発想を造語に反映させているものと考えられる。
　『倭名類聚抄』(911〜983)は漢語に和名を記した百科事典的な性質も兼ねた辞書であり、「蠶」「蚕」の表記に対して、(17)〜(19)「加比古」、(20)「賀比古」の和訓がみられる。それとともに、(17)(18)には「古加比須」もみられる。一音節語「こ」から、「かひこ」という複合語が主流になってきたということであろう。『本草和名』(901〜923)では、(14)「加比古」がみられる。
　中古では、これらの辞書の他に、物語類にも次のように「こ」と「かいこ」の用例がみられる。

(21) 雨、降り止やまで、日ごろ、多くなる頃、いとど山路思し絶えて、わりなく思されければ、親の飼ふこは、所狭き物にこそと、おぼすも、かたじけなし。
　　　　　　　　　　　　　　　　　　　　　　　　　　　　（源氏物語　浮舟）

(22) 「きぬとて人々の著るも、かいこのまだ羽つかぬにし出だし、蝶になりぬれば、いともそでにて、あだになりぬるをや」
　　　　　　　　　　　　　　　　　　　　　　　（堤中納言物語　虫めづる姫君）

　『源氏物語』の(21)「こ」は〈子供〉ととれるが、『万葉集』の「母が飼うこ」をふまえたものと考えられ〈蚕〉を意識して表現されたものであろう。『堤中納言物語』では、(22)「かいこ」が用いられている。

なお、『新撰字鏡』には、次のように(23)「くれのみみず」という語形もみられる。

(23) 蚕　久禮乃彌彌受　　　　　　　（享和本　新撰字鏡　巻1　天部1）

これは〈蚕〉を「呉の蚯蚓」に見立てたものだとされており、「こ」の形式をもたない語形として稀な用例である。

　以上のように〈蚕〉を表す上代と中古の用例をみると、かなり古い時代から「こ」という語形と共に「くはこ」や「かひこ」も併用されていたことがうかがえる。『日本書紀』の(13)雄略天皇六年の用例に代表されるように、〈蚕〉と〈子供〉をめぐる混同は特別多かったであろうと予想される。上代における「こ(甲類)」は、名詞では〈子供〉〈蚕〉〈粉〉〈籠〉に用いられていた。また、〈海鼠〉もコであった。どれも、人々の日常生活にごく当たり前に存在しているものばかりである。上代からすでに存在している「かひこ」や「くはこ」は、他の〈もの〉との混同を回避しようとした結果であると考えてよいであろう。

　さらに時代は下って、中世の文献資料によって〈蚕〉を表す語を確認する。この時代の辞書類の記述は、辞書ごとにまとめて示せば(24)〜(31)のとおりである。

(24) 蛹　コカヒ　　　　　　　　　（観智院本　類聚名義抄　僧下　38）

(25) 蠶　〈カヒコ　コカヒス〉　　（観智院本　類聚名義抄　僧下　38）

(26) 蚕　〈(コ)　ハ―　呉都賦〉　（十巻本　伊呂波字類抄　第7　35ウ）

(27) 食蠶　〈サン　　コ―　　コカイス〉（黒川本　色葉字類抄　巻下　3ウ）

(28) 蠶　カヒコ　蠶蚕並吐糸虫也　（十巻本　伊呂波字類抄　第3　58ウ）

(29)蠶〈カヒコ　コカヒ〉　　　　　（白河本　字鏡集　9巻　虫部　386 ウ）

(30)蠶　コカヒ　　　　　　　　　　（寛元本　字鏡集　巻3　虫部　408）

(31)蠶トイヘルハカイコ也　コトモイヘリ如何　コハ子息のコトク　ヤシ
　　ナイタツレハコト　ナツケタル也　カイコハ飼子ノ心也

（名語記　巻第2　49 オ）

『類聚名義抄』は平安末期から鎌倉初期の辞書、『伊呂波字類抄』は鎌倉初期に編まれたいろは引きの国語辞書、『字鏡集』は鎌倉中期に編まれた漢和辞書、『名語記』は1275年に編まれた語源辞書である。これら辞書の中でも、「こ」(26)(27)(31)と「かいこ」(25)(28)(29)(31)がみられる。単独での「こ」の勢力は、よわまっているようにもみえる。しかし、(31)の『名語記』にも「こ」とあるように、さらに年代の新しくなった近代の『和英語林集成』(1867)の見出し語も「Ko」となっている。そこには「Ko wo kau」という用例がみられ、「かいこ」が一般的になりつつも規範的には「こ」であると意識されていたことも事実であろう。なお、(24)(25)(29)(30)に「こかひ」がみられる。〈養蚕〉のことをさしたものか〈蚕〉をさしたものか、いくつか可能性が考えられるが、今の段階では確定にいたるまでの情報がない。

　中世後期から近世にかけては、次のように『節用集』(32)〜(37)と『日葡辞書』(38)の記述がある。

(32)蠶サン　　　　　　　　　　　　（伊京集　節用集　33　10行）

(33)蠒　　　　　　　　　　　　　　（明応五年本　節用集　65　1行）

(34)蠒　　　　　　　　　　　　　　（天正十八年本　節用集　49　4行）

(35) 蠶(カヒコ)　　　　　　　　　　　　（饅頭屋本　節用集　50　6行）

(36) 蚕(カイコ)　〈蠶同〉　　　　　　　　（黒本本　節用集　62　2行）

(37) 蠶(カヒコ)　　　　　　　　　　　　（易林本　節用集　74　2行）

(38) Caico カイコ(蚕)　絹の虫［蚕］，または、その種［蚕種］下(Ximo)では、また Caigo(蚕)とも言う　　　　　　（邦訳日葡辞書）

『節用集(古本)』は中世から近世にかけてのいろは引きの辞書、『日葡辞書』(1603)はポルトガル人宣教師が日本語を勉強するために編まれた辞書である。ここでは、「かひこ」(32)(35)(37)、「かいこ」(33)(34)(36)(38)の語形がみられるのみである。

　全国の農家で広く養蚕が営まれるようになった近世以降は、「かいこ」が一般的になり、その用例が多くみられる。その代表として1712年に書かれた百科事典『和漢三才圖會』の記述を示す。

(39) 蠶(かいこ)　和名賀比古　　　　　　（和漢三才圖會　巻52　卵生類）

　近世には(39)の記述がみられる一方で、群馬県方言などにみられるオコ、オカイコが、俳諧、洒落本、浄瑠璃、歌舞伎などにみられる。これらの文献資料の性格から、オコやオカイコがこの時期にはじめて造語されたものであるとは断定できない。もう少し古くから、かつ地域を限定して使われていた可能性もある。したがって、〈蚕〉の語史を考える際、オコ、オカイコの存在は慎重に検討しなければならないであろう。越谷吾山による『諸国方言物類稱呼』(1717～1787)にも(40)のようにある。

(40) 蠶　かいこ○東国にて○おこと云越後にて○うすまと云同國長岡にてハ○ぽこと云信濃にて○ぼじうと云奥州津軽にて大なるも

のを○とうどこと云小き物を○きんこと云出羽にて○とヽ
こと云房州にてひめこと云

(諸国方言物類称呼　巻2　動物)

近世の文献に多くあらわれるようになったオコは、江戸時代の全国方言集において「かいこ」の東国ことばであると記されているのである。

2.3.　コ(蚕)をもつ合成語

文献資料で確認できる〈蚕〉を表す最も古い語形は、1音節のコであった。そのことは、〈蚕〉を表すコを造語成分として成り立つ合成語の存在によっても確認できる。コが合成語の前部要素に用いられる例は中古の用例で、養蚕をする建物を表す「こや(蚕屋)」がみられる。他にも、中古には『倭名類聚抄』に「こくそ」(41)(42)がみられ、中世の『類聚名義抄』(43)、『色葉字類抄』(44)(45)へとつづいている。

(41)蚕沙　本草云――〈古久曽〉蚕矢名也
　　　　　　　　　　　(伊勢十巻本　倭名類聚抄　巻6　41ウ)

(42)蚕沙　本草云――〈和名古久衣曽〉蚕矢名也
　　　　　　　　　　(伊勢二十巻本　倭名類聚抄　巻14　25ウ)

(43)蚕沙　コクソ　　　　(観智院本　類聚名義抄　僧下　38)

(44)蚕沙〈コクソ〉　　　(十巻本　伊呂波字類抄　巻7　35ウ)

(45)蚕沙〈コクソ　蚕具也〉　(黒川本　色葉字類抄　巻下　3ウ)

一方、後部要素にコが用いられる例には、〈蚕〉を〈季節〉を表す語によって細分化して言い表す「はるこ(春蚕)、なつこ(夏蚕)、あきこ(秋蚕)」

第 2 章　養蚕語彙の分布と歴史　87

がみられる。文献資料の年代を確認すると、「なつこ」の用例が古く、(46)(47)のように中古にみられる。

(46) 蠶（ナツコ）　玉篇云一〈音元奈都古〉晩蠒也

(伊勢十巻本　倭名類聚抄　巻8　38オ)

(47) 蠶　玉篇云蠶〈音元和名奈都古〉晩蠒也

(伊勢二十巻本　倭名類聚抄　巻19　19ウ)

　このように、「はるこ」よりも「なつこ」が先にあらわれるのは興味深い。〈蚕〉の自然な生態を考えれば、〈春蚕〉は自明のこととみなして無標とし、それよりも遅れて孵化するものを特殊なものとして〈夏蚕〉ととらえ有標としたものであろうか。
　中世の『日葡辞書』には〈秋蚕〉を表す語がみられないだけで、次の(48)(49)のように〈夏蚕〉〈春蚕〉を表す語がみられるようになる。

(48) Faruco　ハルコ（春蚕）　春の蚕　▶ Farugo　　　　（邦訳日葡辞書）

(49) Natcugo　ナツゴ（夏蚕・夏子）　夏に葉を食い始め、絹を作るように、その時期にかえらせる蚕

(邦訳日葡辞書)

　近世の『和漢三才圖會』にも、種類の異なる〈蚕〉としてナツコ(50)とハルコ(51)が記されている。記述は次のとおりである。

(50) 原蠶（ナツコ）　晩蠶　夏蠶　魏蠶　熱蠶〈和名奈都古〉

(和漢三才圖會　巻52　卵生類)

(51) 春蠶（ハルコ）夏蠶ハ異種也　夏蠶ハ形大而繭モ亦大ナリ六月ニ作リ繭極暑不養

易カラ　　　　　　　　　　　　　（和漢三才圖會　巻52　卵生類）

　これらの用例は、〈蚕〉が古く「こ」という1音節で表されていたという事実を語るだけではなく、長い歴史の中における養蚕の発展をも示していると考えられる。中世の頃までにはすでに用いられていたハルゴ、ナツゴは現在でも広く用いられているが、この時代における季節を含んだ語形は、〈蚕〉の自然な状態での孵化にかなっている。そこへ人間の手が加わり、〈蚕〉の改良が重ねられ技術も向上してくると、〈蚕〉の食する〈桑〉さえあればどのような時期でも飼育できるようになる。〈蚕〉からしてみれば自然な生理を狂わされてしまった結果なのかもしれないが、人びとにとって〈秋蚕〉を表すアキゴという語形の必要性が生じてくる。その語形は近代の小説にあらわれる。

(52)（文が）はじめは三四度も有りけるを後には一度の月あるを恨みしが、秋蠶のはきたてとかいへるに懸かりしより、　　（ゆく雲　下　樋口一葉）

(53)今もかう覺えて居る、僕が泣き顔を拭き歸つて行くと、秋蠶の桑を摘むんで居た鈴江君　　　　　（思い出の記　3の巻・4　徳富蘆花）

　さらに養蚕の発展は進み、現代のように〈人工飼料〉も誕生すると、〈蚕〉の飼育は〈桑〉だけに頼らなくても可能になる。このようになると、〈桑〉の芽吹きなどに関係なく養蚕はおこなえるようになり、そこに暖房器具などの進化も加わって年間の養蚕の回数は増加する。それを示しているのが、現代の群馬県方言にみられる次のような漢語系の語彙である。

　　カシューサン（夏秋蚕）
　　ショシューサン（初秋蚕）
　　バンシューサン（晩秋蚕）
　　バンバンシューサン〜バンバン（晩晩秋蚕〜晩晩）

どれも夏以降の涼しくなる季節に飼育する〈蚕〉を表している。季節による語彙の発達から〈蚕〉の語史がわかると同時に、〈蚕〉には人間の手がいかに加わっているかということが理解できる。

なお、季節による〈蚕〉の語彙については、のちにも群馬県方言を中心にして、造語法や、語彙体系の形成の仕方と養蚕世界の発展の仕方の関係について考察する(第3部第2章)が、ここでは文献にあらわれるコをもった合成語を確認しておくにとどめる。

3 〈桑〉を表す語

3.1. 〈桑〉の方言

〈蚕〉と同様に、全国諸方言の実態を把握するために、平山輝男(1992)によって〈桑〉を表す語を図3に地図化し[注9]、全国諸方言の語形にはどのようなものがあるかを明らかにしていく。

平山(1992)では、〈桑〉を何と呼ぶかという調査がなされ、その結果として次の区別について記述している。

    a 樹木としての〈桑〉
    b 〈蚕〉の餌としての〈桑〉

したがって、図3では、この記述を反映して記号を与え地図化をおこなった。

すると、「a樹木」と「b養蚕用」の区別をしない地域が広く分布している中に、区別をするという地域もある程度の分布を示していることがわかる。区別するとしないとに関わらず、全国でクワを中心にした語形が使われている。aとbを区別をする地域では、「アクセント」や「母音の無声化」や「語形」によっている。群馬県方言では、aとbの区別はおこなわれていない。確かに、表2に示した群馬県方言の調査結果においても、そのような点に注目した細分化はおこなわれていない。すなわち、表2の〈桑〉の欄に示

くわ（桑）

記号＼項目	a　樹木としての〈桑〉	b　〈蚕〉の餌としての〈桑〉	a・bの区別	
○	クワ類		無	
□	クワ(ノ)キ類		無	
▭	バンキッギー類		無	
⊡	クワノキ類	クワ類	有	語形で区別
◎	クワ	クヮ	有	語形で区別
○（△入り）	クワ	クヮノハ	有	語形で区別
●	ク［ワ］	［ク］ワ	有	アクセント※で区別
◐	クワ	クワ	有	母音の無声化で区別

※この凡例に示したアクセントは東京都奥多摩町と神奈川県相模原市のものである。aとbに異なるアクセントがあらわれる地域では、必ずしもこの凡例に示した高低の配置にはなっていない。ここでは「a と b に異なるアクセントがあらわれる」という点に着目して同一記号を与えているので、個々のアクセントの異なりについては平山輝男編著(1992)を参照されたい。

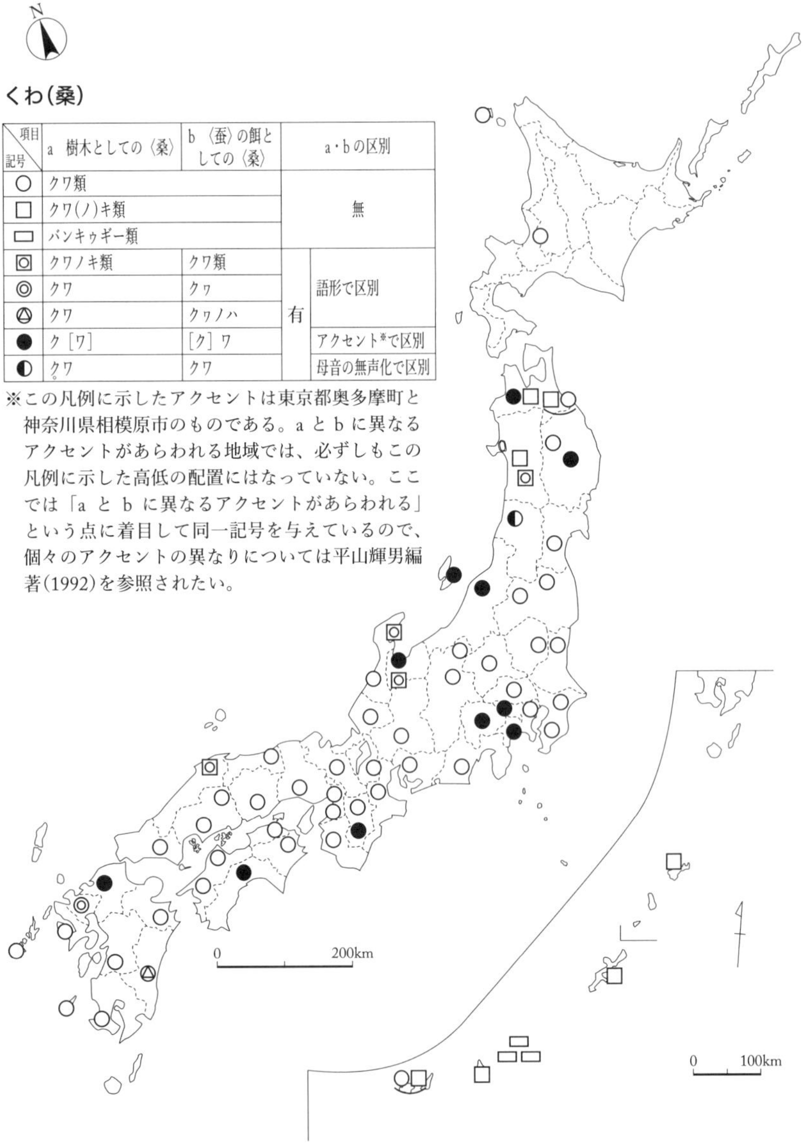

平山輝男編著(1992)『現代日本語方言大辞典 2』(明治書院) pp.1732 ～ 1734 より作図

図3　〈桑〉を表す語の分布

表2 〈桑〉の総称を表す語彙

地域＼意味	〈桑；枝〉部分	〈桑；枝〉養蚕用	〈桑；葉〉部分	〈桑；葉〉養蚕用	〈桑〉a 樹木	〈桑〉b 養蚕用
多野郡中里村	△	ボーグワ	△	ハグワ	クワ	
藤岡市	△	キリクワ	クワッパ	ハクワ	クワ	
富岡市	クワノエダ	エダックワ ボーックワ	クワッパ	ハックワ キリクワ	クワ	
安中市	エダ				クワ	
佐波郡玉村町	ズイジョー	ボークワ	△	ハクワ	クワ	
前橋市	△	ボグワ	クワッパ	ハクワ	クワ	
吾妻郡長野原町	ボ		ハッパ		クワ	
吾妻郡六合村	クヮズエ	ボーグワ エダックワ キリックワ	クヮノハ	ハックワ	クワ	
利根郡片品村古仲	△	キリクワ	クワッパ		クワ	
利根郡片品村摺渕	△	キリクワ	ハックワ	ハグワ	クワ	
利根郡昭和村	クワエダ	エダクワ	クワッパ	ハクワ	クワ	
埼玉県秩父市	クワエダ	エダクワ	クワッパ	△	クワ	
島根県鹿足郡日原町	エダ	カリックワ	ハッパ	フリグワ	クワ	
	〈桑〉+〈枝〉 〈枝〉	〈棒〉+〈桑〉 〈枝〉+〈桑〉 〈切る〉+〈桑〉 〈刈る〉+〈桑〉	〈桑〉+〈葉〉 〈葉〉	〈葉〉+〈桑〉 〈葉〉+〈桑〉 〈切る〉+〈桑〉 〈振る〉+〈桑〉	クワ類	

△：該当する語がないことを示す。
空欄：語形があらわれる可能性があることを示す。

したように、〈桑〉の樹木全体としては、植物としての名称と、養蚕用としての名称は分節されていない。

しかし、群馬県方言では、〈桑〉の部分である〈枝〉や〈葉〉になると、植物としての名称と養蚕用としてのそれが区別されている(表2)。植物としての名称では合成語の前部要素にクワをもち、養蚕用としての名称では合成語の後部要素にクワをもつ造語が多い。前者では部分名称としての、後者で

写真2　樹木としての〈桑〉　群馬県藤岡市
養蚕用に仕立ててある〈桑〉の一株

写真3　樹木としての〈桑〉　群馬県藤岡市
農作地の境に植えられて大木となった〈桑〉で養蚕には用いていない

写真4　〈葉桑〉　群馬県藤岡市
〈蚕〉の餌としての小さくきざまれて〈葉〉だけになる

写真5 〈葉桑〉を〈蚕〉に与えたところ　群馬県藤岡市

写真6 〈桑〉の〈枝〉と〈蚕〉　群馬県藤岡市
箱の下にみえる棒状のものが〈蚕〉が〈桑〉を食べた後の〈枝〉
箱の中にいるのは〈繭〉を作る直前の〈蚕〉

写真7 〈桑の新芽〉　群馬県藤岡市

は飼料の名称としての、それぞれ当然の造語法であるが、両者が語形を変えて存在している点には注目しておきたい。養蚕世界からの需要を受けた結果として、このような造語と分節がおこなわれていると考えられるからである。ちなみに、写真2、写真3が、群馬県藤岡市における〈桑〉の樹木の様子である。写真4が養蚕用の〈桑〉の〈葉〉であり、写真5がそれを〈蚕〉に与えたところである。

　表2のような語彙の他にも、さらに〈桑〉を細分化して〈部分〉をとらえる語がある。まず、〈蚕〉が〈桑〉の〈葉〉の部分を食べたあと、そこに残った〈枝〉の部分に対しても藤岡市方言でクワデ(桑で)、長野原町方言でカゼボヤ(桑ぜぼや)～カゼッポネ(桑ぜ骨)、利根郡昭和村方言でクワデ(桑で)～ジョーソーッポネ(条桑骨)がある。写真6がそれである。この〈枝〉部分は、いずれの地域においても養蚕の廃棄物として扱われるが、風呂を沸かすための燃し木、すなわち燃料として利用したということである。名づけをすることによって個別化がおこなわれていることから、廃棄物といえどもそれはそれとしての利用価値があったことを示していよう。

　さらに、〈葉〉の細分化をおこなう語がある。〈桑〉の〈枝〉の一番先には小さな新芽があるが、それよりも少し下には成長してある程度大きく広がった状態のやわらかい〈葉〉がある。写真7の矢印の部分である。それにヒカリッパ(光葉)、ヒカリックワ(光桑)という名づけがおこなわれている。前者は、群馬県内では前橋市方言、藤岡市方言、佐波郡玉村町方言、多野郡中里村方言、利根郡昭和村方言、利根郡片品村摺渕方言で聞かれ、群馬県外の調査地域では埼玉県秩父市でも聞かれる。後者は、吾妻郡六合村方言で聞かれる。いずれの地域でも、その〈葉〉から数えて、下に「7枚」とか「8枚」の〈葉〉を採取して、〈稚蚕：生まれて間もない蚕〉に与えたという。養蚕世界では、その〈葉〉が重要視されてたいたことがうかがえる。

3.2. 〈桑〉の語史

　〈桑〉を表す語は、さきにみたように、〈蚕〉を表す語の方言形の多様性に比べると語形は単純である。各地域に存在する〈桑〉の種類は多様性に富ん

でいるはずであるが、それらを総称して言い表す方言形には多様性はみられないのである。

文献によって「くわ」の語形を歴史的に確認してみても、上代から存在している形式であり、〈蚕〉が食べるものとしての〈桑〉を表していると判断される。歴史的に語形の変化がないということも、確認しておくべき重要な点であると考え、〈桑〉を表す語の語史の概略をまとめておきたい。

文献で確認できる〈桑〉を表す上代語は、次に示す『万葉集』(54)、『日本書紀』(55)の表記「桑」である。

(54) 足乳根乃　母之其業　桑尚　願者衣尓　着常云物乎
　　（たらちねの　母が其業なる　桑すらに　願へば衣に　着すとふものを）
　　　　　　　　　　　　　　　　　　　　　　　　　　（万葉集　巻7　1357）

(55) 此神頭上、生蠶與桑。（此の神の頭の上に、蚕と桑と生れり）
　　　　　　　　　　　　　　　　　　　　（日本書紀　巻第1　神代上　第5段）

(54)(55)の表記に対する和訓、すなわち〈桑〉に対する語形はこのままでは判断しにくいが、『万葉集』の韻文的な性格上、「くは」と判断してよいであろう。

また、次の(56)～(59)にあげた辞書で「桑」「桒」の表記に「久波」とあることをみれば、(54)(55)の例も「くは」とみてよいであろう。

(56) 桒根白皮　一名伏虵〈出土上者〉一名顛根〈直入土中者出要訣〉和名
　　久波乃加波　　　　　　　　　　　　　　　　　（本草和名　上巻　58ウ）

(57) 桒菌　一名木㭉麥伏虵〈楊玄操音俊〉五木耳名檽〈蘇敬注曰槐榆柳桒
　　耳此為　木耳〉
　　一名木　一名桒上寄生木精也〈出太清経〉和名久波乃多介
　　　　　　　　　　　　　　　　　　　　　　　　（本草和名　上巻　59オ）

(58) 桑桒　〈久波乃木〉　　　　　（天治本　新撰字鏡　木部第68　巻7　6）

(59) 桒　玉篇云桒〈音広字又作桑和名久波〉蠒所食也
　　　　　　　　　　　　　（伊勢二十巻本　倭名類聚抄　巻20　44ウ）

　以上の和訓にあるように、「くは」の語形が現代の全国諸方言にみられる〈桑〉を表す形式クワに連なっているものとみてよい。(54)〜(59)では、〈桑〉を表すと考えられる表記に「桑」「桒」がみられるが、他に〈桑〉に類する植物を表しているであろうと考えられる表記に、(60)〜(66)のような「檿」「柘」がある。和訓にはともに「つみ」と付されている。

(60) 檿　山桑豆美　　　　　　（天治本　新撰字鏡　巻7　14　木部第68）

(61) 檿　山桑豆彌　　　　　　　　　（享和本　新撰字鏡　木部58　47）

(62) 柘　豆美乃木　　　　　（天治本　新撰字鏡　木部第68　巻7　14）

(63) 柘　豆美乃木　　　　　　　　　（享和本　新撰字鏡　木部58　48）

(64) 柘　毛詩注云桒〈音射漢語抄云豆美〉蠒所食也
　　　　　　　　　　　　　（伊勢二十巻本　倭名類聚抄　巻20　44ウ）

(65) 桒柘　礼記注云桒柘〈庄射二音和名上久・波・下・都・美〉蠶所食也
　　　　　　　　　　　　　（伊勢二十巻本　倭名類聚抄　巻14　25ウ）

(66) 桒柘〔クハツミ〕　礼記注云桒柘〈射二音和名上久・波・下・都・美〉蠒所食也
　　　　　　　　　　　　　（伊勢十巻本　倭名類聚抄　巻6　41オ）

　〈蚕〉が食べるものを表す語として、「桑」「桒」の他に、『新撰字鏡』には

(60)〜(63)のように「櫟」「柘」、『倭名類聚抄』には(64)「柘」、(65)(66)「桒柘」のように、「柘」の表記がみられる。そこに「豆彌」「豆美」「都美」という訓があてられている。この記述をみるかぎりでは、〈蚕〉が食べるものとしての〈桑〉を表すために、二つの語形があったということを示していよう。「つみ」で表される〈もの〉は、〈桑〉とは別の〈もの〉とされていながらも、〈蚕〉が食するという点において、それに類するものとしてとらえられていたこともうかがえる。〈蚕〉が食する〈もの〉を表す語形としては、「くは」と「つみ」の両語形をもっていたことになる。〈桑〉の類に属するとされるものには複数の種類があり、それらを区別して呼び分ける必要性があったことがわかる。上代および中古には「くは」と「つみ」で語形が異なるので、両者はまったくの別物としてとらえられていたことは明らかではあるが、『新撰字鏡』にあるように「櫟」は「山桑」ともされており、それで表されるものが〈桑〉の一種ととらえられていたこともまた明らかである。なお、『日本国語大辞典第二版』によれば、「やまぐわ(山桑)の古名」と解釈している。

　中古以前には、〈桑〉を表す表記には「桑」「桒」「櫟」「柘」があり、〈蚕〉が食べる植物〈桑〉を表す語形として「くは」や「つみ」があったと理解してよいであろう。「柘」の表記は『万葉集』の用例に、次の(67)(68)のようなものがみられる。

(67)此暮　柘之左枝乃　流來者　樑者不打而　不取香聞将有
　　 (この夕　柘のさ枝の　流れ來ば　梁は打たずて　取らずかもあらむ)
　　　　　　　　　　　　　　　　　(万葉集　巻第3　386)

(68)大夫之　出立向　故郷之　神名備山尓　明來者　柘之左枝尓　暮去者　小松之若末尓里人之　聞戀麻田　山彦乃　答響萬田　霍公鳥　都麻戀為良思　左夜中尓鳴
　　 (大夫の　出で立ち向かふ　故郷の　神名火山に　明け來れば　柘のさ枝に　夕されば小松の末に　里人の　聞き戀ふるまで　山彦の相響むま

で霍公鳥　妻戀すらし　さ夜中に鳴く）

(万葉集　巻第10　1937)

　(67)(68)の用例では、〈蚕〉が食べるものに当てられた語形か否か判断がつかないが、「柘」の表記が実際に用いられており、〈桑〉との区別があったことを示している。
　中世から近世にかけての辞書でも、(69)～(76)のように「くは」「くわ」の記述がみられる。

(69)問　命木ノクハ如何　答クハハ桑也　　　　（名語記　巻第5　24ウ）

(70)桑〈同柔〉　　　　　　　　　　　　（饅頭屋本　節用集　89　2行）
　　クワ

(71)柔〈葉能　蚕也〉　　　　　　　　　（伊京集　節用集　63　10行）
　　クワ

(72)柔　　　　　　　　　　　　　　　（明応五年本　節用集　119　6行）
　　クワ

(73)柔　　　　　　　　　　　　　（天正十八年本　節用集　上　44オ　3行）
　　クワ

(74)桑〈柔同〉　　　　　　　　　　　　（黒本本　節用集　110　2行）

(75)桑〈柔同〉　　　　　　　　　　　　（易林本　節用集　130　3行）
　　クワ

(76)Cuua.l, cuuano qi.　クワ．または,クワノキ(桑．または,桑の木)桑
　　　　　　　　　　　　　　　　　　　　　　　　　　　　（邦訳日葡辞書）

　中世には『平家物語』『太平記』に次のような用例がある。

(77)園のくはをとらされば、絹帛のたぐひもなかりけり　　　（平家物語）

(78) くはの弓・蓬の矢にて、天地四方を射させらる　　　　　（平家物語）

(79) 桑ノ弓引人モナク、蓬ノ矢射ル所モナキアバラ屋ニ　　　（太平記）

(80) 昔殷帝大戊ノ時、世ノ傾ンズル兆ヲ呈シテ庭ニ桑穀ノ木一夜ニ生テ二十余丈ニ迸レリ　　　　　　　　　　　　　　　　　　　　　　（太平記）

(81) 此ノ桑穀ノ木又一夜ノ中ニ枯レテ　　　　　　　　　　　（太平記）

『平家物語』では「くは」、『太平記』では「桑」「桑穀」によって表記されている。『太平記』の表記に対するカタカナの訓は日本古典文学大系の校注者が付したものであり、「元和八年(1622)刊記整版本」によったものとされているので中世後期から近世の用例とみるべきかもしれない。

近世後期にも、(82)のように「桑」の表記に「くは」と判断される和訓がみえる。

(82) 桑　音荘　和名久波　子ヲ名┐椹ト　　（和漢三才圖會　巻84　灌木類)

上代から近世にいたるまでの「くは」が現代のクワにいたっており、〈桑〉を表すための語形に大きな変化はみられないことを確認することができる。
近世には、次のように「柘」がみられ、和訓「やまくは」で用いられていたことがわかる。

(83) 柘　音射　〈和名豆美　俗云山桑〉　　（和漢三才圖會　巻84　灌木類)

近世後期から明治期の方言資料でも次のような語形が採録されており、クワに基づく形式（下線部＿＿）を造語成分にもつ語が多いことがわかる。

　いたぐり（葉の薄く広いクワ）　広島県安芸郡

<u>か</u>ーだけ　岩手県九戸郡
　<u>か</u>こ、<u>か</u>こくわ　青森県三戸郡
　<u>か</u>べ　東京都一部
　こんぎ　沖縄県石垣島
　た<u>ぐわ</u>（田の土手に植えておくクワ）　群馬県勢多郡
　つけ<u>ぐわ</u>（自生のヤマグワに対して栽培した桑）　青森県三戸郡
　とー<u>ぐわ</u>（葉の大きなクワ）　広島県足芦郡
　どんどろぎ　愛媛県大三島
　むらさき<u>か</u>このき　青森県三戸郡
　　　　　　以上、佐藤亮一監修（2004）『標準語引き日本方言大辞典』

3.3.　〈桑の実〉の方言

　ところで、〈桑〉の部分として、〈桑の実〉がある（写真8）。養蚕には用いられない部分ではあるが、群馬県方言にはそれを表す方言形としてドドメがあり、当地の方言の代表格とされている。全国諸方言の〈桑の実〉の方言形は、柳田國男（1932）の研究をはじめ、方言学や民俗学の立場から注目されており、多様性に富んだ語形があることが指摘されている[注10]。この多様性は、〈桑〉を表す語に歴史的な大きな変化がみられないこと、方言形が少ないことと対照的である。さらに、〈桑の実〉を表す語の分布は、〈桑〉の分布図とは異なる様相を示し、先にみた〈蚕〉を表す語の分布のあり方と似ている点がある。そこで、〈桑〉に関連する語として、〈桑の実〉を表す語をここ

写真8　〈桑の実〉　群馬県藤岡市

で取り上げてみたい。

〈桑の実〉の分布図は、図4[注11]に示したとおりである。全国の方言形を分類し、単純語か合成語かに注目して記号を与えた。全体を塗りつぶした記号は単純語である。半分を塗りつぶした記号は、各造語成分に分節可能ではあるが、前部要素と後部要素が複合する際に、いずれかに音声変化を起こし一語化が強まった合成語である。塗りつぶしのない記号は、前部要素と後部要素の複合の際に音声変化のみられない合成語、および、句の形式をもつ合成語である。東日本には、ドドメ、ツバメ、グミなどの単純語や、カミズ、クワゴなどの一語化が強まった語が分布している。西日本には、クワフグリ、クソイチゴ、クワノミといった合成語が分布している。単純語は〈桑の実〉に専用の、固有名称の可能性が高いとみてよいであろう。少なくとも、ドドメは〈桑の実〉の固有名称である。合成語は、後部要素に〈桑の実〉ではない別の〈もの〉を表す形式を用い、すべて前部要素に〈桑〉を表すクワまたはカを付すことによって造語さている、いわば二次的名称である。

付与された語形が固有名称か二次的名称かによって、〈桑の実〉への関心の高さを判断するのは難しい。固有名称は〈桑の実〉に専用の一次語であり、それがそのように名づけたいという人びとの欲求のあらわれであるとみれば、それらを用いる地域の人びとの関心の高さは認めるべきである。一方、二次的名称では、後部要素に-アグリ、-イチゴを用いることによって、〈桑の実〉をそれらの形式で表される〈もの〉の中に入れ込んで表現しており、合理的な造語をおこなっている。それらの造語発想の仕方をみれば、一概に〈桑の実〉への関心が低いとも言えない。

〈桑の実〉に、単純語による固有名称が付与されている地域では、それが実る〈桑〉にもまた別語形が与えられている。図3と図4の分布を整理して示せば次のとおりである。

```
                                        固有名称：固有名称
群馬県・埼玉県・東京都・神奈川県   〈桑の実〉：〈桑〉＝ドドメ　：クワ
富山県五箇山・福井県・滋賀県      〈桑の実〉：〈桑〉＝ツバメ　：クワ(〜クワノキ)
```

102　第2部　養蚕語彙の概観

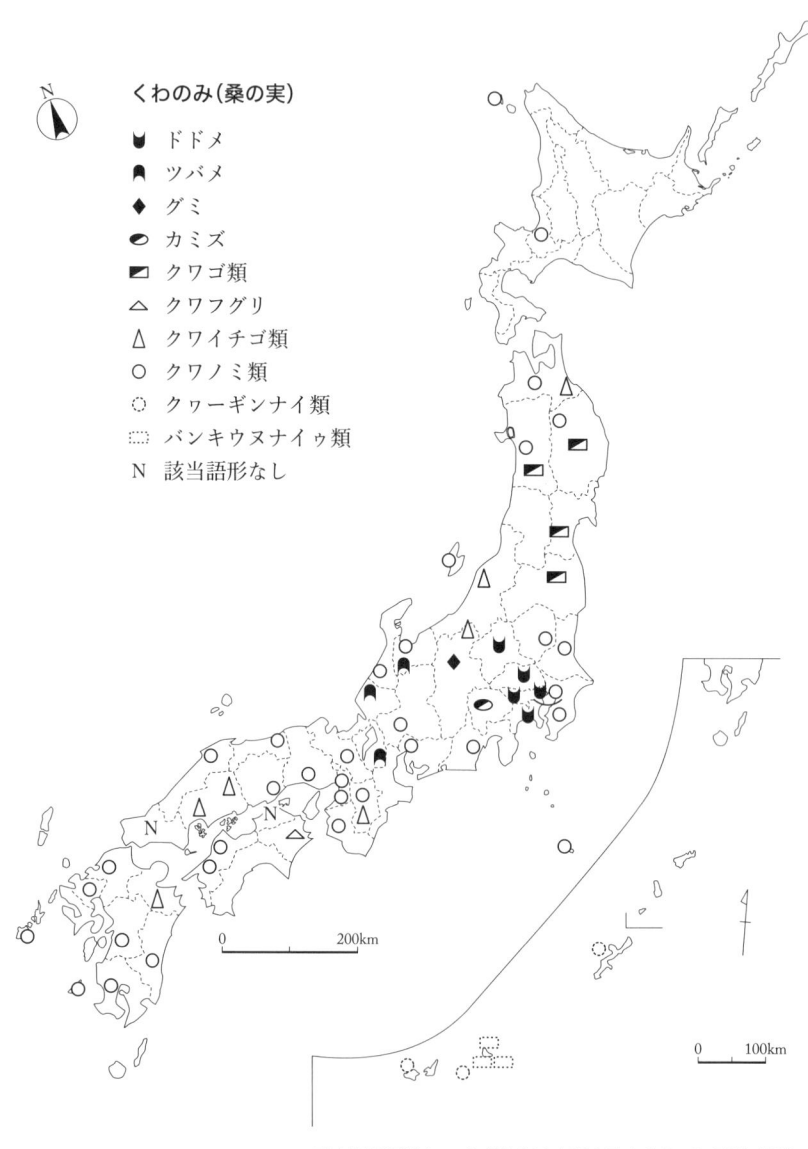

くわのみ(桑の実)
- ドドメ
- ツバメ
- グミ
- カミズ
- クワゴ類
- クワフグリ
- クワイチゴ類
- クワノミ類
- クヮーギンナイ類
- バンキウヌナイゥ類
- N　該当語形なし

平山輝男編著(1992)『現代日本語方言大辞典 2』(明治書院)
pp.1734 〜 1735 より作図

図 4 〈桑の実〉を表す語の分布

これに対して、〈桑の実〉に二次的名称が付与されている地域では、〈桑〉を表す語形を用いて造語している。代表的な地域の例を整理して示せば次のとおりである。

　　　　　　　　　　　　　　　　　　　　　　　　　　二次的名称：固有名称

　新潟県・長野県秋山郷・　　　〉　〈桑の実〉：〈桑〉＝クワイチゴ：クワ
　奈良県十津川村・広島県・大分県

　徳島県　　　　　　　　　　　〈桑の実〉：〈桑〉＝クワフグリ：クワ
　東京都都心部　　　　　　　　〈桑の実〉：〈桑〉＝クワノミ　：クワ

　〈桑の実〉と〈桑〉に、全くの別語形が与えられる地域と、〈桑〉の語形から〈桑の実〉が造語されている地域の間には、〈もの〉に対する興味関心の差がありそうである。ちなみに、フランス語では、それぞれが次のような語で呼ばれている。

　　　　　　　　　　　　　　　　　　　　　　　　　　固有名称：二次的名称

　フランス南部　ヴァロンポンダルク　〈桑の実〉：〈桑〉＝　mûre：mûrier
　フランス北部　パリ　　　　　　　　〈桑の実〉：〈桑〉＝　mûre：mûrier

　フランス語では、〈桑の実〉を表す語形から、〈桑〉を表す語形が派生している。つまり、二次的な語をつくり出していくとき、日本語とは逆の派生の仕方によっている。エクサンプロヴァンス(Aix-en-Provence)に宿泊した際に話を聞いたところによると、〈桑〉は日々の生活の身近なところに植えてあり(写真9)、〈桑の実〉を採ってジュースにして飲んだということであった。

　群馬県方言における〈桑の実〉の固有名称ドドメは、さらに表3のような合成語もつくり出しており、当地での〈桑の実〉への関心の高さは高いものと認められよう。「美味しい」か「不味い」かによって、前者にはモチ-(餅)、スイショー-(水晶)、オコワ-(御強：赤飯)、後者にはイヌ-(犬)、ウ

表3 〈桑の実〉を細分化する地域と語形

包摂関係	上位語	下位語
〈もの〉群馬県方言	〈桑の実〉	〈美味しい桑の実〉
		〈不味い桑の実〉
藤岡市方言	ドドメ	モチ-ドドメ(餅どどめ)
		イヌ-ドドメ(犬どどめ)
沼田市方言	ドドメ	モチ-ドドメ(餅どどめ)
		ウマ-ドドメ(馬どどめ)
佐波郡境町島村方言	ドドメ	スイショー-ドドメ(水晶どどめ)
		クソ-ドドメ(糞どどめ)
安中市方言	ドドメ	モチ-ドドメ(餅どどめ)
		×
利根郡昭和村方言	ドドメ	モチ-ドドメ(餅どどめ)
		×
佐波郡玉村町方言	ドドメ	モチ-ドドメ(餅どどめ) オコワ-ドドメ(御強どどめ)
		×

写真9 〈mûrier〉エクサンプロヴァンス 宿の庭に植えられていた桑の木

マ-(馬)、クソ-(糞)を、それぞれ上位語であるドドメの前部に付すことによって合成語をつくり出し、細分化している[注12]。群馬県には〈桑〉の種類がたくさんあったこと、そして当地ではその実である〈桑の実〉を食していたことを示す。周囲にたくさん存在することへの興味、それに起因して利用価値を発掘していこうという興味、さらには「食物」としての興味などが注がれていたということになろう。

先に、〈桑の実〉と〈蚕〉の分布地図の様相が類似していると述べた。調査地点のあらい分布地図ではあるが、〈桑の実〉に単純語を用いている地域が、〈蚕〉に敬意を含む形式をもつ語を付与する地域と重なっている。両者の間には関係があるのかないのか、正確な判断をくだすだけの資料をもちあわせていないのが残念であるが、ここでは重なりを指摘するにとどめ、早急に調査地点を増やして考察することを課題としたい。

なお、〈桑の実〉を表す語形ではクワノミが現代の共通語とされているが、その語形は古い順に(84)〜(89)のようにあらわれる。

(84) 菜順ᵏ採桑子供母(名順ᵏ採クハ子供ᵥ母)

　　　　　　　　　　　　　　(東大寺諷誦文稿平安初期点　91行)

(85) 赤鶏来〈来葉小者也出除恭論〉菜椹天精也〈出太清経〉　名扶楽丹〈出七巻食経〉菜者　箕星之精也〈出人清経〉和名久波乃美

　　　　　　　　　　　　　　(本草和名　上巻　59オ)

(86) 椹　〈クハノミ〉　　　　(観智院本　類聚名義抄　佛下本　91)

(87) 椹　クハノミ　　　　　　(天正十七年本　運歩色葉集　巻中　41ウ)

(88) Cuuano mi　クワノミ(桑の実)　桑の実　　　(邦訳日葡辞書)

(89) 桑椹　一名文武實　　　　(和漢三才圖會　巻第84　灌木類)

文献で確認できる語形は、上代より「くわのみ」である。(84)は、原典では記述のとおり「桑子」に「久丈(クハ)」の訓があるのみであるが、『日本国語大辞典第二版』ではこれを「クハのみ」と解釈している。

4 〈繭〉を表す語

4.1. 〈繭〉の方言

〈蚕〉が糸を吐いて紡いだ〈繭〉(写真10)を表す語形も、〈桑〉を表す語形と同様に多様性はみられず、全国に統一的である。平山輝男(1993)を地図化した図5[注13]をみると、全国的な語形はマユ類である。他の語形も、ほとんどの地域でマユを基本にした合成語である。千葉県袖ヶ浦にオケッコ[注14]という語形がみられるが、現時点では残念ながら造語法を解釈するだけの情報をもたない。群馬県方言でも、表4のように全調査地域でマユ類であり、音韻変化がみられる他は際だった特徴はみられない。

図5および群馬県方言の結果より時代をさかのぼる方言資料として、佐藤亮一監修(2004)『標準語引き日本方言大辞典』、東條操(1951)『全国方言辞典』の「まゆ」の項をみると、それぞれ次のような方言形を採録している。

きんこ　長野県西筑摩郡

写真10　〈繭〉群馬県藤岡市

第 2 章　養蚕語彙の分布と歴史　107

まゆ(繭)

○　マユ類
◐　マユダマ類
●　マイサン
◎　メァッコ
⊡　オケッコ

平山輝男編著(1993)『現代日本語方言大辞典 6』(明治書院)
pp.4819 〜 4821 より作図

図 5　〈繭〉を表す語の分布

きんこまえっこ　秋田県鹿角郡
こーま　沖縄県鳩間島
こだま　長野県上伊那郡
たまごー　東京都三宅島
まんむしぬとぅなが(「蚕の卵」の意)　沖縄県石垣島
　　　以上、佐藤亮一監修(2004)『標準語引き日本方言大辞典』

まろや　広島県比婆郡　　　　以上、東條操(1951)『全国方言辞典』

　これらの方言形をみると、造語の際の発想法はいくつかの可能性が考えられ興味は尽きない。「こ」は〈蚕〉を表すものであろうか、小さいものを表す際に用いられる接辞であろうか。「きん」は〈絹〉を表すものであろう

表4　〈繭〉の総称を表す語彙

地域＼意味	〈繭〉
多野郡中里村	メー～マユ
藤岡市	メー～マイ～マユ
富岡市	マユ
安中市	マユ～マイ
佐波郡玉村町	マユ
前橋市	メー～マユ
吾妻郡長野原町	マユ
吾妻郡六合村世立	メー～メイ～マユ
利根郡片品村古仲	メァー
利根郡片品村摺渕	メー～マユ
利根郡昭和村	マユ
埼玉県秩父市	マユ
島根県鹿足郡日原町	マユ
	〈繭〉

か。沖縄県石垣島の「蚕の卵」という言い方も、〈繭〉に対する人びとの観察力と発想法が想像される。養蚕は、日本の近代化の中で急速に発展した産業であることから、専門用語が一気に広まることによって急速に方言形が失われていった可能性も考えられないわけではないが、現在となっては、養蚕語彙の調査が手遅れになってしまっていることが残念でならない。

4.2. 〈繭〉の語史

　〈繭〉を表す語も、〈桑〉を表す語と同じように、上代から大きな変化はみられないようである。その点について、〈桑〉を表す語の語史と同様に、概略を把握しておきたい。

　文献によって確認できる語形には、「まよ」「まゆ」「まい」がある。これらは、それぞれ音韻変化によって生じた語形だと考えられる。

　「まよ(甲類)」と考えられるものには、次の『万葉集』(90)の用例がある。

(90)筑波祢乃　尓比具波麻欲能　伎奴波安礼杼　伎美我美家思志　安夜尓伎保思母
　　（筑波嶺の新桑繭の衣はあれど君が御衣しあやに着欲しも）
　　　　　　　　　　　　　　　（万葉集　巻14　3350　東歌・常陸）

　「麻欲」の表記によっており、現在一般的に用いられている「まゆ」の古形とされている。「まゆ」は、『倭名類聚抄』(91)(92)には次のように記されている。

(91)繭　獨一附　説文云繭〈音顕万由〉蚕衣也　列子云麿何者善釣人也以獨璽絲為綸〈獨璽比岐万由〉　（伊勢十巻本　倭名類聚抄　巻6　40ウ）

(92)繭　獨一附　説文云繭〈音顕万由〉蚕衣也　列子云麿何者善釣人也以獨璽絲為綸〈獨璽　和名比岐万遊〉
　　　　　　　　　　　　　　（伊勢二十巻本　倭名類聚抄　巻14　25オ）

「まよ」も「まゆ」も共に古い語形であることが確認される。

中世には、『類聚名義抄』(93)、『名語記』(94)に次のように「マユ」が記されている。

(93) 繭　マユ　　　　　　　　　　　　（観智院本　類聚名義抄　僧中　6）

(94) 蠶ノヒケル糸ヲマユトナツク如何　コレハスカタノ人ノ眉ツクレルヤウナレハ　マユト　イヘル也。　　　　　（名語記　巻第5　52オ）

「まい」については、『日葡辞書』に(95)(96)のような記述がみられる。

(95) Mayu　マユ(繭)　蚕のまゆ　▶ Mai(繭)　　　（邦訳日葡辞書）

(96) Mai　マイ(繭)　蚕のまゆ　本来の正しい語は Mayu である。
　　　　　　　　　　　　　　　　　　　　　　　（邦訳日葡辞書）

「まゆ」と「まい」の両語形を見出し語に設定し、両者の関係について説明したものである。1500年代後期から1600年代にかけて、「まゆ」の方が正しいという意識があったことがわかる。

近世の辞書『和漢三才圖會』には、次の(97)(98)のように「繭」の和訓を「まゆ」とする記述がみられる。

(97) 繭(まゆ)　音堅　〈和名未由〉　　　（和漢三才圖會　巻52　卵生類）

(98) 山繭(ヤママユ)ハ乃チ山中ノ蠶自ラ所レ作ル繭也　（和漢三才圖會　巻52　卵生類）

この記述によると、「まゆ」を用いて複合語を造語していることもわかる。

現代の日本語方言では、先に述べたように母音の交替が生じたマイ、マエ

や、さらに連母音の同化が生じたメー、メァー、ミャーなどが用いられている。いずれも、「まゆ」の音声変化がみられる語形である。

　これらの語形で示されるものは、主に蚕が作った〈繭〉だと考えられるが、〈蚕〉と同じように変態する昆虫には他にもたくさんの種類がおり、それらの作ったものも同様の語形を用いている。成長した幼虫が〈繭〉の中に隠ると、今度は羽をもって生まれ変わると信じられており、〈繭〉は神秘的なものとしてとらえられてきた。

5　まとめ

　養蚕世界の中心に存在する〈蚕〉〈桑〉〈繭〉を表す総称について、日本語方言を視野に入れながら群馬県方言における特徴を明らかにし、さらに、それらを表す代表的な語形の史的な変遷についてその概略を記述してきた。

　まず、〈蚕〉を表す総称は全国諸方言でも多様性が認められるが、〈桑〉〈繭〉を表す総称では目立った多様性は認められないことを述べた。ただし、〈桑〉については、部分名称、特に〈桑の実〉を表す語は地域によってさまざまな語形が認められた。〈蚕〉に敬意を示す語形をあてる地域と、〈桑の実〉に固有名称をあてる地域がほぼ重なることを指摘した。養蚕県群馬では、〈蚕〉に敬意を表す語形を付与し、〈桑の実〉に固有名称を与えており、それぞれが特徴的であることを述べた。

　次に、群馬県方言をはじめ日本語方言で用いられる代表的な語形であるカイコ（蚕）、クワ（桑）、マユ（繭）が、文献資料にはどのようにあらわれるのかを明らかにし、それらの語の歴史をたどることを試みた。カイコは、歴史をさかのぼると「カイ＋コ」という合成語であることがわかった。クワやマユは、古代日本語から現代にいたるまで大きな変化がみられないことを確認できた。

　養蚕に関する語彙の調査はすでに遅きに失した感はまぬがれず、考察の中でも述べたとおりであるが、〈蚕〉〈桑の実〉に関しては、日本全国において調査地点を増やし、言語地理学的な考察にたえうる資料を整備することが今

後に残された大きな課題である。また、文献資料によって確認した〈蚕〉〈桑の実〉の語形と、そこから推定したおおよその語史では、方言分布にあらわれる多様性に富んだいくつかの語形との関係性について、気がついてはいながら言及してこなかった。語史では、方言分布にあらわれる語形のうち広い地域で用いられている共通の形式、カイコ、クワ、マユを中心に、概略を記述をしてきた。本章で概略を把握した語史と方言分布との関係、方言分布にあらわれるさまざまな語も含めた語史については、これからの課題として位置づけ、早急に検討していきたい。

注

1 小学館（2000 〜 2002）『日本国語大辞典第 2 版』
　角川書店（1982 〜 1999）『角川古語大辞典』
　三省堂（1967）『時代別国語大辞典上代編』
　三省堂（1985 〜 2001）『時代別古語大辞典室町時代編』
2 図 1 は、平山輝男編（1992）『現代日本語方言大辞典　2』p.1038 の「かいこ（蚕）」の方言分布地図を加工してして示したものである。pp.1035 〜 1040 には、各調査地域でえられた「かいこ（蚕）」の方言形が記述されている。p.1038 の方言分布地図と、pp.1035 〜 1040 の方言形の記述では、不一致がみられる。具体的には、山梨県のオボコサンと神奈川県のカイコ〜オカイコに関するものである。方言形の記述を反映させて、方言分布地図を加工した。また、〈蚕〉を表すための語として、敬意を表す形式をもつかもたないかを重要視したため、方言形の記述をもとにして原地図の〇カイコ系を下位分類した。敬意を示す接辞がつく語形の認められる地域には●をはじめとして◑、◐、◓を与えた。
3 柳田國男（1931）では、田鎖直三による氣仙方言の記述や、土地の人たちの意識に言及し、東北方言のトトコについて「貴と兒」の意味であるとしている。このように敬いの気持ちをこめた造語の背後には、日本各地にみられる蚕神の由来譚があるとしている。このような論をはじめ、柳田國男（1948）でも「奥羽では弘く、蠶をトドコと謂ふ。貴兒の意味であるらしい。」と述べている。
4 大迫輝通（1975）『桑と繭』古今書院　pp.13 〜 16 のデータによるものである。

5　佐藤亮一監修(2004)『標準語引き日本方言大辞典』は、近代における各地方言集や地誌や雑誌論文などから方言語彙を採録した『日本方言大辞典』をもとにして編まれた標準語引きの辞典である。なお、それ以前には、江戸時代から昭和初期までに発行された各地の方言集の語を一堂に集めたものとして、東條操(1951)『全国方言辞典』、東條操(1954)『分類方言辞典』が編まれており、そこでは次のような語彙が採録されている。

　　　蚕　あとと・うすま・おこ・おこどのさま・おこもでさま・おさなもの・おしなもんさま・おしらさま・おひめさん・おぼこ・おむし・くわご・こがい・こがいさま・こどのさま・こな・こもじょ・こもぜ・しろさま・とーどこ・ととこ・ひめこ・ぼこ・ぼこさま・ぼぼー・まんむし・むし・むしがー・こがい・こどの・じょろー・ひめご

　これらは、江戸時代から昭和初期に各地域で使用されていた〈蚕〉を表す語、すなわち〈蚕〉のいわゆる俚言形32であり、使用地域は東日本に集中している。

6　専らカイコを用いる島根県鹿足郡日原町でも、それがカワイー(可愛い)と共起して次のような談話が聞かれる。

　　　a. カウ　アイダワ　カワイーデスヨー。カイコ　カワイーチューテ　イーヨリマシタ。
　　　（飼う間は可愛いですよ。蚕、可愛いって言っていました。）
　　　b. キレーナ　マユオ　ツクルケー　カワイーデスイネー。
　　　（綺麗な繭を作るから、可愛いですよねえ。）

　養蚕を営んできた人びとにとっては、等しく〈蚕〉が単なる昆虫ではないということを示している。しかし、群馬県方言では〈蚕〉を表す形式に敬称を付した語を用いており、語のレベルでその発想があらわれるが、日原町方言では文表現のみにあらわれる。

7　フランス語南仏方言の調査は、1999年9月29日にヴァロンポンダルクで実施。また、参考に記述したパリのデータは、1995年9月10日〜12日にエクサンプロヴァンスで聞き取り調査をおこなった折りに、パリからの旅行者よりえられたものである。通訳は篠木平治先生(群馬県立女子大学名誉教授)にお願いした。いずれも、詳細は第1部第2章5節に述べたとおりである。

8　フランス南部で使われていた、ロマンス諸語に属する言語。フランス北部のフランス語と同じ語族であるが、フランス語の方言とするには違いが大きいとされている。フランス語が国家の言語となってからは、衰退の方向にむかっており、現在では保護政策の対象となっている。

9 図3は、平山輝男編(1992)『現代日本語方言大辞典　2』pp.1732 〜 1734 の方言形の記述をもとにして作図したものである。
10 東條操(1951)『全国方言辞典』、小学館(1989)『日本方言大辞典』、柳田國男(1932)など。これらの中に採録されている語形は、本章で地図化したデータよりも一時代前のものであり、地域性のあらわれた語形がみられる。参考に、小学館(1989)の採録語彙をあげれば以下のとおり。

> いちご、うずら、うずらみ、かご、かばら、かみず、かめんちょー、かめんど、かめんどー、かんご、かんつば、くはご、くまめ、ぐみ、くろずみ、くろんぼ、くわいちご、くわぐみ、くわぐり、くわご、くわさご、くわずみ、くわっこ、くわつば、くわつばみ、くわつばん、くわどどめ、くわどめ、くわのみいちご、くわのみず、くわのめど、くわのもも、くわみず、くわめど、くわんこ、こはご、さし、しまめ、しゃじ、ずなみ、ずまみ、ずみ、つかんべ、つなび、つなみ、つなめ、つばみ、つばめ、つばん、つまみ、つまめ、どっとめ、とどのみ、とどのめ、どどみ、とどめ、どどめ、どどんめ、どろみ、なーじ、なにつぃ、なねーじ、なろーさー、なーろーさー、なんつぃー、なんでーしー、ひなび、ひなべ、ひなみ、ひなめ、ふなび、ふなべ、ふなみ、ふなめ、めぞ、めど、みぞ、みど、めず、みず

11 図4は、平山輝男編(1992)『現代日本語方言大辞典　2』pp.1734 〜 1735 の方言形の記述をもとにして作図したものである。
12 群馬県の人びとは、〈美味しい桑の実〉がなるのはロソー(魯桑)やヤマグワ(山桑)というような、養蚕にはあまり適していない種類の木であると説明する。養蚕用に改良の進んだ桑には美味しい実はならないということである。
13 図5は、平山輝男編(1993)『現代日本語方言大辞典　6』pp.4819 〜 4821 の方言形の記述をもとにして作図したものである。
14 東條操(1951)『全国方言辞典』、小学館(1989)『日本方言大辞典』には採録がみられない。

第 3 部

養蚕語彙の造語法と語彙体系

第1章 《蚕》《桑》《繭》の語彙

1 はじめに

　養蚕世界の中心に存在するものは〈蚕〉〈桑〉〈繭〉であり、その現実に照らし合わせて語彙世界をとらえれば、養蚕語彙の中核をなす意味分野は《蚕》《桑》《繭》である[注1]。これらの意味分野に分類される語彙は、養蚕語彙中の他の意味分野にも入り込んでその内部の語彙の造語に深く関わっている。この点は、語彙世界の側から中核に位置する意味分野を規定する際の重要な点であろう。

　養蚕語彙には合成語が多いことは、第2部第1章で述べたとおりである。養蚕語彙を下位分類するための意味分野の設定は、それらの合成語をいかに分類していくかということに注目しておこなった。その結果、造語法に注目することとなり、養蚕に力を注いできた人びとの視線は養蚕世界のどこへ向かうのか、また、養蚕世界に生きる人びとの精神活動はいかにおこなわれるのかという新たな課題が生じた。造語法を明らかにしようとする試みは、人びとの生活文化を知ることに連なり、おのずと文化言語学へと向かう作業である。養蚕語彙の全体を見通し、まずはじめに合成語、特に複合語に注目したことの意義は大きく、有効な方法であったと考える。

　本章では、そこでの課題を受け、《蚕》《桑》《繭》に分類される語彙の造語成分をあらためて認定し直し、造語法を明らかにする。これを、一つの座標軸として語彙を分類し、造語にみられる発想法を考察する。なお、本章では群馬県藤岡市方言[注2]における養蚕語彙を中心に取り上げる。あらためて

本章の目的を示せば以下のとおりである。

(1) a. 養蚕語彙を、専ら養蚕世界を中心に用いられている専門語彙としてとらえ、それとしての専門性を、日常的な生活語彙の一般性と対比しながら、その造語の型を考察する。専門語彙における意味分野の創造が、どのようにおこなわれるのかが明確になってくるはずである。
   b. 設定できた造語の型にそって造語成分の実態を明確にし、それぞれの型の特徴を述べる。これは、方言人の造語法から発想法へと発展していくものと予想する。

2 造語成分と語構造

2.1. 《蚕》《桑》《繭》における認定基準

造語成分を明確にすることは、造語法の考察をおこなう前段階として重要な作業である。そこで、《蚕》《桑》《繭》に分類される語彙の造語成分と語構造について、少し詳しく考えておきたい。

語構造による語彙の分類は、語彙の体系記述の際にもよくおこなわれている。当然、語構造の定義も一般的になされているものがある。ここでは、それらの定義を参考にして、本章における語構造の認定基準を定めておきたい。次の(2a–e)は、それぞれの意味分野を構成する造語成分と語構造の認定基準である。

(2) a. 意味をになっている最小の形式を造語成分ととらえる。そこには自立形式と結合形式の両者が含まれる。
   b. 原則として一つの造語成分から成り立っている語を単純語とする。このときその造語成分は自立形式である。ただし、固有名詞については二つ以上の造語成分から成り立つ場合があるが単純語とする。
   c. 漢語の場合、二つ以上の造語成分から成り立っている語が多く、そこに合成語の性質が認められる。しかし、それぞれの造語成分は結合形

式が多い。そのため、造語成分間の境界を示すにとどめて準単純語として分類する。造語成分同士の境界は「-」によって示す。

d. 原則として、二つ以上の自立形式である造語成分から成り立っている語を複合語とする。造語成分同士の境界は「=」によって示す。ただし、〈蚕〉を表す形式「コ」は自立形式ではないが、この形式が造語成分となっている語は複合語と認定する。その理由については後に述べる。また、和語と漢語の混種語についても、後部要素が自立形式の場合は複合語とする。

e. 語の中心的な意味をになう造語成分に、接辞や助動詞を結合させて成り立っているものを、ここでは派生語とする。造語成分同士の境界は「・」によって示す。

以上の認定基準を、《蚕》《桑》《繭》における語彙を分類する際の一つの座標軸とし、後に述べる造語の型をもう一つの座標軸として語彙体系を記述する。

2.2. =コとカイコ

藤岡市方言における〈蚕〉の総称を使用頻度の高い順に上げると、オ・コ・サマ、オ・カイコ、カイ-コである。これらの語は造語成分に〈蚕〉を表すコを有し、これが語の意味の中心となっている。ここでコを造語成分として抽出すると、カイコを複合語あるいは単純語のどちらに分類するかという問題が生じる。新井(1995a、第2部第1章)では、カイコを現在の共時態でとらえて、コが単独で用いられることがないために単純語に分類した。ところが、本章で一語一語の造語法を記述するにあたり、その考え方の是非について問われることとなった。第2部第2章2節で述べたように、藤岡市方言も含めた群馬県方言では、蚕の総称にオ・コ・サマ(御蚕様)を用いる地域が多い。次の文表現が示すように、オ・コ・サマが「敬称の接頭辞・〈蚕〉・敬称の接尾辞」の構成であることの造語意識が認められる。

(3) オカイコニ　オオ　ツケタリ　サマオ　ツケタリ　スルンダカラ　オカイコワ　ソレダケ　ダイジダッタッテ　コトダヨ。
（蚕に御をつけたり、様をつけたりするんだから蚕をそれだけ大事にしたということだよ。）

　すなわち、コが単独で用いられることがなくとも、〈蚕〉の意識を有するのである。〈蚕〉を表す形式のうち、18語にも及ぶ語彙が共通の造語成分コあるいはゴをもつ（表1専門型の複合語と派生語の欄を参照）ことからも、方言人は〈蚕〉を表す語彙をコを中心に体系的に学習したと考えられ、コが〈蚕〉の表示であることを意識するに至ったのであろう。コが単独で用いられないことから、それを有する語彙は限りなく単純語化していると言える。しかし、本章では「X-コ」あるいは「X-ゴ」の形態をとる語彙を複合語とすると共に、カイ-コも複合語とする。それらを複合語として扱うことが、造語法を考察する際に有効であると判断した。ちなみに、複合語「X-コ」と「X-ゴ」では、連濁現象が生じている「X-ゴ」の方が単純語に近いといえる。このように、複合語の内部でさえも中心的な複合語と、単純語に近い周辺的な複合語がみられ語構造にも連続性が認められる。

3　専門性と造語の型

　三つの意味分野にわたって最も多く見られる複合語と、複合語の性質をも有する準単純語について、それらの造語成分を後部要素に注目して、それぞれの意味分野で中心的な意味を表す形式をまとめると次のようになる。

　　意味分野　　　　　　造語成分
　　《蚕》　　　　　　＝コ　　　＝ゴ　　　・サン
　　《桑》　　　　　　(＝)クワ　＝グワ　　-ソー
　　《繭》　　　　　　(＝)メー　(＝)マイ　マユ

これらの造語成分を用いた具体的な語については、表1～3の専門型の欄に記述した。〈蚕〉を表す形式は、合成語にあらわれる「=コ」または「=ゴ」、準単純語にあらわれる「・サン」。いずれも単独で用いられず、必ず他の形式にともなってあらわれる。〈桑〉を表す形式は「(=)クワ」、「=グワ」、「-ソー」で、クワだけは単独で用いられる。〈繭〉を表す形式は「(=)メー」「(=)マイ」「マユ」である。マユは単独でも用いられ、メーとマイは単独でも他の造語成分と結合しても用いられる。これらの形式は、自立形式か結合形式かを問わず、それぞれの意味分野で中心的な意味を表しており、多くの合成語をつくっている。複合語として成立したときには、多様な前部要素によって修飾される。〈蚕〉〈桑〉〈繭〉を表す形式を造語成分としている語形は、養蚕語彙の中でも最も中核に位置する。養蚕の専門語彙としての性格が強く、養蚕世界での使用が最も多いことが容易に予測される。

　一方、《蚕》《桑》《繭》の中には、先にあげた専門性の高い形式をもたない語彙も存在する。日常生活で一般的に用いられている形式を、養蚕世界の中に持ち込んで使用している例が少なくない。その中には、一般的に用いられている既成語を造語成分として、養蚕世界で新たに造語したもの（表1～3の日常型の欄）と、既成語をそのままの形式で養蚕世界に借用し比喩的に用いているもの（表1～3の比喩型の欄）とがある。

　以上のことから、《蚕》《桑》《繭》における造語の型には、次の三つのタイプがあると考える。

　　専門型：〈蚕〉〈桑〉〈繭〉を表す形式をもち、養蚕世界での出現率が高い語。いわゆる、養蚕世界での専門語彙としての性質が強いものである。
　　日常型：一般の日常生活でも用いられている既成語を造語成分とし、養蚕世界で新たにつくられた語。いわゆる、一般性の高い語形を養蚕世界に対応させて、養蚕語彙として成立したものである。
　　比喩型：既成語をそのままの形式で養蚕世界に対応させることによって、比喩的な意味で用いられている語。すなわち、本来は養蚕

表1 《蚕》における語構造と造語の型

語構造＼造語の型	専門型　21語	日常型　5語	比喩型　6語
単純語 5語	ズー(熟蚕)		タネ(種) ゴロ ホシー オシャレ(お洒落)
準単純語 4語	ハッキョー-サン(白狂蚕) リョッキョー-サン(緑狂蚕)	バン-バン(晩晩)	バン-シュー(晩秋)
複合語 20語	ハル=ゴ(春蚕) ナツ=ゴ(夏蚕) アキ=ゴ(秋蚕) ケ=ゴ(毛蚕) ジー=ゴ(爺蚕) ニバン=ゴ(二番蚕) サンド=ゴ(三度蚕) カイ=コ(蚕) ヤスミッ=コ(休み蚕) オキッ=コ(起き蚕) オクレッ=コ(遅れ蚕) シロッ=コ(白蚕) ウミッ=コ(膿蚕) フシッ=コ(節蚕) タレ=コ(垂れ蚕) ホソリッ=コ(細り蚕)	アタマ=スキ(頭透き) フシッ=タカ(節高) ウミ=ヒキ(膿引き)	クイ=ニゲ(食い逃げ)
派生語 3語	オ・カイコ(御蚕) オ・コ・サマ(御蚕様)	ヤスマ・ズ(休まず)	

世界で用いられる語形ではなかった一般性の高い既成語が、そのままの形式で養蚕世界に対応したことによって、比喩的な用法に生まれかわったと考えられるものである。

　この三つの造語の型を、語彙を分類する際の主たる座標軸とし、それに先に認定した語構造の座標軸と交差させることによって、《蚕》《桑》《繭》の体系記述をおこなったものが表1、表2、表3である。

表2 《桑》における語構造と造語の型

語構造 \ 造語の型	専門型　18語	日常型　4語	比喩型　1語
単純語 3語	クワ(桑) ドドメ		イチノセ(一ノ瀬)
準単純語 3語	ロ-ソー(魯桑) カンラ-ソー(甘楽桑)	イシュク-ビョー(萎縮病)	
複合語 17語	アゼ=グワ(畦桑) タカ=グワ(高桑) ヨビダシ=グワ(呼び出し桑) オー=グワ(大桑) チジレッ=クワ(縮れ桑) アサ=クワ(朝桑) ヒル=クワ(昼桑) ウチ=クワ(打ち桑) ヨー=クワ(夜桑) キリ=クワ(切り桑) ハ=クワ(葉桑) クワッ=パ(桑葉) クワ=ネッコ(桑根っこ) モチ=ドドメ(餅どどめ)	ヒカリッ=パ(光葉) タゴ=ワセ(多胡早生) タテ=ドーシ(立て通し)	
派生語			

表3 《繭》における語構造と造語の型

語構造 \ 造語の型	専門型　15語	日常型　6語	比喩型　1語
単純語 4語	メー(繭) マイ(繭) マユ(繭)		タマ(玉)
準単純語			
複合語 18語	イト=メー(糸繭) ホン-マイ(本繭) ジョー=マイ(上繭) クズ=マイ(屑繭) チュー=マイ(中繭) ナカ=マイ(中繭) タマ=マイ(玉繭) ヨゴレン=マイ(汚れ繭) ビシャン=マイ(びしゃん繭) ビション=マイ(びしょん繭) ハ=マイ(半繭) ハナツキ=マイ(鼻突き繭)	ウスッ=カワ(薄皮) ヒトッ=カワ(一皮) オカオ=ガクシ(お顔隠し) シニ=ゴモリ(死に隠り) クイ=キリ(食いきり) ケ=バ(毛羽)	
派生語			

4 造語の型ごとにみた造語成分と造語法

4.1. 専門型の語彙

　専門型における語彙の多くは、専門性[注3]の高い造語成分に一般性の高い造語成分が結合して成り立つ複合語であり、それぞれの意味分野の中核としてはたらく。さらに中核にある語はこの型に属する単純語であるが、全体を通じて6語と少数である。それらのうち、熟蚕を表すズーは養蚕世界で誕生し、専らその世界で使用され、他の合成語をつくることもない。最たる専門語ズーは、一般性の高い造語成分が結合することを一切拒絶する。それにもかかわらず、養蚕世界から日常の生活世界に入り込み、実に見事な比喩表現となって活躍している。以下にその例を示す。

（4）A：オバサン　マインチ　アチーケド　ゲンキダノー。
　　　　（おばさん、毎日暑いけど元気だね）
　　　B：ハー　アシモ　ズーンナッチマッタカラ　ダメサー。セメテ　タレコンナンネーヨーニト　オモッテサ。
　　　　（もう、私も熟蚕になってしまったからだめさ。せめて垂れ蚕にならないようにと思ってさ）
　　　A：ソンナ　コト　ユワネーデ　イー　マユー　ツクッテクンナイ。
　　　　（そんなこと言わないで、良い繭を作って下さい。）

（5）A：イチゴガ　ミンナ　ズーンナッチャッタカラ　イソガシーゾー。マッカンナッチャッテ　ミンナシテ　クビー　フッテルヨーダイ。
　　　　（苺がみんな熟蚕になってしまったから、忙しいぞ。真っ赤になってしまって、みんなして首を振っているようだよ。）
　　　B：アー　ホントダ　ホントダ　タイヘンダ。ハヤク　モガナケリャ。
　　　　（ああ、本当だ、本当だ。大変だ。早くもがなければ。）

　(4)は道端での二人の会話であり、(5)は気温が上がって最盛期を迎えた

苺ハウスでの会話である。いずれも、養蚕経験のある方言人によるもので、自然傍受法によってえられた文表現である。(4)のズーは、自分が年老いたことを表現している。つまり、成長して繭を作る時期になった蚕に、人間である自分の人生を投影したのである。(5)の苺ハウスでの会話にあらわれたズーは、真っ赤に熟しきった苺を表現している。(4)では、ズーの他にマユやタレコもあらわれ、お互いの反応が養蚕世界からの視点によってなされている。(5)では、養蚕世界からの視点によってなされた表現に対して、日常的な生活世界で普通におこなわれる表現での反応がみられる。養蚕世界におけるズーは、その世界を離れても実に的確にその役割を果たし、方言人の広い宇宙を創造している。養蚕語彙から導入されてなった表現も、時を経て成熟しきったという熟蚕の特徴をよく表している。これは、後に述べる比喩型の逆コースをたどるもので、一般の生活世界からみれば養蚕世界からの比喩表現である[注4]。このように、専門型の単純語で専門性の高いズーが、養蚕世界に限定されることなく様々な世界に柔軟に対応していることから、藤岡市の養蚕がいかに盛んであったかがわかる。

　次に、最も語彙量の多い複合語と複合語の性質をも有している準単純語の造語成分を考察してみよう。各意味分野の複合語と準単純語を、前部要素の統合枠と共に示したものが表4、表5、表6である。表にあげた語彙は、いずれも前部要素に一般性の高い造語成分が結合している。すなわち、《蚕》《桑》《繭》の分節は、一般の生活者にも容易に理解できる造語成分によってなされているということである。このことから、後部要素に位置している専門性の高い造語成分を学習してしまえば、その後の学習は日常生活からの連想によって容易になる。先にも述べたとおり、専門性の高い造語成分は少数なので、養蚕語彙の学習は効率的におこなえるという利点がある。

　それでは、一般性の高い造語成分は、養蚕語彙の中でどのような特徴をもっているのだろうか。「前部要素を統合する枠組み」として示したものは、養蚕世界に生活する方言人の目に映る〈蚕〉〈桑〉〈繭〉の際だった特徴でありそれぞれの属性でもある。《蚕》における〈季節〉〈状態―病気〉〈色―病気〉は、もの言わぬ蚕であるからこそ必要な、大量のしかも最良の繭を

生産するための重要な視点である。〈回数〉〈形状〉〈成長速度〉〈蚕の活動〉は、作業の能率化を図る視点である。《桑》における〈状態〉〈場所〉〈地域名〉は、《桑》の特徴を示したものであり、〈部分〉〈動作〉〈時期〉〈量〉は養蚕世界の作業の細やかさを示すものである。《桑》には、前部要素にクワをもつ複合語もみられる。《蚕》や《繭》には複合語の前部要素に〈蚕〉〈繭〉を表す形式はあらわれないが、《桑》にはそのような形態をなす複合語が分類されている。それが、クワッ゠パ（桑＝葉）とクワ゠ネッコ（桑＝根っこ）の2語である。この2語は〈桑〉の部分を表す語で、前部要素にクワを有することによって、〈葉〉や〈根っこ〉に制限を与えている。それぞれが〈桑〉のものであるという限定である。植物の部分を表すハやネッコに、養蚕語彙の中核に位置するクワが先行することによって、一般的な語彙が養蚕語彙の中に取り込まれたと考えられる。ハやネッコを〈桑〉に限定した語彙がみら

表4 《蚕》における複合語と準単純語の造語成分

前部要素を統合する枠組み	前部要素	後部要素
〈季節〉	ハル（春） ナツ（夏） アキ（秋）	＝ゴ
〈回数〉	ニバン（二番） サンド（三度）	
〈形状〉	ケ（毛）	
〈成長速度〉	オクレッ（遅れる）	＝コ
〈蚕の活動〉	オキッ（起きる） ヤスミッ（休む）	
〈色―病気〉	シロッ（白）	
	ハッキョー（白狂） リョッキョー（緑狂）	―サン
〈状態―病気〉	ジー（爺）	＝ゴ
	ホソリッ（細る） タレ（垂れる） ウミッ（膿む）	＝コ
〈体の部位―病気〉	フシッ（節）	

表5 《桑》における複合語と準単純語の造語成分

前部要素を統合する枠組み	前部要素	後部要素
〈時期〉	アサ(朝) ヒル(昼) ヨー(夜)	=クワ
〈地域名〉	ロ(魯) カンラ(甘楽)	-ソー
〈場所〉	アゼ(畦)	=グワ
〈部分〉	ハ(葉)	=クワ
〈状態〉	チジレッ(縮れる)	
〈動作〉	タカ(高い) ヨビダシ(呼び出す)	=グワ
	キリ(切る) ウチ(打つ)	=クワ
〈量〉	オー(大)	=グワ

表6 《繭》における複合語と準単純語の造語成分

前部要素を統合する枠組み	前部要素	後部要素
〈目的―種類〉	イト(糸)	=メー
〈質―評価〉	ホン(本) ジョー(上) クズ(屑) チュー(中) ナカ(中)	=マイ
〈形状〉	タマ(玉) ヨブレン(汚れる) ビシャン ビション ハ(半) ハナツキ(鼻突く)	

写真1 〈繭〉の〈質〉〈形状〉による分類、群馬県藤岡市
①ホンマイ(本繭)またはジョーマイ(上繭)
②チューマイ(中繭)またはナカマイ(中繭)またはヨゴレンマイ(汚れ繭)
③タママイ(玉繭)
④ビシャンマイまたはビションマイまたはハマイ

れるのは、桑畑の手入れ作業との相関が考えられる。最後に《繭》をみると、〈繭〉が養蚕の最終的な結果であるために、その細分化には〈目的―種類〉〈質―評価〉〈形状―評価〉など品質の評価に関わる視点がある(写真1)。これらの造語成分も一般的な評価語として用いられるものばかりであり、日常生活の中で評価に関わっている造語成分であるからこそ、養蚕世界で用いられた時にその意味が際だってくると考える。

　《蚕》では〈蚕〉の、《桑》では〈桑〉の、《繭》では〈繭〉のそれぞれの性質に照らし、一般性の高い語彙を適切な意味分野から選択して造語成分としている。すなわち、養蚕世界における必然の選択である。専門型の語彙は、造語成分に一般性の高い語彙を導入することによって、専門語彙の世界と一般生活語彙の世界を融合して造語されると考える。

4.2. 日常型の語彙

　この型に分類される語彙は、〈蚕〉〈桑〉〈繭〉を表す専門性の高い造語成分をもたない。しかし、専門性が低い語彙であるとは決して言えない。《蚕》《桑》《繭》の意味分野ごとに分けて具体的な語形をあげるとともに、どのような造語成分が結合したのかを(　)内に示して記述すると次のようになる。

《蚕》　季節によってその性質を有する〈蚕〉を表したもの
　　　バン・バン　　　　（晩・晩）
　　病気の状態によって〈蚕〉を表したもの
　　　アタマ＝スキ　　　（頭＝透く）
　　　フシッ＝タカ　　　（節＝高い）
　　　ウミ＝ヒキ　　　　（膿＝引く）
　　　ヤスマ・ズ　　　　（休む・否定の助動詞「ず」）

《桑》　葉の状態によって病気を表したもの
　　　イシュク・ビョー　（萎縮・病）
　　土地名によって桑の品種を表したもの
　　　タゴ＝ワセ　　　　（多胡＝早生）
　　状態を表出することによって〈桑〉を表したもの
　　　ヒカリッ＝パ　　　（光る＝葉）
　　　タテ＝ドーシ　　　（立てる＝通す）

《繭》　形状によって〈繭〉を表したもの
　　　ウスッ−カワ　　　（薄い＝皮）
　　　ヒトッ−カワ　　　（　・＝皮）
　　蚕の動作によって〈繭〉を表したもの
　　　オ・カオ＝ガクシ　（御・顔＝隠す）
　　　シニ−ゴモリ　　　（死ぬ−隠る）
　　　クイ−キリ　　　　（食う＝切る）
　　状態によって〈繭の部分〉を表したもの
　　　ケ＝バ　　　　　　（毛＝羽）

　日常型に分類される語彙の造語成分は一般性の高いものではあるが、養蚕世界が有している性質に、きわめて適した意味分野から導入したものである。ここで注目されるのは、造語成分同士の組み合わせ方である。それは、

一般の日常生活では決しておこなわれ得ず、日常一般の語彙世界からみると奇異な組み合わせである。だからこそ、養蚕世界という特別な世界で専門語彙としての力を発揮するといえる。西尾寅弥(1988)は、「農業用語(たねまき/播種、株張り/分蘖、麦ふみ/踏圧)」を例にあげ、日本語では「日常的な造語」と「専門的な造語」は著しくかけ離れているのだといい、次のように述べている。

　　日常語による民衆的な造語が自由におこなえても、それらが専門用語として取り入れられ、生かされるというようなことはあまりないようだ。
　　　　　　　　　　　　　　　　　　　　　　　(117頁19行〜118頁1行)

　専門性のレベルをどこにおくのかという問題があるが、日常型の造語をみると、一般に地域社会のなかで養蚕を営む人びとのレベルでの専門性においては、必ずしもそうとはいいきれない。ただし、養蚕教師のような指導的な立場にある人の用いる語彙という点に専門性のレベルをおいたとき、造語のあり方は変化するのかしないのか、変化するのであればそれはどのような様相を示すのか、気になるところである。

　さて、日常型に属する一語一語の複合語の意味は、養蚕世界で形成されている。湯本昭南(1978)、斎藤倫明(2004)が語構成論において、複合語の1語としての意味はその1語を構成する造語成分ごとの意味の単なる和ではないと論じているように[注5]、日常型に属する複合語ももれなくその様相を呈している。日常型に属する複合語の意味は、養蚕世界で独自に生成されているものであり、語構成論で論じられる複合語の意味のあり方の性質が特に強いといえる。湯本(1978)がいう、「あわせ単語」[注6]における「くみあわせ的」な意味と、「ひとまとまり的」な意味が共存している状態にあるのである。日常一般で用いられる語を造語成分としている点では、それぞれの意味がわかれば1語としてのおおよその意味が理解されるので「くみあわせ的」な意味をもつ。一方では、その1語が養蚕世界のある断片を表して具体的に用いられる点で、意味的にも一つの単位をなしており、ここに「ひとまと

まり的」な意味が認められる。

　特徴的な造語法によっているものに、《繭》のオ・カオ=ガクシがある。マイナス評価の語彙が多くみられる中に、オ・カオ=ガクシのような丁寧な表現を用いた造語がみられる。オ・カオ=ガクシは、蚕が少ししか糸を吐かずに作った薄い繭をさす。最後には良質の繭を作るのが当然であったところを、病気などの理由で糸を吐くことできなかったものに対しての造語である。規格外の繭に対し、あえて丁寧な表現で造語した背後には、皮肉めいていながらも、それを許容する方言人の心があると考える。

　日常型における語彙は、一般的な造語成分によってのみ構成されているので、ある程度の意味の予測が可能である。また、造語成分同士の組み合わせが奇異であるために、一般の生活世界の語彙ではないという予測も可能である。しかし、養蚕世界の語彙であるとは予測ができない。すなわち、それを養蚕世界に結びつけることが可能なのは、養蚕を営む方言人だけである。その意味では、日常型の語彙が最も専門性が高いと言えよう。日常型の語彙は、量的には専門型の半分以下にしかならないが、それらの造語法に目を向けると、養蚕世界に生きる方言人が一般の生活者の発想をもってつくりあげた型であると言える。

4.3. 比喩型の語彙

　比喩型に分類される語彙は次の8語で、《蚕》に最も多くあらわれる。

```
《蚕》  形状の類似性から比喩によって〈蚕の卵〉を表したもの
        タネ         （種）
        季節名で〈蚕〉を表したもの
        バン・シュー  （晩秋）
        比喩で病気を表したもの
        ゴロ         （ごろごろ）
        ホシー        （欲しい）
        オシャレ      （お洒落）
```

　　　　　クイ=ニゲ　　　（喰い逃げ）
《桑》　土地名によって〈蚕〉を表したもの
　　　　　イチノセ　　　　（一ノ瀬）
《繭》　繭の評価を比喩で表したもの
　　　　　タマ　　　　　　（玉）

　これらの比喩型の語彙は、本来、養蚕世界からは遠くにある生活世界で用いられるものである。例えば《蚕》におけるクイ=ニゲは、そのままの語形を養蚕世界に導入し、桑はきちんと食べて熟蚕になったにもかかわらず、最終段階になって繭を作らなかった蚕を擬人化して比喩的に表現している。一般の日常生活で用いられるクイ=ニゲの用法に呼応して、養蚕世界での使用法には方言人の悔しさが表出されている。またオシャレは、一般の生活世界において皮肉めいて使われる用法があり、白く粉をふいて病気になった蚕に対してもそのままの意味で用いられたと考えられる。
　〈桑〉の品種を表すイチノセは、それだけでは土地名を表す固有名詞で、発祥地がその地域であるということで〈桑〉の品種を表す。既に存在している土地名を、〈桑〉の品種に転用している語である。
　《繭》にみられるタマは、複合語のタマ=マイと同じ意味で使われており、2匹の蚕が一緒になって一つの繭を作ったときに用いる語である。2匹で作ったので、普通より少し大きめで厚いものができあがる。この繭は、品質としては規格外であったが、特別な価値が与えられ商品として売ることができた。ここに「玉」からの連想がはたらき、そのような繭をタマと呼ぶに至ったのであろう。
　比喩型の語彙は、一般の生活世界で用いられる語をそのままそっくり養蚕世界に導入することによって成り立っている。ここには、養蚕世界に生活した方言人だけが知りうる語彙世界が広がっていると考えられる。

5 まとめ

　養蚕語彙における中核意味分野の語彙が、どのような造語成分を用い、どのような方法によって構成されているのかを考察しながら、養蚕世界で用いられる専門語彙の特徴を述べてきた。本章で述べたことをまとめると次のようになる。

(6) a. 《蚕》《桑》《繭》を通じてより専門性の高い単純語は少なく、かつ合成語にあらわれる専門性の高い造語成分も少ない。
　　b. 専門型の語彙では、一般性の高い造語成分が多く用いられる。少数の専門的な造語成分に、一般性の高いものが接続して多くの合成語がつくられる。したがって、一般の生活者にも理解が楽であり、またこの型に属する語彙量が多いので学習しやすいという利点がある。養蚕という限定された生活世界の語彙であるが、その体系はあらゆる方向に開かれていると考える。ただし、開かれる方向は、生活世界の性質によって限定される。視点をかえて述べれば、養蚕語彙は、すぐ近くにある意味分野の語彙を導入することによって成り立っているということである。
　　c. 日常生活で用いられる語彙を導入して造語するが、新たな単純語を生み出すことは少ない。
　　d. しかし、養蚕世界に身を置きつつ一般の生活世界からの発想によって語をつくったり（日常型）、一般生活世界の語をそっくりそのまま用いる（比喩型）ことによって、語彙の体系が展開されている。日常型の語彙は、養蚕世界で造語され一つの成体として新たな意味がもたらされる。そこには、造語成分の意味の単純な和からは創生し得ない意味がたちあらわれる。その意味は、造語成分同士の「混融性」[注7]とも呼べるもので、それはまさに養蚕世界で培われたものにほかならない。比喩型の語彙は新たに養蚕世界に当てられたもので、そこでの意味が新たに生まれる。

e. dの語彙は、一般の生活世界と専門的な養蚕世界の両方に身をおくことによってはじめて理解できるもので、そこには相互の世界を往来する方言人が作りあげた宇宙がある。人は、幾重にも重なる階層的な現実の世界に生きているということがわかる。

《蚕》《桑》《繭》では以上のような造語法がおこなわれているが、ほかの意味分野についても同様の観点から記述する必要があろう。また、地域間の共通性と個別性の考察も本章で残された課題の一つである。

注
1　第2部第1章では、まず、複合語の意味の中心となる後部要素に注目して共通の形式をもつものを統合し、さらにその形式の意味によって共通性を見いだすことにより、養蚕語彙内部の意味分野を次の12に設定した。
　　　《蚕》《桑》《繭》《飼育》
　　　《虫害》《蚕の活動》《廃物》《人》《場所》《信仰》
　　　《作業》《道具》
　これらに、単純語や派生語を意味によって分類し、名詞語彙の体系を記述した。養蚕語彙における名詞語彙の大部分は、複合語を中心とした合成語によって構成されている。私に課せられた最初の課題は、それらの複合語をどのように捉えて分類し、記述するかということであった。日本語における複合語の特徴の一つに、その語の後部要素となっている形式が、語全体の意味の中心をになっているということがあげられる。そして、前部要素は、後部要素を修飾するという役割を果たしている。この特徴に注目することによって、多くの複合語で構成されている養蚕語彙の体系を記述した。
2　第1部第2章4節で述べたように、藤岡市は群馬県の南西部に位置する。養蚕の専門学校「高山社」が設立され、日本全国から生徒が集まり多くの養蚕教師が誕生した。本章の語彙は、次の話者からえられたものである。
　　　藤岡市　話者A／B、話者C／D
　　　　　　　話者G、話者H、話者L

3 養蚕語彙の「専門性」とは、養蚕世界には必ず存在する〈もの〉、すなわち〈蚕〉〈繭〉〈桑〉のような養蚕世界に中心的な〈もの〉を表しているという点について述べるものである。それらを表す語は養蚕語彙という意味分野の中に位置づけられはするものの、一般名詞としての性格も有しており、完全なる養蚕世界の専門語とは言いきれない。
4 養蚕語彙による比喩表現については、本書の第4部において記述し考察をおこなう。
5 湯本昭南(1978)、斎藤倫明(2004)では、合成語の意味のあり方をめぐって示唆的な論が展開されている。湯本(1978)では、合成語の意味は、造語成分がそれぞれにもっている意味の組み合わせではなく、「ひとまとまり的」な意味があるとする。斎藤(2004)では、合成語が造語される際、そこに意味的プロセスがあるとし、そこで「単語化」を経ることによって造語成分同士の意味の和に「＋α」が付与されるとしている。
6 湯本昭南(1978)は、複合語を「あわせ単語」と呼び、それを構成する構成要素の意味と、あわせ単語としての意味の記述について論じている。
7 かつて藤原与一先生とお会いする機会に恵まれ、養蚕語彙の造語法をめぐって御指導くださった。先生は、複合語には造語成分同士が組み合わさったときの意味の「混融性」があることを強調なさった。これは、湯本昭南(1978)のいう、複合語における意味の「ひとまとまり性」、また、斎藤倫明(2004)のいう「語構成要素レベル」の意味から、「単語化」をへて生成される「語レベル」の意味の性質と同様のものであると理解される。

第2章 《飼育期別の蚕》の語彙

1 はじめに

　養蚕語彙における〈蚕〉を表す語彙には、〈飼育期〉を表す一群がある。養蚕農家では、1年間のうち、複数回にわたって〈蚕〉を飼育する[注1]ため、あるいは、飼育してきたため、その現実に対応するように語彙が存在している。養蚕農家における1回の〈飼育期〉は、図1のAまたはBの部分であ

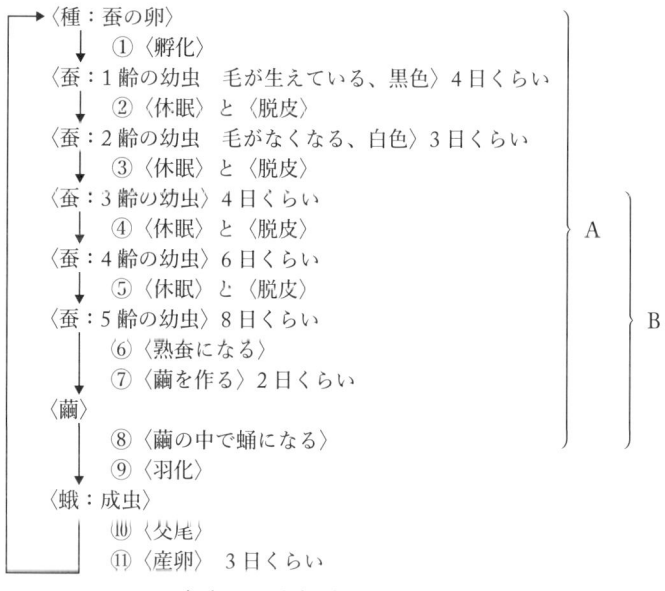

```
┌→〈種：蚕の卵〉
│   ↓   ①〈孵化〉
│  〈蚕：1齢の幼虫　毛が生えている、黒色〉4日くらい           ┐
│   ↓   ②〈休眠〉と〈脱皮〉                                │
│  〈蚕：2齢の幼虫　毛がなくなる、白色〉3日くらい              │
│   ↓   ③〈休眠〉と〈脱皮〉                                │
│  〈蚕：3齢の幼虫〉4日くらい                                │
│   ↓   ④〈休眠〉と〈脱皮〉                                ├ A  ┐
│  〈蚕：4齢の幼虫〉6日くらい                                │    │
│   ↓   ⑤〈休眠〉と〈脱皮〉                                │    │
│  〈蚕：5齢の幼虫〉8日くらい                                │    ├ B
│   ↓   ⑥〈熟蚕になる〉                                    │    │
│   　   ⑦〈繭を作る〉2日くらい                             ┘    │
│  〈繭〉                                                        │
│   ↓   ⑧〈繭の中で蛹になる〉                                    │
│   　   ⑨〈羽化〉                                              │
│  〈蛾：成虫〉                                                   │
│       ⑩〈交尾〉                                              │
└──    ⑪〈産卵〉3日くらい                                     ┘
```

図1　〈蚕〉の一生（話者の説明をもとに作成）

る。各地域にキョードーシークジョ(共同飼育所:図1①～③までの時期を共同で飼育する施設)が設置される前は、Aの養蚕農家が多かったようである。本書の話者の世代、すなわち、キョードーシークジョの設置後には、Bの〈飼育期〉を担当する養蚕農家が一般的だったという。〈桑〉の成長に合わせ、1年の間にBが複数回繰り返されてきたことになる。

　本章では、《蚕》の下位に位置する「〈蚕〉を〈飼育期別〉に名づけた語彙」、すなわち「〈飼育期別の蚕〉を表す語彙」の造語法を明らかにし、語彙体系が、養蚕世界[注2]とどのように関わり合いながら形成されているのかを考察する。語の造語成分[注3]が、日常世界で一般的に用いられる語彙とどのような関係にあるのか、また、それぞれの造語成分が〈飼育期別の蚕〉を表すために選択された理由について考えてみたい。また、地域間の比較についてもおこなう。方法は、次のとおりである。

　方法1　群馬県方言を中心とした12調査地点の、〈飼育期別の蚕〉を表す語彙の語形と造語成分を記述する。
　方法2　1語を構成する造語成分の数や、それらの配列の仕方を明らかにする。
　方法3　造語成分の語種と意味を記述する。
　方法4　造語成分同士の関係や、1語の中でのはたらきを明らかにする。
　方法5　4の結果をもとに、造語法の実態を明らかにする。
　方法6　地域ごとに異なる語彙量および地域間にみられる語の共通度と、養蚕世界との対応関係について考察する。
　方法7　12調査地点の中でも、〈飼育期別の蚕〉を表す語彙がもっとも多く存在している1地域(富岡市下高尾)の語彙をとりあげ、具体的に語彙体系を記述する。
　方法8　7の記述をもとに、〈飼育期別の蚕〉を表すために用いられる造語成分のうち、もっとも重要な役割をになっている〈季節〉を表す造語成分の意味を明らかにする。さらに、それらが造語

成分として、なぜ選択されたのかを考察する。〈飼育期別の蚕〉を表す語彙の造語成分が、日常世界での日常一般語彙とどのような関係にあり、養蚕語彙としての専門性がどのように生成されているのかを考察する。

2　記述する語彙について

　本章で考察の対象としている〈飼育期別の蚕〉を表す語彙は、1989～2005年の間に調査をおこなってえられたものである。調査地域(市町村名は調査時のもの)は以下のとおりであり、話者[注4]はいずれの地域においても養蚕に従事している、あるいは、従事していた方々である。

　　群馬県内の調査地域(11地点)
　　　　(群馬県北部山間地域、中部地域、南西部地域の順にあげる)
　　　　吾妻郡六合村世立、吾妻郡長野原町林、利根郡片品村古仲、利根郡片品村摺渕、利根郡昭和村、前橋市富田町、佐波郡玉村町、藤岡市中大塚、富岡市下高尾、安中市板鼻、多野郡中里村
　　群馬県外の調査地域(2地点)
　　　　埼玉県秩父市、島根県鹿足郡日原町

　以上のように、日本一の養蚕地域である群馬県を中心に調査をおこなった。群馬県以外からは、埼玉県と島根県で各1地点ずつ調査をおこなったものを記述する。地域ごとの比較をおこなうことで、〈飼育期別の蚕〉を表す語彙の普遍性を確認することができよう。
　ところで、それぞれの地域の話者が、家計を支えるために一家の中心となって養蚕に従事してきたのは、戦後、昭和30年代以降である。この時代には、効率のよい方法が導入されるなど、養蚕技術の発展がみられる。本章で取りあげる養蚕語彙は、そのような養蚕世界のなかでも用いられ、その後、養蚕の衰退が深刻な問題として取りあげられるようになる昭和後期を経

て、消滅の危機に追いやられている現在(2009 年)まで、約 50 年の間に使用されてきているものである。日本における昭和 30 年代の養蚕は、戦前の最盛期、すなわち昭和初期には届かないまでも、まだ従事者は多くおり、盛んにおこなわれていたといえる。しかし、昭和の後期から平成になると、従事者の高齢化が進み、著しい衰退期に入る。群馬県農政部蚕糸課(2002)によれば、近年では群馬県をはじめとする日本全体の養蚕が危機的な状況に追いやられている。繭の収穫量や桑の栽培面積等の具体的な数字が、それをものがたる。そして、筆者が養蚕語彙調査を開始した 1989 年においても、すでに衰退のまったただなかにあったことがわかる。現在にいたるまでのその後の調査では、現在進行で養蚕に従事している話者を探すことはより一層困難をきわめている。このような状況から、調査時に養蚕に従事しているという方に加え、養蚕をやめて間もない方にも調査に協力していただいた。後者の方には、ご自身が中心となって養蚕に従事していた時期をうかがい、その当時の使用語彙について調査をおこなった。

3 語形と造語成分

3.1. 地域別にみる語彙の実態

　本章において記述および考察の対象とする語彙は、前節で述べたように昭和 30 年代から現在までの約 50 年間に用いられてきたものである。このことから、地域間に差異がみられる場合、単なる地域差だけではとらえきれない時間的な変遷が含まれていることが予測される。しかし、ここでは、〈飼育期別の蚕〉を表す語彙の、造語成分や造語法についての普遍性を明らかにするために、一つの共時態としてとらえてみたい。このように把握することは、地域間の個別性を明らかにする上でも有効な方法であると考える。

　さて、地域別に〈飼育期別の蚕〉を表す語の語形と造語成分を明示し、調査結果を記述する。13 地点の〈飼育期別の蚕〉を表す語彙の実態は、表 1 のとおりである。表 1 は、次の記述方針にしたがって記述した。

方針1　1年のはじまりの〈飼育期〉から、おわりの〈飼育期〉まで、1年間の〈蚕〉の飼育順序をよりどころとして語彙を記述する。〈飼育期〉の順序は、①②③…のように○付数字で表す。

方針2　語形をカタカナで表記する。

方針3　その語を構成するもっとも小さな造語成分を、漢字で表記する。

方針4　造語成分の組み合わせのうち、一次結合を☐で記す。

方針5　造語成分の語種を記述し分ける。和語形の造語成分をゴシック体で記す。漢字音の造語成分、すなわち漢語形を明朝体で記す(注5)。

方針6　その語の語種(和語、漢語、混種語)を記述する。

　表1における、各地域の語形をみると、語彙量に差のあることがわかる。少ない地域では利根郡片品村古仲の飼育期2回に対する2語、多い地域では富岡市下高尾の飼育期10回に対する14語である。地域ごとに、養蚕をとりまく環境が異なるということ、そして、養蚕世界の分節の仕方に差異があることが予想される。養蚕の条件を左右する自然環境や、養蚕技術の発展など、さまざまな要因が絡みあって影響しているものと想像される。さらに、島根県鹿足郡日原町方言における語形には、群馬県方言、埼玉県秩父市方言とは異なる、方言的な特徴が影響していることも推察される。

3.2. 造語成分の数とそれらの配列

　語を構成している造語成分の数と、それらの配列の仕方から語彙を分類する。この分類によって、語が成立する際の、造語成分の構成パターンを明らかにする。すなわち、〈飼育期別の蚕〉を表す語のつくりを明らかにしようとするものである。

　表1で、語を造語成分に分けて記したように、〈飼育期別の蚕〉を表すすべての語は、複数の造語成分からなる合成語である。漢字音の造語成分も多く用いられており、さらにそれらから造語された合成語も多い。ここで用い

表1 各地域の〈飼育期別の蚕〉を表す語彙   表2 構成パターンおよび造語パターン

地域	順	語形	造語成分〈早晩〉	造語成分〈季節〉	造語成分〈蚕〉	語種	構成p	造語p
吾妻郡六合村世立	①	ハルゴ		春	蚕	和語	2	[季節-蚕]
	②	カシューサン		夏 秋	蚕	漢語	3A	[季節-蚕]
	③	バンシューサン	晩	秋	蚕	漢語	3A	[季節-蚕]
吾妻郡長野原町林	①	ハルゴ		春	蚕	和語	2	[季節-蚕]
	②	ナツゴ		夏	蚕	和語	2	[季節-蚕]
	③	アキゴ		秋	蚕	和語	2	[季節-蚕]
利根郡片品村古仲	①	ハルゴ		春	蚕	和語	2	[季節-蚕]
	②	シューコ		秋	蚕	混種語	2	[季節-蚕]
利根郡片品村摺渕	①	ハルゴ		春	蚕	和語	2	[季節-蚕]
	②	シューコ		秋	蚕	混種語	2	[季節-蚕]
	③	バンシュー	晩	秋		漢語	2	[早晩-季節]
利根郡昭和村糸井	①	ハルゴ		春	蚕	和語	2	[季節-蚕]
	②	シューコ		秋	蚕	混種語	2	[季節-蚕]
	③	バンシュー	晩	秋		漢語	2	[早晩-季節]
	④	バンバン	晩	晩		漢語	2	[早晩-早晩]
前橋市富田町	①	ハルゴ		春	蚕	和語	2	[季節-蚕]
	②	ナツゴ		夏	蚕	和語	2	[季節-蚕]
	③	バンシューサン	晩	秋	蚕	漢語	3A	[季節-蚕]
		バンシュー	晩	秋		漢語	2	[早晩-季節]
佐波郡玉村町	①	ハルゴ		春	蚕	和語	2	[季節-蚕]
	②	ナツゴ		夏	蚕	和語	2	[季節-蚕]
	③	アキゴ		秋	蚕	和語	2	[季節-蚕]
		ショシュー	初	秋		漢語	2	[早晩-季節]
	④	カシューサン		夏 秋	蚕	漢語	3A	[季節-蚕]
	⑤	バンシュー	晩	秋		漢語	2	[早晩-季節]
	⑥	バンバンシュー	晩 晩	秋		漢語	3B	[早晩-季節]
藤岡市中大塚	①	ハルゴ		春	蚕	和語	2	[季節-蚕]
	②	ナツゴ		夏	蚕	和語	2	[季節-蚕]
	③	アキゴ		秋	蚕	和語	2	[季節-蚕]
		カシューサン		夏 秋	蚕	漢語	3A	[季節-蚕]
		ショシューサン	初	秋	蚕	漢語	3A	[季節-蚕]
	④	バンシュー	晩	秋		漢語	2	[早晩-季節]
	⑤	バンバン	晩	晩		漢語	2	[早晩-早晩]

第 2 章 《飼育期別の蚕》の語彙　143

地域	順	語形	造語成分 〈早晩〉	造語成分 〈季節〉	造語成分 〈蚕〉	語種	構成 p	造語 p
宮岡市下高尾	①	ハヤハルゴ	早	春	蚕	和語	3B	[早晩-蚕]
	②	ハルゴ		春	蚕	和語	2	[季節-蚕]
		ハルサン		春	蚕	混種語	2	[季節-蚕]
	③	ハヤナツゴ	早	夏	蚕	和語	3B	[早晩-蚕]
	④	ナツゴ		夏	蚕	和語	2	[季節-蚕]
		ナツサン		夏	蚕	混種語	2	[季節-蚕]
	⑤	ハヤショシュー	早 初 秋			混種語	3B	[早晩-季節]
	⑥	アキゴ		秋	蚕	和語	2	[季節-蚕]
		ショシューサン	初 秋		蚕	漢語	2	[季節-蚕]
	⑦	ハヤバンシュー	早 晩 秋			混種語	3B	[早晩-季節]
	⑧	バンシュー	晩 秋			漢語	2	[早晩-季節]
	⑨	バンバンシュー	晩 晩 秋			漢語	3B	[早晩-季節]
		バンバン	晩 晩			漢語	2	[早晩-早晩]
	⑩	ショトーサン	初 冬		蚕	漢語	3A	[季節-蚕]
安中市板鼻	①	ハルゴ		春	蚕	和語	2	[季節-蚕]
		ハルサン		春	蚕	混種語	2	[季節-蚕]
	②	ナツゴ		夏	蚕	和語	2	[季節-蚕]
		ナツサン		夏	蚕	混種語	2	[季節-蚕]
	③	ショシューサン	初 秋		蚕	漢語	3A	[季節-蚕]
	④	バンシューサン	晩 秋		蚕	漢語	3A	[季節-蚕]
	⑤	バンバンシューサン	晩 晩 秋		蚕	漢語	4B	[早晩-蚕]
多野郡中里村	①	ハルゴ		春	蚕	和語	2	[季節-蚕]
	②	ナツゴ		夏	蚕	和語	2	[季節-蚕]
	③	アキゴ		秋	蚕	和語	2	[季節-蚕]
	④	バンシュー	晩 秋			漢語	2	[早晩-季節]
	⑤	バンバンシュー	晩 晩 秋			漢語	3B	[早晩-季節]
埼玉県秩父市	①	ハルゴ		春	蚕	和語	2	[季節-蚕]
	②	ナツゴ		夏	蚕	和語	2	[季節-蚕]
		ナツサン		夏	蚕	混種語	2	[季節-蚕]
		カサン		夏	蚕	漢語	2	[季節-蚕]
	③	アキゴ		秋	蚕	和語	2	[季節-蚕]
		ショシューサン	初 秋		蚕	漢語	3A	[季節-蚕]
	④	バンシューサン	晩 秋		蚕	漢語	3A	[季節-蚕]
	⑤	バンバン	晩 晩			漢語	2	[早晩-早晩]
	⑥	ショトーサン	初 冬		蚕	漢語	3A	[季節-蚕]
島根県鹿足郡日原町	①	ハルコ		春	蚕	和語	2	[季節-蚕]
	②	ツユコ		梅雨	蚕	和語	2	[季節-蚕]
	③	ナツコ		夏	蚕	和語	2	[季節-蚕]
	④	アキコ		秋	蚕	和語	2	[季節-蚕]
		バンシューサン	晩 秋		蚕	漢語	3A	[季節-蚕]
	⑤	バンバン	晩 晩			漢語	2	[早晩-早晩]

ゴシック体：和語形　明朝体：漢語形　▨部：複合語の一次結合

られている漢字音の造語成分は、それぞれが独立した意味をもってはたらいている。自立した形式として単独で用いることはできないものの、最小有意味単位という点では、和語の造語成分と同じ性質をそなえている。このことから、本章では、漢字音を造語成分にもつ合成語も複合語に分類する。したがって、〈飼育期別の蚕〉を表す語彙は、すべての地域に共通して、すべてが複合語ということになる。

　それぞれの複合語の造語成分の数は、2要素、3要素、4要素となっている。要素数ごとに、造語成分の配列の仕方に注目して、複合語の構成をパターン化すると次の4通りになる[注6]。

```
                              一次結合
(1) 造語成分2要素    造語成分a － 造語成分b
                    （前部要素 － 後部要素）            →2型
         例：    ハル   －   ゴ
                （春   －   蚕）


                                   二次結合
                        一次結合
(2) 造語成分3要素    造語成分a・造語成分b － 造語成分c
                    （前部要素        － 後部要素）    →3A型
         例：    カ  ・ シュー － サン
                （夏 ・ 秋   －  蚕）


                    二次結合
                                  一次結合
(3) 造語成分3要素    造語成分a － 造語成分b・造語成分c
                   （前部要素 －     後部要素）        →3B型
         例：    バン －  バン ・ シュー
                （晩 －  晩  ・  秋）
```

```
                              三次結合
                    ┌─────────────┴──────────────┐
                    │                 二次結合    │
                    │           ┌────────┴─────┐ │
                    │    一次結合 │              │ │
                    │  ┌────┴──┐ │              │ │
(4) 造語成分4要素  造語成分 a － 造語成分 b・造語成分 c・造語成分 d
                   （前部要素 －          後部要素）    → 4B 型
           例：    バン  －  バン  ・ シュー ・  サン
                  （晩   －   晩   ・  秋   ・   蚕）
```

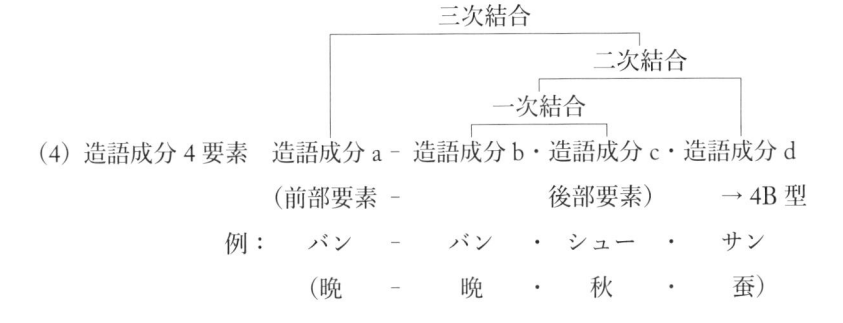

　複合語の造語成分の数に注目し、(1)のように2要素からなるものを2型、(2)(3)のように3要素からなるものを3型、(4)のように4要素からなるものを4型とする。さらに、3型と4型については、一次結合の位置に注目して下位分類をする。前部要素に一次結合がある場合はA型、後部要素に一次結合がある場合はB型とする。

　それぞれの複合語は、基本的に前部要素と後部要素からなる。お互いの関係は、前部要素が後部要素の名詞を修飾する連体修飾である。2要素からなる2型では一次結合のみで語が成立し、同様にして3要素の語では二次結合によって、4要素の語では三次結合によって語が成立する。3要素の語は、一次結合が前部要素にみられる型(3A型)と、後部要素にみられる型(3B型)がある。3A型では、一次結合でできあがった語に、二次結合によって別の造語成分が後行して配列されている。逆に、3B型では、一次結合でできあがった語に、さらに別の造語成分が先行して配列され、二次結合が成立している。4要素の語は、後部要素が3要素からなる型(4B型)である。4B型の後部要素は、一次結合を経て二次結合によって成立した語である。それに前部要素として別の造語成分が先行して配列され、三次結合によって語を構成する型である。各地域の〈飼育期別の蚕〉を表す語は、これらの4通りの構成パターンのいずれかによって成立している。

　この四つの構成パターンを、表1に対応させて記述したものが表2「構成p」欄である。各地域内において、1年間の〈飼育期〉のはじめは単純なつくりの2型の語があらわれる傾向があり、その場合の語種は和語となって

いる。また、語彙量の多い地域の1年間の後半部の〈飼育期〉に、複雑なつくりすなわち 3A 型、3B 型、4B 型がみられる。語のつくりからみると、1年間のはじめの〈飼育期〉には単純なつくりの語があたり、後半部には複雑なつくりの語があたっている。養蚕世界とあわせてみると、複雑な構成パターンの語(カシューサン、ショシューサン、バンシューサン、バンバンシューサンなど)は、養蚕の技術発展にともなって造語された比較的新しい語であると予測する。近代になり、卵の保存技術の進歩、人工孵化技術の進歩、桑の改良、人工飼料の開発など、養蚕技術の発展によって、1年に複数回の養蚕が可能となり、春以降の後半期にも飼育期をもてるようになったためである。なお、後半部にあらわれる2型は、3A 型、3B 型、4B 型と同じ造語成分をもっており、そこからの省略形である可能性が高いと考える。

3.3. 造語成分の語種と意味

　四つの構成パターンを支えている造語成分の属性について考察する。複合語を構成する造語成分の語種は、自立性の高い和語形と、自立性の低い漢語形である(表1「造語成分」欄参照)。造語成分の異なり数は 12 種類である。それらを抜き出して、あらためて記述し直したものが表3である。12 種の造語成分がそれぞれ何を表すかをみると、それらは〈蚕〉〈季節〉〈早晩〉を表すものとして分類できる。コ〜ゴ(蚕)、サン(蚕)は〈蚕〉を表す。同様に、

表3　造語成分の語種と種類

語種　内容	和語形	漢語形
〈蚕〉	コ〜ゴ(蚕)	サン(蚕)
〈季節〉	ハル(春) ナツ(夏) アキ(秋) ツユ(梅雨)	カ(夏) シュー(秋) トー(冬)
〈早晩〉	ハヤ(早)	ショ(初) バン(晩)

ハル(春)、ナツ(夏)、アキ(秋)、カ(夏)、シュー(秋)、トー(冬)、ツユ(梅雨)は〈季節〉を表し、ハヤ(早)、ショ(初)、バン(晩)は〈季節〉に関連してその〈早晩〉を表す。

〈蚕〉を表す造語成分は、用いられる語と用いられない語があり、用いられる語の場合には必ず後部要素にあらわれる(表1「造語成分」欄参照)。〈蚕〉を表す造語成分は、必ず用いられるというわけではないことから、〈飼育期別の蚕〉を表すための必須要素ではないといえる。〈飼育期別の蚕〉を表す語彙は、必ず具体的な場面をともなって用いられることから、〈蚕〉を表す造語成分の省略は躊躇なくうながされていくものと考える。

〈季節〉を表す造語成分は、バンバン(晩晩)以外の、いずれの語においても用いられている(表1「造語成分」欄参照)。この造語成分は、〈蚕〉を表すものとは異なり、〈飼育期別の蚕〉を表すための必須要素である。語の中での〈季節〉を表す造語成分の位置は、次のように決まっている。

(5) a. 〈蚕〉の造語成分が用いられる場合は、それを修飾してその前部に結合する。
　　b. 〈蚕〉の造語成分が用いられない場合は、〈早晩〉を表す造語成分の後部に結合する。

〈季節〉を表す造語成分は、(5a)と(5b)のように、必ず〈蚕〉や〈早晩〉の造語成分と結合して用いられている。たとえ自立性の高い和語形であっても、〈季節〉の造語成分だけが単独で用いられることはない。言及するまでもなく、漢語形カ(夏)、シュー(秋)、トー(冬)はもともと自立性が低いので、単独で用いることは不可能である。造語成分として用いられる和語形ハル(春)、ナツ(夏)、アキ(秋)およびツユ(梅雨)は、日常生活においても一般的に使用される語彙であるため、そこでの意味との衝突が生ずる。自立性の高い和語であっても、単独で蚕世界に対応することは不可能だということである。

〈早晩〉を表す造語成分は、〈季節〉のうち〈四季〉を表す造語成分だけで

は表しきれない部分を補い、〈飼育期〉のさらなる細分化をおこなっている。〈早晩〉を表す造語成分の内でも、和語形ハヤ(早)と、漢語形ショ(初)、バン(晩)は異なるはたらきをしている。ハヤ(早)は、形容詞ハヤイ(早い)の語幹である。これとの対義を表す形式、例えば「おそい(遅い)」のような形容詞から生ずる和語形の造語成分は用いられていない。ハル-ゴ(春蚕)、ナツ-ゴ(夏蚕)、ショ-シュー(初秋)という〈蚕〉を表す語に先行して付与され、「通常のハル-ゴ(春蚕)、ナツ-ゴ(夏蚕)、ショ-シュー(初秋)よりも早い時期」であるということを表している。一方、ショ(初)、バン(晩)は、両者が意味的に対立している漢語形の造語成分として用いられている。それぞれ、〈季節〉の造語成分に先行し、その〈季節〉の内部を、さらに〈はじめ〉〈おわり〉に注目して細分化する役割をになっている。漢語形である〈早晩〉の造語成分は、必ず、漢語の造語成分に先行し、それを修飾している。

4　造語成分の組み合わせ

4.1.　造語成分同士の関係とそれぞれのはたらき

　おのおのの造語成分を配列することによって造語された複合語が、どのようにして発生したのかを考察する。以下、先に分類した構成パターンごとに、それぞれの造語成分同士の組み合わせのしかたや、はたらきについて明らかにし、造語パターンを設定する。

　構成パターン2型の語は、造語成分同士の組み合わせに注目すると次のように分類できる。

(6) 2型　　i 　［季節-蚕］型
　　　　　　　 ハル-ゴ(コ)、ナツ-ゴ(コ)、アキ-ゴ(コ)、ツユ-コ
　　　　　　　 ハル-サン、ナツ-サン
　　　　　ⅱ 　［早晩-季節］型
　　　　　　　 ショ-シュー、バン-シュー

　　　　ⅲ　［早晩-早晩］型
　　　　　　バン-バン

　ⅰは、〈蚕〉の造語成分を有するパターンであり、造語パターンを［季節-蚕］型とする。逆に、ⅱとⅲは〈蚕〉の造語成分をもたないパターンであり、前者を［早晩-季節］型、後者を［早晩-早晩］型とする。〈蚕〉の造語成分をもたない［早晩-季節］型と［早晩-早晩］型の語彙は、省略形としての形式であると考えられる。人びとの使用語彙としての形式は2型であらわれているが、本来の専門用語としては、［早晩-季節］型のショ・シュー（初秋）にはショ・シュー-リン（初秋蚕）、バン・シュー（晩秋）にはバン・シュー-サン（晩秋蚕）が存在し、［早晩-早晩］型のバン-バン（晩晩）にはバン・バン・シュー・サン（晩晩秋蚕）が存在すると考えられる。［季節-蚕］型は、〈季節〉を表す造語成分によって、〈蚕〉の造語成分を修飾しており、〈蚕〉を細分化してとらえたパターンである。［早晩-季節］型は、〈早晩〉を表す造語成分によって〈季節〉が細分化された形式をとっており、〈蚕〉の造語成分はもたないが、その〈飼育期〉の〈蚕〉を表現したものである。［早晩-早晩］型は、〈飼育期別の蚕〉を表す語彙の必須要素である〈季節〉の造語成分ももっておらず、〈飼育期別の蚕〉を表すための造語パターンとしては特殊である。
　3要素を用いる複合語は、先に述べたように、1語の内部に、一次結合と二次結合がみられる。一次結合が、二次結合の前部要素または後部要素におこなわれている。前部要素に一次結合がおこなわれている3A型、後部要素に一次結合がみられる3B型の、それぞれの具体的な語は次のとおりである。

(7) 3A型　　［季節・季節-蚕］　　→　　ⅰ　［季節-蚕］型
　　　　　　〈季節・季節〉-〈蚕〉　　　　　　カ・シュー-サン
　　　　　　〈早晩・季節〉-〈蚕〉　　　　　　バン・シュー-サン
　　　　　　　　　　　　　　　　　　　　　ショ・シュー-サン

150 第3部 養蚕語彙の造語法と語彙体系

ショ・トー-サン

(8) 3B型　　［早晩-早晩・季節］　　→　　ii　［早晩-季節］型
　　　　　　〈早晩〉-〈早晩・季節〉　　　　　バン-バン・シュー
　　　　　　　　　　　　　　　　　　　　　　ハヤ-ショ・シュー

　　　　　　［早晩-季節・蚕］　　→　　iv　［早晩-蚕］型
　　　　　　〈早晩〉-〈季節・蚕〉　　　　　　ハヤ-ハル・ゴ
　　　　　　　　　　　　　　　　　　　　　　ハヤ-ナツ・ゴ

　(6)に示した2型に比べると、(7)(8)は語のつくりが複雑である。〈季節〉を表している漢語形の造語成分同士が一次結合している場合、すなわちカ・シュー(夏秋)は、〈季節〉を表すという点において1造語成分と同等であると考えられる。同様に、〈早晩〉と〈季節〉の造語成分がそれぞれ漢語形で、かつ、両者が一次結合している場合、すなわちバン・シュー(晩秋)、ショ・シュー(初秋)、ショ・トー(初冬)は、〈季節〉を表すという点において1造語成分と同等であると考えられる。また、〈季節〉と〈蚕〉の造語成分が一次結合しているハル・ゴ(春蚕)、ナツ・ゴ(夏蚕)の場合、〈蚕〉を表すという点において1造語成分と同等であると考えられる。このように考えると、3A型、3B型の語彙も、2型と同じように前部要素と後部要素の組み合わせとしてとらえることができる。3A型、3B型には、2型と同じi［季節-蚕］型、ii［早晩-季節］型と、2型にはあらわれないiv［早晩-蚕］型に分類できる。

　4要素を用いる複合語は、その内部に一次結合、二次結合、三次結合がみられる。後部要素に、一次結合と二次結合がみられる4B型である。具体的な語は次のとおりであるが、3A型、3B型と同様に、後部要素バン・シュー・サン(晩秋蚕)は〈蚕〉を表す造語成分であるため、iv［早晩-蚕］型に分類することができる。

(9) 4B型　　［早晩-早晩・季節・蚕］型　→　iv［早晩-蚕］型

〈早晩〉-〈早晩・季節・蚕〉　　バン-バン・シュー・サン

4.2. 造語法の実態

　先に構成パターン 2 型、3A 型、3B 型、4B 型に分類した語彙を、さらに視点を変えて、造語成分同士の組み合わせに注目して設定した造語パターンで分類すると、大きく前部要素と後部要素の組み合わせでパターン化することができた。それをまとめたものが次の 4 パターンである。

(10) 造語パターン ⅰ　［季節-蚕］型
　　　造語パターン ⅱ　［早晩 季節］型
　　　造語パターン ⅲ　［早晩-早晩］型
　　　造語パターン ⅳ　［早晩-蚕］型

　これらの造語パターンを、それぞれの語に対応するように、表 2「造語 p」に記した。この造語パターンと、先に分類した構成パターンから、あらためて〈飼育期別の蚕〉を表す語彙の造語法をまとめると、次のようになる。

(11) a. 〈蚕〉を表す造語成分をもつ語と，もたない語がある。〈飼育期別の蚕〉を表す語彙では、〈蚕〉の造語成分をもたずとも〈蚕〉を表すことができる。

　　 b. 〈蚕〉を表す造語成分は後部要素、あるいは、後部要素の最後部におかれ、その前部には〈季節〉を表す造語成分をもつ。〈飼育期別の蚕〉を表す語彙は、〈季節〉の造語成分によって〈蚕〉を細分化している。

　　 c. 〈蚕〉を表す造語成分をもたない語は、〈季節〉〈早晩〉を表す造語成分を組み合わせることによって成立している。〈飼育期別の蚕〉を表す語彙では、〈季節〉〈早晩〉の造語成分だけで〈蚕〉を表すことができ、結果的に、養蚕世界において換喩が生じている。

(11b)に示したように、飼育期別に〈蚕〉を表す語が、〈季節〉を表す造語成分と、〈蚕〉を表す造語成分によって成り立っているのは必然であろう。しかし、〈早晩〉〈季節〉を表す造語成分だけで、〈飼育期別の蚕〉を表せるのには、以下の三つの要因が考えられる。

　　要因1　語が用いられるときは、必ず養蚕世界という現実の場面をともなって用いられることが多く、〈蚕〉を表すことは自明のこととされているので省略される。
　　要因2　〈飼育期別の蚕〉を表す語彙では、他の〈飼育期〉との弁別において、〈季節〉〈早晩〉の造語成分が重要であるために省略されない。
　　要因3　漢語形を含む［早晩-季節］型、［早晩-早晩］型の造語は、方言社会における日常世界ではおこなわれない組み合わせであり、養蚕世界に特殊なものであるために、〈飼育期別の蚕〉に限定される。

　〈蚕〉を表そうとするときに、たとえ〈蚕〉を表す造語成分を用いず省略したとしても、人びとにとってはそれは決して無意味な言語活動ではなく、養蚕世界という現実的な場と時に依存し支えられた造語の営みであると考える。

5　語彙量と語の共通度

　さて、表1に記述した各地域の語彙を、その語形を実際に用いている地域はどこかという点に注目して記述し直し、地域ごとの語彙量の差異や、地域間の語の共通度について考察する。具体的に記述し直したものが表4である[注7]。まず、地域ごとの語彙量の差と、養蚕をとりまく生活世界の実態の対応関係を把握する。さらに、各地域で用いられている語形の共通度を明らかにし、それが高い語と低い語の間にある差異を把握する。表4の横軸

には、左から語彙量の多い順に地域を配列し、縦軸には各地域内で飼育期の早い順に上から並ぶよう語を配列した。

1年間の飼育期数が4回以下と少なく、それにともなって語彙量が少ない地域は、前橋市、長野原町、六合村、昭和村、片品村摺渕、片品村古仲である(注8)。前橋市を除く5地域は、いずれも群馬県内北部のきわめて山がちな山間地域に位置し、ほかの調査地と比べると、養蚕をとりまく生活世界に次のような特徴がある点で共通している。

(12) a. 相対的に春の訪れが遅く、〈蚕〉の飼育に必要な〈桑〉の芽吹きが遅い。そして、〈冬〉の訪れが早く、〈夏〉以降の飼育をおこなうのに十分な〈桑〉の生育が見込めない。
 b. 山間地域であるため、〈桑〉を植栽する広い土地の確保が難しい。

このような条件によって、養蚕の飼育期が限定され、それが語彙量の少なさに反映されていると考えられる。前橋市はこれらの山がちな地域とは異なることから、話者を増やして調査することによって、語彙が出てくる可能性が考えられる。

一方、年間の飼育期数が5回以上で、語彙量も多い地域は、多い順に富岡市、埼玉県秩父市、玉村町、藤岡市、安中市、島根県鹿足郡日原町、中里村である。富岡市、玉村町、藤岡市、安中市は、群馬県の南西部に位置する平らな土地柄である。これらの地域では、次のような共通点がある。

(13) a. 山がちな北部山間地域に比べると、〈桑〉の芽吹きが若干早い。〈夏〉以降の気温も、十分な〈桑〉の生育が見込める。
 b. 〈桑〉を植栽する平坦な広い土地の確保が容易である。

このように、語彙量の少ない群馬県北部山間地域とは、気候条件および土地柄の点で違いがみられる。中里村は、群馬県南西部に位置する山深い地域であり、北部山間地域と似た土地柄ではある。しかし、気候条件において

表4 地域間の語の共通度および地域ごとの語彙量

	富岡	秩父	玉村	藤岡	安中	日原	中里	昭和	前橋	長野原	六合	摺渕	古仲	地点
ハヤハルゴ	①	×	×	×	×	×	×	×	×	×	×	×	×	1
ハルゴ	②	①	①	①	①	①	①	①	①	①	①	①	①	13
ハルサン	②	①	×	×	×	×	×	×	×	×	×	×	×	3
ハヤナツゴ	③	×	×	×	×	×	×	×	×	×	×	×	×	1
ツユコ	×	×	×	×	×	②	×	×	×	×	×	×	×	1
ナツゴ	④	②	②	②	②	③	②	×	②	②	×	×	×	9
ナツサン	④	②	×	②	×	×	×	×	×	×	×	×	×	3
ハヤショシュー	⑤	×	×	×	×	×	×	×	×	×	×	×	×	1
アキゴ	⑥	③	③	③	×	④	③	×	×	③	×	×	×	7
シューコ	×	×	×	×	×	×	②	×	×	×	×	②	②	3
ショシューサン	⑥	③	③	③	③	×	×	×	×	×	×	×	×	5
カシューサン	×	×	④	③	×	×	×	×	×	×	②	×	×	3
ハヤバンシュー	⑦	×	×	×	×	×	×	×	×	×	×	×	×	1
バンシューサン	×	④	×	×	④	×	④	×	③	×	③	×	×	6
バンシュー	⑧	×	⑤	④	×	×	④	×	③	×	×	③	×	6
バンバンシューサン	×	×	×	×	⑤	×	×	×	×	×	×	×	×	1
バンバンシュー	⑨	×	⑥	×	×	×	⑤	×	×	×	×	×	×	3
バンバン	⑨	⑤	×	⑤	×	⑤	×	④	×	×	×	×	×	5
ショトーサン	⑩	⑥	×	×	×	×	×	×	×	×	×	×	×	2
飼育期数 （回）	10	6	6	5	5	5	5	4	3	3	3	3	2	
語彙量 （語）	14	9	7	7	7	6	5	4	4	3	3	3	2	

※縦軸：語形（上から飼育期の早い順に配列）
　横軸：調査地域（左から語彙量の多い順に配列）
※○つき数字：その語形が、その地域内で何番目の飼育期に用いられるかを示す。各地域内で同じ数字が入っている場合は、それぞれがお互いに併用語形であることを示す。
※×：その語形が、その地域で用いられないことを示す。

は、冬の雪も少なく、南西部の平坦な地域とほぼ同様である。埼玉県秩父市および島根県鹿足郡日原町も、自然環境としては群馬県南西部の平坦な地域と類似している。したがって、語彙量の多い地域では、〈桑〉の確保がしやすいために、養蚕の飼育期を選択する自由があったということがわかる。なお、語彙量が多い地域の中でも、極端に多いのは富岡市である。養蚕業衰退のなかにあって盛んとは言いにくいまでも、今でも養蚕をおこなっている地域である。現在の養蚕は、衰退の一途をたどっている反面、技術革新にはめざましいものがある。群馬県立日本絹の里(1999)によれば、〈蚕〉の品種開

発や、〈桑〉の品種改良、〈飼育飼料〉の開発等々、目を見はる勢いで進歩している。この結果を受けて、飼育期の回数が増え、それにつれて語彙量が増加したことは明らかである。

　ところで、地域ごとに語彙量の多少について差異がみられるとしても、一語一語に注目してみると、多くの地域で用いられる共通度の高い語と、特定の地域にしか用いられない共通度の低い語がある。共通度のもっとも高い語はハル-ゴで、調査したすべての地域で用いられている。すなわち、共通度は100%である。表4において、ほとんどの地域でハル-ゴに①が記入されているように、1年のはじまりに飼う〈蚕〉を表す。富岡市のみハル-ゴの前に、ハヤ-ハル-ゴがあるが、これはごく最近になって用いるようになったものであるという。このことから、1年に複数回、飼育するようになる以前の時代からおこなわれてきた養蚕期は、それぞれの地域においてハル-ゴが示している時期であったと考えられる。その時期とは5月〜6月のことであるが、〈桑〉の芽吹きが気候条件に左右されるために、地域ごとに少しずつずれるものの、〈蚕〉が生物としてもっている自然な孵化の時期とも合致している。1年のうちでもっとも飼いやすくて、量も多く飼育するのはどの飼育期かをたずねると、いずれの地域においてもハル-ゴであるとしている。これは、ハル-ゴが用いられる地域間の共通度と一致する。ハル-ゴに続いて共通度の高い語は、それと同様の方法で造語されたナツ-ゴ、アキ-ゴである。和語形の共通度が高い中にあって、造語成分の数が多くなるハヤ-ハル-ゴ、ハヤ-ナツ-ゴは共通度が低い。漢語形の造語成分が用いられると、造語成分の数が多くなる傾向がみられ、語の共通度も低くなる。共通度の低い語は、養蚕の発展にともなって生じた飼育期の〈蚕〉を表しており、各地域において、あるいは、各養蚕農家において、選択して飼育された時期を表していることがうかがえる。造語成分の語種と数を語の共通度とあわせてみていくことによって、語彙体系の中での造語の順序が明らかになると考えられるが、今後の課題としたい。

　1年のうちに何回の飼育期を設定するか、どれだけの量を飼育するかということは、各養蚕農家に任されているが、それはすべて〈桑〉の確保ができ

るか否かにかかっている。いずれの地域、養蚕農家でも必ずおこなったのは、語の共通度が100%であるハル-ゴの〈春蚕〉であり、共通度が下がるそれ以降の飼育期は選択肢としての存在であったと考えられる。

6 一地域内での語彙体系の形成

〈飼育期別の蚕〉を表す語彙では、表1および表4に記述したように、富岡市下高尾方言の語彙量がもっとも多い。このことから、当方言の共時態によって、〈飼育期別の蚕〉を表す語彙体系がどのように形成されているのかを考察する。

この富岡市下高尾方言の語彙は、2005年調査時に実際に使用している語彙を採録したものである。先にも述べたように、本稿で記述した語彙の中では、富岡市下高尾方言のそれはもっとも新しい。この共時態の中には、古くから用いられてきた語や、ごく最近になって用いられるようになった新しい語が、混在して体系をなしている可能性が大いにある。一語一語の造語の時期にはずれがあるということも予測しつつ記述をおこなう。

6.1. 富岡市下高尾方言における《飼育期別の蚕》の語彙

これまでの、構成パターンと造語パターンの分析から、富岡市下高尾方言における〈飼育期別の蚕〉を表す語彙の性質は、次のようにまとめることができる(表1、表2参照)。

(14)a. 和語、漢語、混種語が入り混じった体系を成しているが、1年のはじまりの〈飼育期〉には和語、おわりには漢語があたる傾向がある。
　b. 3B型という複雑な構成パターンの語が、1年のはじまりの〈飼育期〉にあらわれる。他の地域では、1年のはじまりの〈飼育期〉には、必ず、和語・構成パターン2型・造語パターン［季節-蚕］型の語があたっており、それと比較すると特殊である。
　c. 複雑な構成パターンの語(3A型、3B型)と、単純な構成パターンの語

第 2 章 《飼育期別の蚕》の語彙　157

表5　群馬県富岡市下高尾方言の〈飼育期別の蚕〉を表す語彙

月	〈飼育期別の蚕〉を表す語彙	24節気	四季
1月			フユ
2月		立春 4日	
3月		春分 21日	
4月			ハル
5月	① ハヤハルゴ（5/1〜5頃から） ② ハルゴ〜ハルサン（5/10〜15頃から）	立夏 6日	
6月	③ ハヤナツゴ（6/10頃から） ナツゴ〜ナツサン（6/20頃から）	入梅 11日	
7月	④ ハヤショシュー（7/20頃から） ⑤ アキゴ〜ショシューサン（7/27頃から）		ナツ
8月	⑥ ハヤバンシュー（8/20頃から） バンシュー（8/30頃から）	立秋 8日	
9月	⑦ ⑧ ⑨ バンバンシュー〜バンバン（9/7頃から） ⑩ ショトーサン（9/15頃から）	秋分 23日	
10月			アキ
11月		立冬 7日	
12月		冬至 22日	フユ

※造語成分同士の結合部を表す「-」および「・」は省略

　(2型)が、〈飼育期〉順のほぼ交互に近いかたちで配列されており、他の地域の体系と比較すると特殊である。他の地域と養蚕世界の事情が異なることが予測される。

　ここでは、語彙体系の枠組みとして1年のうちの飼育順序を用い、富岡市下高尾方言の語彙を記述する。具体的な飼育期間を記述し、それに対応するように語を配列したものが表5である。〈飼育期別の蚕〉を表すための語では、〈季節〉を表す造語成分が重要な役割を果たしているので、当方言における日常世界での〈四季〉を表す語彙も、具体的な期間と共に記した。

　富岡市下高尾では、1年のうち、蚕の〈飼育期〉は、5月から10月であ

表6 〈季節〉の造語成分ごとにみた語彙量

〈季節〉の造語成分　有　11語			
〈春〉2語	〈夏〉2語	〈秋〉6語	〈冬〉1語
ハルサン〈②〉 ハルゴ　〈②〉 ハヤハルゴ　〈①〉	ナツサン〈④〉 ナツゴ　〈④〉 ハヤナツゴ　〈③〉	アキゴ　　　　〈⑥〉 ショシューサン〈⑥〉 ハヤショシュー　〈⑤〉 バンシュー　　〈⑧〉 ハヤバンシュー　〈⑦〉 バンバンシュー　〈⑨〉	ショトーサン〈⑩〉

※〈 〉内の○つき数字は飼育期の順番
※造語成分同士の結合部を表す「-」
　および「・」は省略

バンバン〈⑨〉
〈季節〉の造語成分　無 1語

る。この半年間に、10回の〈飼育期〉がある。語彙をみると、早い〈飼育期〉から順番に、ハヤ-ハル・ゴ(早春蚕)、ハル-ゴ(春蚕)〜ハル-サン(春蚕)、ハヤ-ナツ・ゴ(早夏蚕)、ナツ-ゴ(夏蚕)〜ナツ-サン(夏蚕)、ハヤ-ショ・シュー(早初秋)、アキ-ゴ(秋蚕)〜ショ・シュー-サン(初秋蚕)、ハヤ-バン-シュー(早晩秋)、バン-シュー(晩秋)、バン-バン-シュー(晩晩秋)〜バン-バン(晩晩)、ショ・トー-サン(初冬蚕)という14語である。10回の〈飼育期〉に対して、14語が存在している。これは、〈飼育期②〉〈飼育期④〉〈飼育期⑥〉〈飼育期⑨〉に併用語形があるためである。当地においては、これらの10回のうち、1年あたり最高で7回の〈飼育期〉に取り組んでいるという。1年に何回おこなうか、どのような時期におこなうかは、飼育に必要な桑の葉の繁茂具合をみながら、都合のよい時期を選んでいるとのことである。いずれにしても、孵化した時期が異なり生育段階に差のついている〈蚕〉が、1軒の養蚕農家で、同時期に飼育されている期間があるということになる。

　さて、先に述べたように、〈飼育期別の蚕〉を表す語では、〈季節〉〈早晩〉の造語成分が重要なはたらきをになっている。そこに注目し、富岡市下高尾方言の語彙を再分類して記述してみたい。〈飼育期〉の順番は排除し、造語成分ごとに、構成パターンの単純な語から順番に並べて分類したものが

表6である。これによれば、〈季節〉を表す造語成分をもたないバンバン(晩晩)をのぞき、他の語はすべてその造語成分をもつ。すなわち、バン-バン(晩晩)以外の13語は、〈季節〉を表す造語成分をもつ。バン-バン(晩晩)は〈飼育期⑨〉を表しており、〈秋〉の造語成分をもつバン-バン・シュー(晩晩秋)との併用語形である。

　〈季節〉の造語成分ごとに、単純に語彙量だけを比較すると、〈秋〉の造語成分を用いた語が最も多い。〈飼育期⑤〉から〈飼育期⑨〉までの5回に、7語があたっている。〈飼育期⑥〉にはアキ-ゴ(秋蚕)とショ・シュー-サン(初秋蚕)、〈飼育期⑨〉にはバン-バン・シュー(晩晩秋)とバン-バン(晩晩)があたり、それぞれ併用語形があるためである。ただし、それぞれの併用の実相は異なっている。アキ-ゴ(秋蚕)とショ・シュー-サン(初秋蚕)は、全くの別語形であり、語種も和語と漢語で異なっている。アキ-ゴ(秋蚕)は、ナツ-ゴ(夏蚕)の次という認識での造語であると考える。ショ・シュー-サン(初秋蚕)は、〈秋〉の造語成分をもつ語が多くなっているため、他との弁別のための造語であろう。すなわち、アキ-ゴ(秋蚕)のアキ(秋)では言い尽くせない部分の意味を覆う造語であると考える。あらためて、アキ-ゴ(秋蚕)とショ・シュー-サン(初秋蚕)の併用をまとめると、次のようになる。

　　アキ-ゴ(秋蚕)
　　　ハル-ゴの次の〈蚕〉にナツ-ゴ、そのまた次の〈蚕〉としての語形。
　　　春、夏、秋という循環体系に則った語形。
　　ショ・シュー-サン(初秋蚕)
　　　〈秋〉を表す造語成分を用いた語彙が多いため、アキ-ゴでは弁別しきれなくなったために生じた語形。
　　　バン-シュー、バン-バン・シューへと続く、その前に位置する〈飼育期〉を表す語として生じた語形。

　一方、バン-バン・シュー(晩晩秋)とバン-バン(晩晩)は、共通する造語成

分をもっている。〈飼育期別の蚕〉は、〈季節〉を表す造語成分を用いることが典型的な造語法であるため、バン-バン(晩晩)は、バン-バン・シュー(晩晩秋)の省略形であると考える。バン-バン・シュー(晩晩秋)も、本来は、バン-バン・シュー・サン(晩晩秋蚕)からの省略形であろう。〈蚕〉を表すサン(蚕)や、〈秋〉を表すシュー(秋)が省略されたとしても、〈早晩〉を表すバン-バン(晩晩)が、日常世界で用いられることがない点が関与して、4拍の語に省略が可能だったのであろう。人びとにとっては、養蚕の場面と強固に結びついた語であるからこそ、省略をうながすことになったと考える。

　さらに、〈秋〉の造語成分を用いた語彙の中には、〈春〉〈夏〉の造語成分をもつハル-サン、ハヤ-ハル・ゴや、ナツ-サン、ハヤ-ナツ・ゴと同じ造語によっている語がない。「あき-さん、はや-あき・ご」が用いられず、語彙体系のあり方としては均衡を欠いている。アキ-ゴの併用に「あき-さん」がない代わりには、ショ・シュー-サンという漢語がある。「はや-あき・ご」がない代わりには、ハヤ-ショ・シューがある。〈春〉〈夏〉の造語成分をもつ語彙と比較すると、〈秋〉の造語成分をもつ語彙は造語のあり方が異なるものが体系の中に入り込んでいるのである。そして、〈秋〉を表す造語成分をもつ語がもっとも多いことにはさらに注目される。これは、その時期が養蚕の最盛期だからというわけではないようである。〈秋〉の造語成分が活躍する理由は、他に存在していると考えられる。まず、7月後半から9月にかけての飼育期に、〈秋〉を表す造語成分を用いた語彙が当てられていることから、期間がほかに比べて長いことが上げられよう。さらに、その期間の〈桑〉の確保状況も関係しているであろう。1年の養蚕期のはじまりとしてハル-ゴを飼育した後には、そこで存分に利用した〈桑〉の残り具合や、気候条件に左右された〈桑〉の成長具合にあわせて飼育期を選択する必要があるという。7月後半から9月には、それ以前に1度採取した〈桑〉が再び大きく成長するが、その発育の程度に合わせて飼育期を選択しなければならない。7月後半から8月にかけては、日常生活におけるオボン(お盆)の行事などが重なるため、それとの関わりによって生ずる忙しさ、都合の悪さを避けるために飼育期を工夫して選択する必要もあるという。これらの要因が複合して、人

表7 〈季節〉を表す語種別の造語成分

語種＼季節	〈春〉	〈夏〉	〈秋〉	〈冬〉
和語形	ハル	ナツ	アキ	—
漢語形	—	—	シュー	トー

びとに養蚕期の選択を迫ったと考える。その結果、細かな期間設定で孵化がおこなわれ選択肢を増やしていったため、それに応じて造語がおこなわれ、〈秋〉を表す造語成分を用いて語を増やしていったと考えられる。〈秋〉を表す造語成分がより好まれた理由については、次節において〈季節〉を表す造語成分の意味を明らかにすることによって考察する。

6.2. 富岡市下高尾方言における〈季節〉を表す造語成分の意味

〈飼育期別の蚕〉を表すための必須要素となっている〈季節〉を表す造語成分を、語種別に表したものが表7である。富岡市下高尾方言では、〈季節〉を表す造語成分に、5種類の形式があらわれる。和語形では「ふゆ（冬）」が用いられず、漢語形では「しゅん（春）」「か（夏）」が用いられない。表6とあわせてみると、漢語形のシュー（秋）が、もっとも造語力がたくましい。〈秋期〉が養蚕の最盛期ではないにも関わらず、シュー（秋）を用いた語の数が多いということと、「ふゆ」「しゅん」「か」が用いられないこととは関わりがあると考えられる。

「ふゆ」という造語成分は、表1や表3に記述したように、富岡市下高尾方言ばかりではなく、他の調査地域でも用いられていない。トー（冬）を用いた語も、他には、埼玉県秩父市方言にみられるのみである。結果的に、〈飼育期別の蚕〉を表す語彙では、〈冬〉を表す語形、特に「ふゆ」が避けられている。

そこで、〈季節〉を表す造語成分が、複合語の中になっている意味について考察する。表7に記した和語形のハル（春）、ナツ（夏）、アキ（秋）は、当方言において、養蚕語彙ばかりではなく、日常生活の中でも頻繁に用いら

れる語彙である。それぞれの語があてられる期間は、表5に示したとおり、ハル(春)は3〜5月、ナツ(夏)は6〜8月、アキ(秋)は9〜11月、フユは12〜2月である。この日常世界での〈季節〉の細分化は、実際の気温・気象状況から判断される季節感によっておこなわれているものである。

　表5に記述したように、日常世界で用いられるハル(春)、ナツ(夏)と、ハル-ゴ(春蚕)、ナツ-ゴ(夏蚕)の造語成分としてのハル、ナツは表している期間が一致している。つまり、日常世界の季節感と蚕の〈飼育期〉における季節感にはずれがないということである。一方、アキ-ゴ(秋蚕)の造語成分としてのアキは、日常生活のアキ(秋)と意味がずれている。アキ-ゴ(秋蚕)のアキは、日常世界での9〜11月の期間は無視して用いられている。表5では、24節気のおおよその日付も記したが、この暦からとらえられる〈季節〉とも異なる。このときのアキの役割は、「ナツ-ゴ(夏蚕)の次の蚕の〈飼育期〉」ということに重点がおかれているのではないかと考える。「〈夏〉の次、すなわち〈秋〉」という発想に基づく造語ということである。

　しかし、この発想は、〈秋〉の次までは適用しない。この発想が継続しておこなわれれば、アキ-ゴ(秋蚕)の次、すなわち「ふゆ-ご(冬蚕)」という造語がなされてもよいはずではあるが、それについては拒否する。〈秋〉を表すシュー(秋)という漢語形を用い、日常生活では用いることのない〈季節〉を表す漢語を造り出している。それが、バン-シュー(晩秋)さらにはバン-バン・シュー(晩晩秋)である。このような造語から、フユ(冬)がことごとく拒否されている状況をうかがい知ることができる。日常世界でのフユ(冬)は、表5に示したように12〜2月の期間を言い表しており、その期間の季節感が養蚕に似合わないということだと考えられる。すなわち、日常世界においてフユ(冬)のもっている語感が、養蚕にそぐわないのであろう。これが、フユ(冬)を選択しない第一の理由と考える。一方、漢語形トーであれば、「ふゆ」からの連想が遠のき、ショ・トー-サン(初冬蚕)の造語成分として用いやすかったといえよう。加えて、トー(冬)によって造語されたショトー(初冬)が、当方言において、日常世界で頻繁に用いられる使用語彙ではないという理由もあげられる。バン-バン・シュー(晩晩秋)までの造語によって、シュー

〈秋〉を使いつくしてしまった結果、最終手段的にトー〈冬〉の登場ということになったのではないかと考える。

このように考えると、〈秋〉を表すアキやシューの造語成分を用いた語彙が多いのも理解できる。ナツ-ゴ～ナツ-サンの後の飼育期であるからこそ、さらに、フユは養蚕にそぐわないからこそ、〈秋〉を表す造語成分が必要だったのであり、もっとも都合がよかったのである。ナツ-ゴ～ナツ-サンの後に、細かな期間設定をおこなった多くの選択肢が必要であったために、〈秋〉を表すアキやシューの造語成分が好まれたといえる。

7　まとめ

〈蚕〉という昆虫の自然な孵化に思いをはせれば、本来、養蚕は、1年に1回の飼育であったはずである。本章ではその1回を、ハル-ゴが表す飼育期であると判断した。調査地のすべてで用いられる共通度の高い語であるためである。養蚕が広くおこなわれるようになると、生糸需要の高まりに応じて養蚕技術が発達し、1年に複数回の飼育が可能となった。自然任せではない人工的な温度調整に加え、特殊な「人工孵化技術」の発展のたまものである。また、良質で発育のいい〈桑〉への品種改良がおこなわれたことや、〈桑〉の芽吹きに惑わされることのない人工飼料による飼育が可能になったことも、1年複数回の飼育をうながしているのであろう。このような、養蚕世界の発展にともない、〈飼育期別の蚕〉を表す語彙の体系も発展してきたと考える。

まず、〈飼育期別の蚕〉を表す語彙は、いずれの語も複合語であり、1語あたりの造語成分の数と、それらの配列によって、四つの構成パターンに分類できる。造語成分が多ければ多いほど、複雑な構成パターンとなっており、それらが1年のおわりの〈飼育期〉に位置する傾向がある。これらの〈飼育期〉は、人工孵化による期間設定をおこなって誕生したものである。複雑な構成パターンの語が、1年のはじまりの〈飼育期〉にあらわれた場合も、養蚕技術の発展にともなうものととらえることができる。このことか

ら、蚕の〈飼育期〉は、必要な条件が整えば、自由自在に設定できるということであり、そのような養蚕技術をもっているということが、語の構成パターンのありように反映されているといえる。

　次に、造語成分同士の関係や、それぞれの造語成分の１語の中でのはたらきに注目し、四つの造語パターンに分類した。〈飼育期別の蚕〉を表すためには、〈蚕〉を表す造語成分は必ずしも必要とはしていない。それぞれの語が養蚕世界との結びつきが強いため、〈季節〉または〈早晩〉を表す造語成分だけでも成り立つ。〈季節〉を表す造語成分の和語形と漢語形を有効に選択しわけ、かつ、〈早晩〉を表す造語成分とも組み合わせながら造語をおこなっている。そのようにおこなった造語も、拍数が多くなった場合には、可能な範囲において、適当な位置にある造語成分を省略して使用している。

　さらに、地域ごとの語彙量の差異や、地域間の語の共通度についても、地域の養蚕世界に対応していることがわかった。養蚕技術の発展に応じて、新たな造語がなされ、語彙量の増加をうながしていったと考える。

　最後に、富岡市下高尾方言の語彙の体系を記述し、〈季節〉を表す造語成分の意味を、日常世界における語彙との関わりにおいて明らかにした。養蚕語彙という専門的な語彙も、日常世界で用いている手もちの語彙を使って造語されている。〈季節〉を表す造語成分を養蚕世界にもち込んだとき、日常世界での意味を必要に応じて変化させて用いる。日常生活での〈季節〉を表す語彙体系はハル（春）、ナツ（夏）、アキ（秋）、フユ（冬）という循環体系であり、その性質だけが養蚕世界で活かされているという部分がある。日常生活で用いている形式をそのまま養蚕世界にもち込んだとしても、その形式の選択の仕方や、意味の変化には必然性がある。和語や漢語や混種語が入り混じった語彙体系をみると、恣意的に造語成分を組み合わせて造語しているようにみえるが、人びとにとってはそれらが必然的な言語活動であることを確認した。

　本章において残された課題は多くかつ大きい。〈飼育期別の蚕〉を表す語彙という限られた意味分野においても、語彙の体系記述全般に関わっても、多くの課題が残っている。

〈飼育期別の蚕〉を表す語彙については、まず、地域間の個別性と共通性について、具体的かつ詳細に考察する必要がある。語彙量にみられる個別性については、地域の特性が関与していると述べてきたが、語と生活の関係をさぐる上でも、語彙体系を生み出す語の階層性を明らかにする上でも、この観点からのさらなる考察が必要である。語形や造語成分の形式は同じであっても、それらが表している意味の細かな差異や、共通度の低い語の特質なども明らかにしなければならない。〈飼育期別の蚕〉を表す語彙は、養蚕世界における技術の発展と共に造語され展開していると考えられることから、それが、どのように語彙体系の展開の仕方に反映されているのかを詳細にとらえてみたいと考えている。

語彙の体系記述全般に関わる課題はさらに大きい。本章の考察を通して、〈飼育期別の蚕〉を表す語彙が、小さくはありながらも語彙研究における大きな課題をはらむ意味分野であることを確認できた。〈飼育期別の蚕〉を表す語彙を含めた養蚕語彙は、範囲の限られた意味分野であるが、それゆえにその体系をよりコンパクトにとらえることが可能である。本章においては、〈飼育期別の蚕〉を表す語が、日常的な生活語彙を造語成分として成り立っていることを考察してきたが、残された課題の考察を通して、人は、重層的に重なり合う生活世界の中で、多様で連続した生活世界をどのように認識し、造語をおこなっているのかという課題に迫ってみたい。

注
1　蚕が孵化してから繭を作るまでの養蚕の1周期は、約1ヶ月である。養蚕農家では、桑の生育に合わせて、その周期を複数回繰り返して飼育している。
2　養蚕業の現実世界のことをさして「養蚕世界」と呼ぶ。それに対して、一般の日常生活のことを「日常世界」と呼ぶ。
3　本章では、語を組み立てている単位としてんびとにとって認識されている最小の有意味単位を造語成分とする。話者による語の意味説明や、文字化した際の漢字

表記の仕方の説明をもとに認定した。石井正彦(1991)は、「語をくみたてる、語より小さい単位」を造語成分と呼び、語を造語成分に分割する際の認定には迷うものが少なくないとしている。なお、石井(1991)では、実質的には語構成要素と同じであるとする。

4 　各調査地域、調査時期、話者の生年・性別は、第1部第2章5節に示したとおりである。

5 　造語成分の語種は、自立性の高い和語の形式を「和語形」、自立性が低い漢字音の形式を「漢語形」と呼ぶ。

6 　造語成分同士の結合部に、「-」と「・」を用いる。「-」は、前部要素と後部要素の間に用いる。「・」は、前部要素内または後部要素内に一次結合、二次結合がある場合に用いる。ix頁の凡例1-②を参照。

7 　表4の方法、および、この記述の観点からの考察は、安部清哉先生(学習院大学)のご意見を参考にしておこなったものである。

8 　都道府県名を記さずに示した地域名は群馬県内の地域であることを示す。群馬県以外の地域は、県名も記して地域名を示す。

第3章 《場所》の語彙

1 はじめに

　養蚕語彙の内部に設定した意味分野には、《場所》がある。そこには、「養蚕の〈場所〉を表す語彙」、すなわち「養蚕空間語彙」が分類される。養蚕がおこなわれる〈場所〉、すなわち養蚕世界を分節するはたらきをになう。本章では、これらを対象とし、体系のありようと造語法について考察する。

　群馬県での養蚕は、人びとが暮らす家屋をも用いておこなわれていたことから、人びとの住空間が、養蚕空間としてのはたらきをもになっていた。そのため、《場所》は、養蚕で使用される専門的な語彙が一般的な語彙との関係の中でどのように位置づけられ、どのような機能を果たしているのかを明らかにするために、有意義な意味分野であると考える。

　本章の目的は次のとおりである。

(1) a. 養蚕空間語彙の体系を記述する。
　　b. 養蚕空間語彙のうち、養蚕に特有な語彙の造語法を明らかにする。
　　c. aとbから地域間の共通性と個別性を明らかにする。

　なお、対象とする方言は、県南部平野地域の藤岡市方言、県北部山間地域の吾妻郡長野原町方言[注1]、吾妻郡六合村赤岩方言[注2]、吾妻郡六合村世立方言とする。平野地域と山間地域では、養蚕がおこなわれる〈場所〉の確保に関する状況が大きく異なる。また、同じ山間地域でも、地域によって、勾配

の程度に違いがある。そこで、県内の都市部(前橋市や高崎市)に比べ都市化の程度が小さく、養蚕を盛んにおこなっていたころの家屋を今でも多く残している地域の中から、調査地を4地点選定した。平野地域からは、内省を活かした調査をおこなうことができるという利点から、調査者の出身地である藤岡市を選んだ。養蚕を取り巻く環境が平野か山間かという、自然環境が語彙へ及ぼす影響をも明らかにしたいと考え、山間地域からは、勾配の程度によって3地点を選んだ。養蚕の目的を藤岡市と同じくしている地域、すなわち、〈繭〉の生産を目的としている山間地域とし、勾配の程度がゆるい地域は長野原町、勾配の程度がきつい地域は六合村の2地点とした。養蚕を取り巻く自然環境の違いが、養蚕世界のどのような違いを生み出し、それが養蚕空間語彙といかなる関係にあるのかを明らかにできると考える。

2　調査について

　群馬県で養蚕のもっとも盛んであった時期(昭和30年代～50年代)の養蚕語彙について調査した。各地域の話者は、第1部第2章5節に示したかたがたのうち次に記すかたである。

藤岡市	B：1916(大正5)年生　女性	K：1920(大正9)年生　男性
長野原町	A：1925(大正14)年生　男性	B：1924(大正13)年生　女性
	D：1924(大正13)年生　男性	E：1927(昭和2)年生　男性
六合村赤岩	A：1932(昭和7)年生　男性	B：1940(昭和15)年生　男性
六合村世立	A：1929(昭和4)年生　男性	B：1931(昭和6)年生　女性

　日本全国で養蚕が盛んであった昭和30年代、群馬県では、県下全戸数の4割強が農家であり、その内の6割強が養蚕農家であった。昭和30年代は、話者が、各農家、各地域における養蚕の中心的なにない手として活躍していた、あるいは活躍しはじめた時代である。話者のかたがたにとっての養蚕語彙は、かつては盛んに用いていた使用語彙であり、今では記憶の中に留

められている理解語彙である。また、群馬県の地域社会では、多くの人びとに理解されている語彙である。

養蚕空間語彙の調査の方法は、手順にしたがって示せば、以下のとおりである。

手順1　養蚕をおこなう方法についての自然談話を採録する。
手順2　自然談話から、養蚕の〈場所〉を表す語彙を抽出する。
手順3　抽出した語彙をもとに、〈場所〉の実態と語彙との関係についてあらためて質問調査をおこなう。この質問調査は、実際に養蚕のおこなわれた〈場所〉に立ち、簡単な図面を描きながらおこなう。

なお、当然のことながら、同じ地域内でも、実際の建物の規模や配置の仕方等、細かな点は個々に異なっている。したがって、あらわれる語彙についても個々の差があることは予測される。しかし、本章では、1調査地点ごとに1事例を記述し、当該地域の語彙体系として代表させる。1調査地点内における個々の差異については、別の課題としてとらえるものとする。

3　養蚕の〈場所〉と養蚕空間語彙

養蚕の〈場所〉を、現実に基づいて下位区分すれば、次のようになる。

(2) a. 養蚕のおこなわれる地域としての〈場所〉　→　〈地域空間〉
　　b. 〈蚕〉の飼育に必要な〈場所〉　　　　　　→　〈飼育空間〉
　　c. 〈桑〉の栽培に必要な〈場所〉　　　　　　→　〈栽培空間〉

(2a)は養蚕の盛んな地域という、広い範囲にわたる社会的な空間である。この空間を、〈地域空間〉と呼ぶ。藤岡市方言では、そのような地域をオカイコバ(御蚕場)という語で表現し、その一方で稲作が盛んな地域をタバ(田

場)と呼んで、相対的にとらえている(注3)。長野原町、六合村では、〈地域空間〉の把握はおこなわれているが、語によって表現されることはない。

　(2b)は、(2a)の中に存在する公的施設および私的施設としての空間である。これらの空間を、〈飼育空間〉と呼ぶ。公的施設は、キョードーシークジョ(共同飼育所)という、地域の人びとが共有する〈飼育空間〉である。私的施設は、一戸一戸の養蚕農家の敷地内に位置づけられる、人びとの住居も含めた〈飼育空間〉である。この私的施設としての〈飼育空間〉は、さらに「〈蚕〉のおかれる空間」と「〈桑〉を貯蔵する空間」に下位分類できる。

　(2c)は、公的、私的であるとに関わらず、〈桑〉の耕作地としての空間である。この空間を、「栽培空間」と呼ぶ。

　本章では、(2b)と(2c)に相当する養蚕の〈場所〉に注目し、それらを表す養蚕空間語彙を考察する。養蚕空間語彙は、次のような造語の観点から二つに分類できる。

(3) a. 養蚕という視点から造語された語彙　　　　　＝　養蚕特有語彙
　　 b. 養蚕以外(家屋、耕作地)の視点から造語された語彙＝　日常一般語彙

　(3a)を「養蚕特有語彙」、(3b)を「日常一般語彙」とする。したがって、養蚕空間語彙は、養蚕特有語彙と日常一般語彙からなるとする。(3a)は、養蚕の中心にある〈蚕〉〈桑〉〈作業〉を表す造語成分をもつ。ここでは、地域差を考慮せず、具体的に造語成分をみてみる。

(4) a. 養蚕の中心にある　〈蚕〉→ カイコ(蚕)、-サン(蚕)
　　　　　　　　　　　　〈桑〉→ クワ(桑)
　　 b. 養蚕の〈作業〉→ ジョーゾクスル(上蔟する：蔟に蚕を入れる)
　　　　　　　　　　　　アゲル(上げる：蔟に蚕を入れる)
　　　　　　　　　　　　ヤトウ(やとう：蔟に蚕を入れる)

　養蚕だけに用いられるという点で専門性が極めて高いのは、(4b)のうち

ジョーゾクスルのみである。その他は、養蚕特有語彙の造語成分であるとはいっても、日常生活の中でも用いられる語である。しかし、これらは養蚕の営みの中で頻繁に用いられ、しかも(4a)カイコ、-サン、クワは、養蚕を営む人びとにとっては単に昆虫や植物を表すためだけの語ではない。同様に、(4b)のアゲル、ヤトウも養蚕での専門的な意味をになう。この点において養蚕特有語彙とする。

一方、(3b)日常一般語彙は、養蚕以外の視点、すなわち家屋や耕作地という視点からの造語がおこなわれるものである。例えば、ニカイ(二階)のような語がそれである。(4a-b)を造語成分にもたない点で、養蚕語彙としての専門性はうすくみえる。しかしながら、(3b)が付与される空間も〈養蚕空間〉として明確に認識されており、(3a)養蚕特有語彙と共に養蚕語彙として機能していると考える。

なお、養蚕特有語彙には、語だけではなく、句の形式による表現も採録することとする。人びとによって養蚕の〈場所〉として認識されながらも、養蚕特有語彙としての語をもたない空間があることを示すためである。また、日常一般語彙は、本来、家屋や耕作地としての空間を表すものであるため、養蚕特有語彙とは性格を異にしている。養蚕に関する造語成分をもたない点でも、養蚕語彙としての性格はうすれる。しかし、日常一般語彙で表される空間も、人びとによって養蚕の〈場所〉、さらには養蚕に専用の〈場所〉として認識されていることから、養蚕特有語彙と同等にあつかって採録する。日常一般語彙は、養蚕の作業が語られる際の文表現を手がかりにして、養蚕空間語彙であることの認定をおこなう。

養蚕空間語彙を、養蚕特有語彙と日常一般語彙に分類して記述することによって、養蚕というかなり限定された生活世界の語彙が、ごく普通の日常生活で用いられる他の語彙と、どのような関係にあるのかを把握できると考える。

4 養蚕空間語彙の体系

4.1. 養蚕特有語彙と日常一般語彙の関係

養蚕空間語彙の体系を、養蚕特有語彙と日常一般語彙との関係を示して記述する。具体的には、「飼育空間」の語彙を表した表1～4と「栽培空間」の語彙を表した表5～8である。表では、語をカタカナで記し、句を漢字仮名交じり表記にカタカナルビで記している。実際の〈場所〉の体系を枠組みとし、そこに養蚕空間語彙がどのように付与されているのかを示し、養蚕空間語彙の体系を記述した。

それぞれの地域における養蚕空間語彙としての日常一般語彙は、住空間や他の生業空間を表して用いられているものである。養蚕特有語彙は、それらの日常一般語彙と関係を結んで存在している。養蚕空間語彙の体系における養蚕特有語彙の位置、および、養蚕空間語彙の体系が階層的、重層的に形成されていることがわかる。養蚕特有語彙と日常一般語彙との関係は、次のとおりである。

```
階層的な関係 ─┬─ 同位関係
              └─ 包摂関係（全体・部分の関係）

重層的な関係 ─── 位相的関係
```

4.2. 「飼育空間」を表す語彙

「飼育空間」を表す語彙において日常一般語彙と同位関係にある養蚕特有語彙には、まず、藤岡市方言の**カイコヤ**(写真1、写真2)、長野原町方言の**クワヤ**、六合村世立方言の**クワモロ**がある。それぞれが、建物として独立している空間であり、藤岡市方言ではオモヤ、ナガヤ、長野原町方言、六合村世立方言ではオモヤと同位関係にある。また、藤岡市方言では、**クワバ**が、チャノマ、ザシキ、デー、オクリという住空間を表す語彙と、ナヤ、サギョーバという生業空間を表す語彙と同位関係にある。このような関係をもつ養蚕特有語彙は、それで表される空間が養蚕に使用されない時でも、空間

を表す語彙として機能している。すなわち、養蚕に特有の造語成分をもちながら、語の機能としては「家屋を表す名称としての語」という役割をにない、その点において日常一般語彙の体系へと張り出していく語彙である。

　日常一般語彙と包摂関係にある養蚕特有語彙は、藤岡市方言の**クワバ**のみである。この**クワバ**は、オモヤ、ナガヤを上位語にもち、それらで表される空間を分節する語彙として機能している。すなわち、**クワバ**は、オモヤ、ナガヤとは、部分と全体という包摂関係にあることを示す。藤岡市方言の**クワバ**は、単に養蚕のはたらきを指示するばかりではなく、建物を細分化し空間を表す語彙としての機能をになっている。この点において、**クワバ**も、「家屋の一部を表す名称としての語」という役割をにない、日常一般語彙の体系へと張り出していくものと考えられる。

　日常一般語彙と位相的関係にある養蚕特有語彙は、表1〜4の〰〰の右側に記述したものである。各地域のオモヤの部分を表す日常一般語彙と、三地域に共通する**サンシツ**、藤岡市方言の**ヤトイバ**、六合村世立方言の**クワオキバ**は、同一の空間に付されて、重なり合って存在している。同一の空間に対し、日常一般語彙と養蚕特有語彙が付され、役割の違う語が重なり合って存在している点で、両者の関係は位相的であると考える。語だけではなく、長野原町方言「上げる場」「条桑を広げる場」、六合村赤岩方言「上蔟する場所(写真4)」「二階の御蚕の部屋(写真5)」「二階の御蚕の部屋(写真6)」「こば

写真1　群馬県藤岡市
カイコヤ(蚕屋)がジョーソーノ サンシツ 〜
オーキー サンシツ
大きい蚕室の状態になっている

写真2　群馬県藤岡市
カイコヤ(蚕屋)がヤトイバ
(やとい場)の状態になっている

表1　藤岡市方言　〈飼育空間〉の名称とはたらきを表す語彙

部位〈建物〉	家屋の全体	家屋の部分		養蚕でのはたらき
〈母屋〉	オモヤ(母屋)	ニカイ(二階)		ヤトイバ(やとい場)
		シタ(下)	クワバ(桑場)	
			チャノマ(茶の間)	サンシツ(蚕室)
			ザシキ(座敷)	
			デー(出居)	
			*オクリ(奥り)	×
			…	
〈附属屋〉	カイコヤ(蚕屋)			条桑の蚕室(ジョーソーノサンシツ)
				〜大きい蚕室(オーキーサンシツ)
				〜ヤトイバ(やとい場)
〈附属屋〉	ナガヤ(長屋)	クワバ(桑場)		
		*ナヤ(納屋)		×
		*サギョーバ(作業場)		

表2　長野原町方言　〈飼育空間〉の名称とはたらきを表す語彙

部位〈建物〉	家屋の全体	家屋の部分		養蚕でのはたらき
〈母屋〉	オモヤ(母屋)	ハリ(梁)		上げる場(アゲルバ)
		ニカイ(二階)		条桑を広げる場(ジョーソーオヒロゲルバ)
				〜上げる場(アゲルバ)
		シタ(下)	チャノマ(茶の間)	サンシツ(蚕室)
			デー(出居)	
			*オクリ(奥り)	×
			…	
〈附属屋〉	クワヤ(桑屋)			

第3章 《場所》の語彙　175

```
            表1〜4の凡例
──：〈建物〉全体の枠組み        …：養蚕に用いられない空間が他にもあ
──：〈建物〉の中を分節する枠組み      り、それを表す空間語彙が存在する
……：罫線の左＝上位語(全体を表す語)  ゴシック体：養蚕特有語彙
    罫線の右＝下位語(部分を表す語)   明朝体：日常一般語彙
～～：罫線の左＝養蚕が行われない時の語  ＊：〈養蚕空間〉を表す語ではないも
    罫線の右＝養蚕が行われる時の語     の
 ×：空間としては存在するが養蚕に用  〈建物〉欄：個々の具体的な〈もの〉
    いられないので「養蚕でのはたら         としての建物
    き」を表す表現が存在しない   部位欄：名づけのおこなわれる部位
 ～：前後の表現が状況に応じて用いられる
```

飼いの部屋(写真6)」、六合村世立方言「やとう場」「条桑の部屋」という句も、日常一般語彙と重なり合う。養蚕特有語彙が空間のはたらきを示す機能を果たし、日常一般語彙が空間の名称を表す機能を果たすことによって、両者は位相的関係を結んでいる。

　先にも述べたように、以上のような養蚕特有語彙と日常一般語彙との関係は、群馬県の人びとが、養蚕の〈場所〉と住空間が重なり合う中で日常生活を送ってきたことを語る。それと共に、養蚕空間語彙はきわめて限定的な語彙体系にみえるが、他の空間を表す語彙との関係の中に存在しており、限定的な意味分野であるとはいえ、その語彙体系は開かれた体系(注4)であるということができる。

　さて、六合村の2地点だけにあるテスリ(手摺り)について考察する。この語で呼ばれる空間は〈二階〉〈三階〉にあり、それぞれの床部分が窓の外に張り出し、さらに〈手摺り〉がついた空間である。外からみると、写真3の②と③の部分にみえる⑤である。写真7のように、窓の外にある、屋根下の空間である。〈手摺り〉への文字通りの名づけであるテスリによって、その空間の全体を呼ぶ。この空間は、〈母屋〉の東西南北あるいは北側を除く三方に設けられている。養蚕をおこなう空間をなるべく広くとるための工夫である。これは、長野原町と六合村世立にあるハリも同様である。ハリは〈二階〉の上の屋根裏の空間を表す。

表3 六合村赤岩方言 〈飼育空間〉の名称とはたらきを表す語彙

部位／〈建物〉	家屋の全体	家屋の部分		養蚕でのはたらき
〈母屋〉	ホンヤ(本屋)	ヨンカイ(四階)		上蔟する場所(ジョウゾクスルバショ)
		サンガイ(三階)		三階の御蚕の部屋(サンガイノオカイコノヘヤ)
		ニカイ(二階)		二階の御蚕の部屋(ニカイノオカイコノヘヤ) 〜こば飼いの部屋(コバガイノヘヤ)
		テスリ(手摺り)		
		*イッカイ(一階)	*チャノマ(茶の間)	
			*ザシキ(座敷)	
			*ナンド(納戸)	
			*ロクジョー(六畳)	
			…	
〈附属屋〉	ネドグラ(ねど蔵)			クワヤ(桑屋)
〈附属屋〉	*コクグラ(穀蔵)			×
〈附属屋〉	*シングラ(新蔵)			×

表4 六合村世立方言 〈飼育空間〉の名称とはたらきを表す語彙

部位／〈建物〉	家屋の全体	家屋の部分		養蚕でのはたらき
〈母屋〉	オモヤ(母屋)	ハリ(梁)		やとう場(ヤトウバ)
		ニカイ(二階)		サンシツ(蚕室) 〜条桑の部屋(ジョーソーノヘヤ) 〜やとう場(ヤトウバ)
		テスリ(手摺り)		
		シタ(下)	ナカノマ(中の間)	クワオキバ(桑置き場)
			オクノマ(奥の間)	
			*ネドコ(寝床)	×
			…	
〈附属屋〉	クワモロ(桑室)			

第 3 章 《場所》の語彙　177

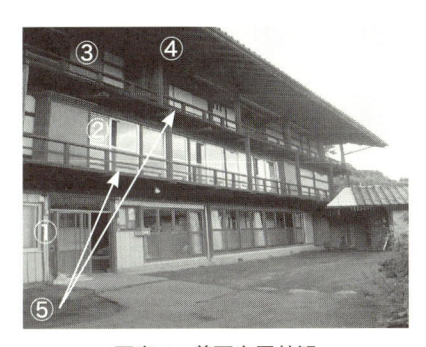

写真 3　養蚕家屋外観
群馬県六合村赤岩
①の 1 階部分は居住空間
②〜⑤が養蚕空間

写真 4　上蔟する場所(ジョーゾクスルバショ)
群馬県六合村赤岩
写真 3 ④の内部

写真 5　三階の御蚕の部屋(サンガイノオカイコノヘヤ)
群馬県六合村赤岩
写真 3 ③の内部

写真 7　テスリ〈手摺り〉
群馬県六合村赤岩
写真 3 の⑤

写真 6　二階の御蚕の部屋(ニカイノオカイコノヘヤ)
群馬県六合村赤岩
写真 3 ②の内部

藤岡市には**カイコヤ**と呼ばれる専用空間が〈附属屋〉として存在する。それに対し、長野原町や六合村にはサンガイ、ヨンカイと呼ばれる専用空間の他に、ハリやテスリと呼ばれる空間がある。4地域の養蚕は、平野部、山間部に関わらずいずれも大規模[注5]である。藤岡市では二次元的に横へと〈養蚕空間〉を広げ、長野原町、六合村では三次元的に上へと〈養蚕空間〉を広げたということである。

4.3. 「栽培空間」を表す語彙

いずれの地域でも、〈桑〉が栽培される耕作地（写真8）、すなわち、「栽培空間」は**クワバラ(桑原)**で表されることが多い。ただし、長野原町方言と六合村赤岩方言では**クワハタ(桑畑)**も聞かれる。「栽培空間」を表す語を、他の耕作地を表す語彙の中に位置づけ、その語彙体系を記述したものが、表5～8である。「飼育空間」を表す語彙の体系と同じように、養蚕特有語彙である**クワバラ**、**クワハタ**が、日常一般語彙と階層的、重層的な関係をもちながら、養蚕空間語彙を形成していることがわかる。

藤岡市方言、長野原町方言では、**クワバラ**はハタケ(畑)の下位語となっており、両者は包摂関係にある。さらにハタケの上位語にはノラ(野良)がある。一方、六合村世立方言では、**クワバラ**はハタケと同位関係にあり、それらの上位語にノラがある。六合村赤岩方言では、**クワバラ**と**クワハタ**がハタケと同位関係にある。したがって、藤岡市方言、長野原町方言の養蚕空間語

写真8　群馬県藤岡市
クワバラ(桑原)でクワキリ(桑切り)の作業をしている様子

第 3 章 《場所》の語彙　179

表 5　藤岡市方言　〈栽培空間〉を表す語彙の体系

〈栽培作物〉	〈耕作地〉を表す語彙		
〈桑〉	ノラ(野良)	ハタケ(畑)	**クワバラ(桑原)**
〈野菜〉			*センゼーバタケ(前栽畑)
〈麦〉		*タンボ(田圃)	*ムギバタケ(麦畑)
〈稲〉			

表 6　長野原町方言　〈栽培空間〉を表す語彙の体系

〈栽培作物〉	〈耕作地〉を表す語彙		
〈桑〉	ノラ(野良)	ハタケ(畑)	**クワバラ(桑原)〜クワハタ(桑畑)**
〈野菜〉			*センゼーバタケ(前栽畑)
〈麦〉			*ムギバタケ(麦畑)
〈稲〉		*タンボ(田圃)	

表 7　六合村赤岩方言　〈栽培空間〉を表す語彙の体系

〈栽培作物〉	〈耕作地〉を表す語彙	
〈桑〉	**クワバラ(桑原)〜クワハタ(桑畑)**	
〈野菜〉	*ハタケ(畑)	
〈麦〉		
〈稲〉	*タンボ(田圃)	

表 8　六合村世立方言　〈栽培空間〉を表す語彙の体系

〈栽培作物〉	〈耕作地〉を表す語彙		
〈桑〉	ノラ(野良)	**クワバラ(桑原)**	
〈野菜〉		*ハタケ(畑)	*センゼーバタケ(前栽畑)
〈麦〉			*ムギバタケ(麦畑)
〈稲〉		*タンボ(田圃)	

```
表 5 - 8 の凡例
──：〈耕作地〉全体の枠組み           ゴシック体：養蚕特有語彙
──：〈耕作地〉を分節する枠組み       明朝体：日常一般語彙
┈┈：罫線の左＝上位語(類を表す語)      *：〈養蚕空間〉を表す語ではないも
　　罫線の右＝下位語(種を表す語)        の
〜〜：罫線の左＝耕作地の名称として
　　の語
　　罫線の右＝耕作地のはたらきを
　　表す語
```

彙はノラ、ハタケ、**クワバラ**および**クワハタ**であり、六合村世立方言のそれはノラ、**クワバラ**である。六合村赤岩方言では、**クワバラ**、**クワハタ**のみである。

　六合村の両方言における〈桑〉の栽培空間を表す**クワバラ**および**クワハタ**と、その同位語であるハタケは他の2地域と異なる。〈栽培空間〉を表す養蚕空間語彙の体系が異なる要因を考えるために、当方言の**クワバラ**と**クワハタ**に関する談話をあげる。次のとおりである。

(5) 六合村赤岩方言
   a. ［桑原は］ハタケン　ナラネーヨーナ　トコロ。ドテミチョーナ　ヘンナ　トコロ。
   （［桑原は］畑にならないような所。土手みたいな変な所）
   b. フツーワ　トチノ　ワルイ　トコロ。ウチデワ　ハタケニモ　クワオ　ウエタ。ダカラ　○○サンチデワ　アンナ　イー　ハタケニ　クワー　ウエテッテ　ワラワレタソーデス。
   （普通は土地の悪いところ。私の家では畑にも桑を植えた。だから、○○さんの家ではあのように良い畑に桑を植えてと、笑われたそうです）

(6) 六合村世立方言
   a. クワバラガ　ヒロカッタヨ。ヤマギワトカサー　コヤシオ　モッテグノガ　タイヘンダッチューヨーナ　トコロワ　ミンナ　クワバラダッタ。コイワ　ミンナ　セナカニショッテグダカラ。
   （桑原が広かったよ。山際とかね、肥料をもっていくのが大変だというような所はみんな桑原だった。肥料はみんな背中に背負っていくのだから）
   b. クワバラワ　コヤシオ　モッテグンガ　タイヘンナ　トコロ。
   （桑原は肥料をもっていくのが大変な所）

(5a-b)(6a-b)からも、〈桑原〉と〈畑〉が明確に区別されているとわかる。**クワバラ**とハタケが包摂関係でなく同位関係にあることと一致する。六合村は山深い土地柄であり、耕作地を耕すことに大変な苦労を強いられてきた。肥料を与える回数が比較的少ない〈桑〉の栽培に、勾配の険しい耕作地を選んでいる。重い肥料を、背負って運搬しなければならない、六合村の人びとの知恵による選択である。人びとにとって〈桑〉を作る耕作地は、肥料を多く必要とする〈野菜〉〈麦〉などの耕作地とは全くの別物であり、**クワバラ**がハタケの下位語とならない要因になっている。藤岡市方言、長野原町方言では、**クワバラ**は〈畑〉を細分化する他の語彙と同位関係を結ぶ。長野原町は山間地域であるが、六合村に比べるとその険しさがやわらぎ、平野部の藤岡市にやや近くなることがうかがえる。各方言間で語形が同じでも、語同士の関係はそれぞれに異なる。地域ごとに、語の意味と機能の違いがあることを示唆している。**クワバラ**の語形は同じでも、方言ごとに語彙体系への組み込まれ方が異なるのは、〈桑〉を栽培するという耕作地のはたらきは同じであっても、人びとが目にしている生活世界、経験している生活世界は異なっているためであると考えられる。

　さらに、六合村赤岩の耕作地の実態を確認する。六合村教育委員会(2005)で作成した土地利用図(注6)がある。2004(平成16)年と1965(昭和40)年ころ(注7)のものをみると、〈栽培空間〉が人の居住地域から遠く離れたところに確認できる。六合村教育委員会(2005)では、これらを次のように説明する。

(7) a. 桑畑の分布は山際や川沿いに見られることがわかる。つまり、畑地や水田の周囲に植えられている。　　　　　　　　　　　　　(59頁)
　b. 桑畑はかつて山道に沿って広がっており、桑の葉が足りなくなれば、山に自生する桑(山桑:ヤマックワ)を使用したという。(中略)江戸時代の1786年の地積図と比較すると、山下畑の位置に似ている。畑地の中でも条件の良くないところを、桑畑にして養蚕業に活用していたものと思われる。　　　　　　　　　　　　　　　　　　(59頁)

(7a)が平成16年、(7b)が昭和40年代の土地利用図の説明である。赤岩地区における桑の耕作地が畑地や水田とは別の所にあること、条件の良くない山際におかれたことを指摘する。これは、大迫輝通(1975)が記述する、全国の「桑園分布の核心地域」の実態とも一致している。大迫は、その地域を福島・群馬・埼玉・山梨・長野の5県に集中しているとし、その特徴を「県域の大部分が山間もしくは傾斜地帯に属する」と述べる。

　この実態は、伊藤智夫(1992a)が江戸時代の養蚕の様子について「前々から桑畑は、地味の劣る辺鄙な場所に作られていた。江戸時代も幕府や藩の農業政策は主穀生産に重点をおいていたから、水田や畑をつぶして桑を植えることは許されなかった」と指摘することとも重なる。さらに時代をさかのぼり、律令制度下の〈桑畑〉について永松圭子(1988)と木村茂光(1996)が、中世の〈桑畑〉について網野善彦(1980、1997、1999、2000)が、それぞれの史料に基づく記述と分析をおこなっている。それらによれば、近世以前のかなり古い時代から、〈桑〉の植えられる土地は穀物や野菜を栽培する土地とは全くの別物とされていたことが指摘されている。網野はさらに、中世のころまでの養蚕は農業の下位類ではないことも論述している。

　以上のような土地利用図の分析と歴史学からの知見は、六合村方言の談話や、クワバラとハタケの関係(同位関係)とも密接である。六合村世立の土地利用図については確認できていないものの、(5a-b)(6a-b)の談話が示す状況が同じことから、赤岩の事情と大差はないと考えられる[注8]。

　今回は、一地域内での語彙体系の記述と土地利用図を照合し、両者の関連性を説明してきた。この現象の普遍性を求めるとすれば、大西拓一郎(2007)が述べる、「地域を広くとって集めた方言データ」と「調査地周辺の地形データ」とを照合していくことが有効な方法といえる。語形だけでなく、**クワバラ**とハタケの関係性(包摂関係か、同位関係か)の地理的分布を、地形、耕作地などの地理的環境と照合していけば普遍性を明らかにできるはずである。記述的研究をおしすすめる一方で、積極的に取り組んでいきたい課題の一つである。

　さらに、その課題のさきには、次の点を説明してくれる可能性も出てくる。

(8) 桑の〈栽培空間〉が〈畑〉をあらわす造語成分をとらず、**クワバラ**となること。

すなわち、藤岡市方言や長野原町方言のように**クワバラ**がハタケの下位語にありながら、ハタあるいはハタケをとらないことを解明できるかもしれない。
　また、次の点についても解明をせまられることとなろう。

(9) a. 長野原町方言や六合村赤岩方言の**クワハタ**は、いつ造語され、いつ用いられるようになったのか。
　　b. **クワバラ**とハタケが同位関係という六合村2地点の語彙体系は、かつての藤岡市方言・長野原町方言の語彙体系ではなかったか。

　(9a-b)は、ともに通時的な観点からの検討である。(9a)では、〈栽培空間〉を表す語の体系内での位置づけと、**クワハタ**と**クワバラ**の新古関係を追求することになる。日本放送協会編(1956)では、〈栽培空間〉を表す語としてソーエン(桑園)を見出し語に立て、ラジオ放送でその漢語を用いることを避けるよう指示し、「くわばたけ」「くわばた」への言い換えを求める。1956年当時、全国向けのラジオ放送でそれらが用いられたことの影響は、**クワバラ**との新古関係を明らかにする上で視野に入れておく必要があろう。
　(9b)では、体系の新古関係を解明することとなる。六合村は、勾配の険しい傾斜地の土地柄で農地を確保しにくかったからこそ歴史的な影響を残しやすく、それにともなって古い語彙体系のままあるという状況なのかもしれない[注9]。

5　養蚕特有語彙の造語法

　養蚕空間語彙の中から、養蚕特有語彙に焦点をしぼり、造語法の考察をおこなう。養蚕特有語彙のみを、語と句を区別して表9に記述した。養蚕特

有語彙はいずれの地域でも合成語と句からなる。

まず、合成語について考察する。合成語の前部要素と後部要素となっている造語成分は、次のとおりである。

　　　前部要素：カイコ-(蚕)　サン-(蚕)　　　　　　　→《蚕》
　　　　　　　　クワ-(桑)　　　　　　　　　　　　　→《桑》
　　　　　　　　ヤトイ-(やとう：蚕を蔟に移動し繭を作らせる)→《作業》
　　　後部要素：-ヤ(屋)　-シツ(室)　-モロ(室)　-バ(場)
　　　　　　　　　　　　　　　　　　　　　　　→《場所：飼育空間》
　　　　　　　　-ハラ(原)　-ハタ(畑)　　　　　　　→《場所：栽培空間》

　後部要素では、「空間の類概念」を示し、前部要素では指示される空間が「養蚕世界の一部であることの指定」をおこなっている。後部要素は、養蚕以外でも空間を表す造語成分である。前部要素には、養蚕世界の中心にある〈蚕〉〈桑〉を表す造語成分や、養蚕の〈作業〉を表す造語成分が用いられ、養蚕世界での細分化をおこないつつ、専門性を指示する。

　次に、句について考察する。養蚕特有語彙としての語が付与されない空間に、〈成長した蚕を飼育する場所〉〈蚕に繭を作らせる場所〉がある。〈成長した蚕を飼育する場所〉は、藤岡市方言「大きい蚕室、条桑の蚕室」、長野原町方言「条桑を広げる場」、六合村世立方言「条桑の部屋」で表される。養蚕特有語彙としては、説明的な表現である。養蚕において最も中心的な〈成長した蚕を飼育する場所〉に、語としての養蚕特有語彙がないことは注目に値する。〈蚕に繭を作らせる場所〉に対しても、同様に、長野原町方言「上げる場」、六合村赤岩方言「上蔟する場所」、六合村世立方言「やとう場」である。

　さて、表現が一語化して造語がなされていることを語彙化と呼び、養蚕特有語彙の語彙化に関わる要因について考察する。実は、〈蚕〉を飼育する〈場所〉は、成長段階に応じて異なる空間が用意されている。〈蚕〉は、最初から最後までを、定まった場所で飼育されるのではなく、成長段階に応じて

表9 養蚕の〈場所〉のはたらきと養蚕特有語彙

はたらき	語彙	養蚕特有語彙
〈飼育専用に使う建物〉	藤岡	カイコヤ(蚕屋)
	長野原	×
	六合赤岩	×
	六合世立	×
〈生まれたばかりの蚕を飼育する場所〉	藤岡	サンシツ(蚕室)
	長野原	サンシツ(蚕室)
	六合赤岩	こば飼いの部屋(コバガイノヘヤ)
	六合世立	サンシツ(蚕室)
〈成長した蚕を飼育する場所〉	藤岡	大きい蚕室(オーキーサンシツ) 条桑の蚕室(ジョーソーノサンシツ)
	長野原	条桑を広げる場(ジョーソーオヒロゲルバ)
	六合赤岩	二階の御蚕の部屋(ニカイノオカイコノヘヤ) 三階の御蚕の部屋(サンガイノオカイコノヘヤ)
	六合世立	条桑の部屋(ジョーソーノヘヤ)
〈蚕に繭を作らせる場所〉	藤岡	ヤトイバ(やとい場)
	長野原	上げる場(アゲルバ)
	六合赤岩	上蔟する場所(ジョーゾクスルバショ)
	六合世立	やとう場(ヤトウバ)
〈採取してきた桑を貯蔵する場所〉	藤岡	クワバ(桑場)
	長野原	クワヤ(桑屋)
	六合赤岩	クワヤ(桑屋)
	六合世立	クワモロ(桑室)
		クワオキバ(桑置場)
〈桑が植えられている場所〉	藤岡	クワバラ(桑原)
	長野原	クワバラ(桑原) クワハタ(桑畑)
	六合赤岩	クワバラ(桑原) クワハタ(桑畑)
	六合世立	クワバラ(桑原)

※漢字仮名交じり表記にカタカナルビ：句
※×：そのはたらきをする養蚕の〈場所〉がないことを示す

移動させられる。このことが、語彙化の有無に関与する一つの要因であると考える。

その要因を、表10によって考察する。表10は、〈蚕〉の成長段階にあわせて、それに関わる語彙を記述し直したものである。〈生まれたばかり〉の時期の〈場所〉は、藤岡市方言、長野原町方言、六合村世立方言で語彙化がなされる。それに対し、六合村赤岩方言では語彙化がなされない。〈成長した〉時期の〈場所〉にはいずれの地域でも語が付与されない。〈繭を作る〉時期に使われる〈場所〉は、藤岡市方言で語彙化されているほかは全ての地域で句による表現がなされている。

〈生まれたばかりの蚕を飼育する場所〉は、温度を保つために空間を狭く仕切り、細かな工夫をこらしそのためにわざわざ作り上げる空間である。しかも、その空間の作られる位置は、各養蚕農家で定まっている。それに対し、〈成長した蚕を飼育する場所〉は、その空間の中に養蚕のしつらえこそ必要とするが、わざわざ作り上げねばならぬ空間ではない。さらに、その空間が設けられる位置は定まっておらず、広さのある空間であればどこにでも設けたという。

同様に、長野原町と六合村では、〈蚕に繭を作らせる場所〉として、そのはたらきだけをになう独立した〈場所〉はなく、〈成長した蚕を飼育する場所〉と同じ空間を両方に使用している。一方の藤岡市では、〈蚕に繭を作ら

表10 〈蚕〉の成長段階と語彙化

成長段階 方言	〈生まれたばかり〉	→〈成長した〉	→〈繭を作る〉
藤岡市方言	サンシツ(蚕室)	オーキーサンシツ 大きい蚕室 ジョーソーノサンシツ 条桑の蚕室	ヤトイバ(やとい場)
長野原町方言	サンシツ(蚕室)	ジョーソーオヒロゲルバ 条桑を広げる場	アゲルバ 上げる場
六合村赤岩方言	コバガイノヘヤ こば飼いの部屋	ニカイノオカイコノヘヤ 二階の御蚕の部屋 サンガイノオカイコノヘヤ 三階の御蚕の部屋	ジョーゾクスルバショ 上蔟する場所
六合村世立方言	サンシツ(蚕室)	ジョーソーノヘヤ 条桑の部屋	ヤトウバ やとう場

せる場所〉と〈成長した蚕を飼育する場所〉は別に設け、前者には**ヤトイバ**という語を付与している。

〈成長した蚕を飼育する場所〉は、空間として定まった枠組みが存在しない。この現実が句による表現しかないことの要因となっている。〈蚕に繭を作らせる場所〉は、そのはたらきはいずれの地域でも同じであるが、その確保状況が語彙化に関与していると考えられる。

6 地域間の共通性と個別性

地域間の共通性と個別性については、これまでも、語彙体系や造語法の考察をおこなう中で言及してきた。ここでは、比較の観点を整理し、まとめて述べる。

養蚕特有語彙は、自然環境の違いにとらわれることなく、共通性が高い。これは、それぞれの地域において養蚕の方法が共通していることによるものであろう。しかし、細部にいたっては個別性が認められる。具体的には、「養蚕特有語彙と日常一般語彙の関係」や「養蚕特有語彙の語彙化」において確認できる。

まず、養蚕特有語彙と日常一般語彙との関係にみられる個別性は、次に示す表11～14[注10]のような地域間の対立の中にあらわれている。

表11～13では、「藤岡」対「長野原・六合」という、平野地域と山間地域の差にみられる個別性が確認できる。平野地域と山間地域には、飼育空間の形態に違いがあることがうかがわれる。平野地域には、〈蚕〉の飼育専用の広い家屋があり、〈桑〉を貯蔵するための部屋が家屋の中に日常的に存在している。一方の山間地域には、〈蚕〉の飼育専用の家屋はなく、〈桑〉を貯蔵するための部屋もない。そのかわりに、〈桑〉を貯蔵するための家屋が存在するが、平野地域における〈蚕〉の飼育専用の家屋に比べると小さな規模である[注11]。表14では、「藤岡・長野原」対「六合」という、傾斜勾配の緩急という対立にみられる個別性が確認できる。傾斜勾配の緩急は、栽培空間の形態の違いを生み出している。それが、**クワバラ**の位置づけが異なること

表11　飼育専用の独立家屋の有無に関する地域間の対立

地域間の対立	藤岡市	長野原町	六合村赤岩	六合村世立
語彙	カイコヤ／オモヤ	×／オモヤ		
飼育空間	飼育専用の広い独立家屋がある	飼育専用の広い独立家屋がない		

表12　桑を貯蔵する独立家屋の有無に関する地域間の対立

地域間の対立	藤岡市	長野原町	六合村赤岩	六合村世立
語彙	×／オモヤ	クワヤ／オモヤ	クワヤ／ホンヤ	クワモロ／オモヤ
飼育空間	桑を貯蔵するための独立家屋がない	桑を貯蔵するための独立家屋がある		

表13　家屋の中にある桑貯蔵の部屋に関する地域間の対立

地域間の対立	藤岡市	長野原町	六合村赤岩	六合村世立
語彙	クワバ／チャノマ／ザシキ／*デー／*オクリ／…　クワバ／*ナヤ／*サギョーバ	×	×	
飼育空間	家屋の中に桑貯蔵の部屋が日常的にある	家屋の中に桑貯蔵の部屋が日常的にない		

表14　桑の栽培空間の勾配に関する地域間の対立

地域間の対立	藤岡市	長野原町	六合村赤岩	六合村世立
語彙	ハタケっクワバラ		ハタケ／クワバラ、クワハタ	ハタケ／クワバラ
栽培空間	土地の勾配が比較的なだらか		土地の勾配がきわめて険しい	

表15　上蔟のための専用の場所に関する地域間の対立

地域間の対立	藤岡市	長野原町	六合村赤岩	六合村世立
語彙	語：ヤトイバ	句：上げる場	句：上蔟する場所	句：やとう場
飼育空間	上蔟のための専用の場所がある	上蔟のための専用の場所がない（他の用途と併用）		

の要因となっている。

　同様に、養蚕特有語彙の語彙化にみられる個別性は、表15に示す地域間の対立の中にみられる[注12]。

　表15も、表11〜13と同様に、「藤岡」対「長野原・六合」という、平野地域と山間地域の差にみられる個別性である。〈蚕に繭を作らせる場所〉としての専用の場所の有無は、養蚕を営む〈場所〉として十分な広さが確保できるか否かに関わっており、山間地域における飼育空間の確保の難しさを

うかがい知ることができる。

　いずれの個別性も、飼育空間の形態や栽培空間の形態の違いに起因するものであると言える。それらの形態の違いを生み出しているのが、平野地域か山間地域か、また、傾斜勾配の緩急といった自然環境であると言えよう。

7　まとめ

　養蚕空間語彙のうち、養蚕特有語彙は、それぞれの語が果たしうる機能によって、次の二つに分類できることが明らかとなった。

(10) a. 養蚕でのはたらきを表しかつ空間を分節し細分化する語彙
　　　　藤岡市：カイコヤ、クワバ　長野原町・六合村赤岩：クワヤ
　　　　六合村世立：クワモロ
　　b. 養蚕でのはたらきのみを表す語彙
　　　　(10a)以外の養蚕特有語彙

　(10a)は、養蚕がおこなわれるか否かに関わらずに用いられる。(10b)は、養蚕がおこなわれなければ用いられない。したがって、(10b)は養蚕の衰退と同時に消滅し、(10a)は養蚕が衰退しても空間が存在する限りそれと共に残存する。(10a)に養蚕特有語彙が存在する点は、養蚕が盛んであった地域の特徴ととらえることができよう。

　さらに、養蚕特有語彙は、養蚕でのはたらきにしたがって体系をなしていることがわかった。その一方で、具体的な〈場所〉に即して、日常一般語彙と共に記述してみると、住空間や他の生業空間を表す語彙と関係を結びながら体系をなしていることがわかった。養蚕特有語彙は、空間を表す全語彙体系の中に位置づけられて体系を形成しているといえよう。養蚕特有語彙は、数こそ少ないものの、養蚕語彙全体の体系と機能を明らかにする上で、示唆に富む存在である。

　また、ある空間に対する養蚕特有語彙の語彙化は、〈場所〉のあり方に起

因するものであった。〈場所〉の確保状況が固定的であれば語彙化がなされ、流動的であれば語彙化がなされない。人びとは、日々の生活の中で、無造作に、あるいは恣意的に語を作り出しているのではなく、現実に即した合理的な造語をおこなっている。

　最後に、本章で残された課題について述べる。第一に、空間を表す語として養蚕特有語彙が用いられるとき、それらはどのような場面でどのような文表現において運用されてきたのかを記述する必要がある。空間を表す際の養蚕特有語彙の機能を含む、一語一語の意味を明らかにするためである。養蚕特有語彙が用いられる場面、共起して用いられる語と共に考察していきたい。

　第二に、養蚕語彙の内部にある他の意味分野の語彙についても、養蚕特有語彙と日常一般語彙の分類をおこない、それぞれの語彙体系の記述をおこなう必要がある。意味分野によって、語彙体系の形成しかたには違いがあると考えられ、本章で用いた方法を他の意味分野にも適用することによって、それぞれの特徴を明らかにしていきたい。

　第三に、住空間、生業空間を表す語彙を網羅的に調査し、養蚕空間語彙も含めた、生活空間を表す語彙の全体像を明らかにしていくことも必要であろう。群馬県の人びとが、養蚕が盛んであった「地域空間」の中で、自らの生活する空間をどのように認識してきたのか、また、その全体の中で養蚕空間の価値をどのように位置づけてきたのかを明らかにするためである。考察の際には、養蚕農家間の個別性を把握しつつ、地域社会における普遍性を明らかにしたいと考えている。

注

1　長野原町方言については、国土交通省委託助成金「平成13年度〜平成15年度八ツ場ダム事業関連5地区方言調査」(研究代表者　篠木れい子)における調査結果の一部である。新井小枝子(2005d)、新井小枝子(2006b)では、篠木れい子・新井

小枝子・杉本妙子・杉村孝夫(2003)の記述をもとに再調査をおこない、記述をおこなった。
2 六合村赤岩地区は、2006(平成18)年7月5日に、「重要伝統的建造物群保存地区」に選定された。それ以降、当地では養蚕の復活に向けた活動がくり広げられている。当地区は、長野原町と接する位置にある。本章では、新井小枝子(2009)をもとにして、赤岩地区からさらに山深い入山地区世立の方言と共に記述する。赤岩地区と入山地区の養蚕家屋は、総二階建て、出梁造り、間仕切りのない二階一室の特徴的な構造など、多くの点で類似している。
3 安中市方言では、阪本英一編(不明、1993以降か)によると、「養蚕の本場。養蚕の中心地」をオカイコドコ～オコカイコドコロと呼んでいる。
4 室山敏昭(1998a)では、語彙の体系を考える際の注意点をあげつつ、語彙の体系は開かれたものであることを述べている。語彙体系は、「どの意味分野を対象化するにしても、それは決して閉じられた存在ではなく、上下左右へ向かって開かれている」ものであるとする。開かれているからこそ、ある意味分野の語彙体系を記述し得たとしてもそれは「仮の体系」であり、他の意味分野との関係によって、改変を余儀なくされるものだとしている。
5 〈蚕〉のタネ(種:蚕の卵)の重さグラム(g)で測り、いずれの地域でも100gを越える〈蚕〉を飼育したという。
6 六合村教育委員会(2005)では、調査チームの手によって地積図がCADデータベース化されている。使用された地積図を古い順に示せば次のとおり。
  ① 1786(天明6)年絵図(地積図のための下図)
  ② 1873(明治6)年絵地図(地積図)+土地台帳
  ③ 1931(昭和6)年地積図+土地台帳
  ④ 1988(昭和63)年地積図+2004(平成16)年土地台帳+現地調査+1988年(昭和63)年、2001(平成13)年航空写真 →④を照合・検証し2004(平成16)年の地積図を作成
7 昭和40年代の土地利用図は、聞き取り調査に基づく回顧図である。赤岩で養蚕を営み、当地の環境を熟知しているお二人の男性の回顧によっている。そのお一人は、本書の語彙調査に話者としてご協力くださった関駒三郎さんである。
8 確かに、世立は村内の北部に位置し、南部の赤岩とは少し離れている。小さな村ゆえに、赤岩の事情と同様だと予想されるが、正確な判断は期し得がたい。
9 中條修・篠木れい子(1991)の記述をみると、群馬県内の都市部と比較して共通語化の進み方が遅い。例えば、県都市部で使われなくなって久しい「ゴッツォーデ

ガンス(ごちそうさまです)」のような江戸語由来のガンスも、六合村の老年層ではまだ内省が可能である。ただし、六合村方言の共通語化が遅いとはいえ、それはあくまでも相対的なものである。
10 表の中の記号と字体の使い方は次のとおり。
　　　A／B　　　AとBは同位関係にあることを示す。
　　　A⊃B　　　AとBは包摂関係にあり、Aは上位の語、Bは下位の語であることを示す。
　　　×　　　　そこに相当する表現がないことを示す。
　　　ゴシック体　養蚕特有語彙
　　　明朝体　　　日常一般語彙
　　　*　　　　　〈養蚕空間〉を表す語ではないことを示す。
11 平野地域である藤岡市のカイコヤ(蚕屋)は、80畳と70畳の広さの家屋をさしている。山間地域である長野原町のクワヤ(桑屋)は10畳の広さの家屋、六合村赤岩のクワヤ(桑屋)は6畳の広さの家屋、六合村世立のクワモロ(桑室)は4畳の広さの家屋である。
12 注10に同じ。

第4章 《蚕の活動》の語彙

1 はじめに

　〈蚕〉という昆虫が、家畜として人びとに飼育されるためには、時間に沿った過程がある（第3部第2章図1参照）。その過程で、〈蚕〉はさまざまな活動をおこなって成長し〈繭〉を作る。このとき、〈蚕〉の活動は、〈桑を食べ〉たり、〈排泄をし〉たりという活動を含めてすべて連続しており、言語で表示されない部分も含めて実に多岐にわたっている。

　そのような〈蚕の活動〉を、養蚕業を営む人びとは、言語を用いてどのように表現するのであろうか。いうまでもないが、語、句、節、文など、さまざまな単位で表現している。そのとき、語があてられる〈活動〉、すなわち語彙化がおこなわれる〈活動〉と、おこなわれない〈活動〉の間にはどのような差があるのか。語彙化がおこなわれたとき、人びとの認識はどのようになされるのか。長い養蚕世界の歴史の中で、この語彙化はいかにしておこなわれてきたのか。これらの問題を明らかにするためには、まず〈蚕の活動〉を表す語彙の体系を記述しておく必要がある。そこで、本章の目的を具体的に示せば次のとおりである。

(1) a. 〈蚕の活動〉に関する語彙の体系を、語構造と造語発想に注目して記述する。
　　b. 〈蚕の活動〉に関する語彙の、語彙化の意味を考察する。語彙化された〈蚕の活動〉の特徴を、養蚕の生活世界と語彙世界の関係を示して

明らかにする。
c. 〈蚕の活動〉に関する語彙の体系に地域差が生じたプロセスを明らかにし、それが養蚕世界の変化と関係があることを指摘する。

2　調査について

本章で記述する養蚕語彙は、群馬県の10地点でえられたものである。その10地点を、山間部と平野部に分けて示せば次のようになる。

　　山間部　多野郡中里村[注1]、吾妻郡長野原町[注2]、吾妻郡六合村世立、利根郡昭和村、利根郡片品村古仲、利根郡片品村摺渕
　　平野部　藤岡市、安中市、玉村町、前橋市

話者は、昭和30年代〜50年代に、自らが中心となって養蚕業に従事していた方々である。その時代は、群馬県でもっとも養蚕業が盛んであった時期に相当する。

3　造語法と発想法

3.1.《蚕の活動》について

《蚕の活動》は、養蚕語彙における名詞語彙の体系を記述するために設定した意味分野の一つである。その意味分野には、〈蚕〉がおこなう諸活動や、それにともなう〈蚕〉の成長段階を表す名詞語彙が分類される。具体的には、次のような語彙である。

(2) a.〈蚕の動き〉を表す語
　　b.〈蚕の成長段階〉を表す語

これらを総じて、「〈蚕の活動〉に関する語彙」と呼ぶ。いずれの地域で

も、ここに分類される語彙は少なく、〈蚕の活動〉に対する語彙化が少ないことを示している。

その中にあって、(2a)のうち、〈休眠〉〈脱皮〉を表す語彙は、どの調査地域においても必ず採録される。それらの語彙を地域間で比較すると、語形および語彙体系において違いが認められる。

(2b)には、〈蚕の年齢〉を表す語彙が分類される。これらには、地域によって使用、不使用の違いがみられる。実際に頻繁に用い使用語彙になっている地域と、あまり用いることはなく理解語彙となっている地域がある。しかし、使用語彙と理解語彙の間で、意味の違いはみられない。

3.2. 〈蚕の動き〉を表す語彙

(2a)のうち、〈休眠〉〈脱皮〉の語彙を考察する。先に、これらには、地域差があることを述べた。しかし、本章では、〈休眠〉〈脱皮〉の語彙の語構造と造語発想を明らかにするため、地域の枠を取り払い、すなわち地域差を考慮せず、群馬県方言における当該の語彙の全体として考察する。地域差については章をあらためて論ずる。

具体的に語彙の分析をおこなう前に、〈休眠〉〈脱皮〉としている生活世界はどのようなものか、その内容を示す。話者の説明をもとに記述すると次のようになる。

〈休眠〉 〈蚕〉が、〈桑〉を食べたり〈排泄〉をしたりという基本的な活動をすべて休止すること。〈蚕〉はまったく動かない状態になる。〈蚕〉の一生において、4回繰り返される活動である。

〈脱皮〉 〈蚕〉が体皮を脱ぎ終え、活動の休止状態を終えること。〈蚕〉は一回り大きくなり、盛んに桑を食べ始める。〈休眠〉と同様に、〈蚕〉の一生において、4回繰り返される活動である。

群馬県方言において、この生活世界に対応している語彙の総数は25語である。語構造に注目をすると、単純語と複合語から構成されている。そのう

ち単純語は4語、複合語(注3)は21語と、後者の方が圧倒的に多い。この25語を、単純語と複合語に分類し、さらに語の造語成分によって下位分類して記述したものが表1である。

　表1をみると、語彙による生活世界の細分化は、4回の〈休眠〉〈脱皮〉という現実を反映し、その一回一回に対しての名づけによっておこなわれている。〈休眠〉の主たる意味は、複合語の後部要素にある-ヤスミ(休み)、・ミン(眠)という造語成分で表現される場合と、シジ、タケ、フナ、ニワという単純語で表現される場合がある。〈脱皮〉の主たる意味は、複合語の後部要素に-オキ(起き)という造語成分を用いて表現する。〈休眠〉〈脱皮〉は、養蚕世界において対立している現実であり、語形の上でも次のように対立している。対立する部分をまとめて示す。

$$\langle 休眠\rangle : \langle 脱皮\rangle = \begin{pmatrix} -\times \quad 単純語 \\ -ヤスミ(休み) \\ \cdot ミン \quad (眠) \end{pmatrix} : -オキ(起き)$$

　おもに、複合語の後部要素としてはたらく造語成分に対立がみられる。それらの造語成分は、群馬県方言において人間の「〈休息〉〈睡眠〉」や「〈起床〉」を表す形式でもある。-ヤスミ(休み)、-オキ(起き)の出自となっている「ヤスム(休む)」、「オキル(起きる)」は、人間の動作を表して頻繁に用いられる。・ミン(眠)も、スイミン(睡眠)のように多用される漢語の造語成分と同じである。それらに表される人間の活動は、私たちの生活サイクルの中で「一日の区切り」に位置する。そのときの活動を表す「-ヤスミ(休み)、・ミン(眠)」「-オキ(起き)」が、〈蚕〉の〈休眠〉〈脱皮〉を表す形式としても用いられているということであろう。

　〈休眠〉〈脱皮〉の一回一回の区別は、表1に記したように、単純語でおこなうと共に、複合語の場合は前部要素によっておこなっている。前部要素に表出された造語発想を考察するために、表2に複合語の前部要素だけを抽出して記述し直す。前部要素の出自に視点をあてると、大きくは二つの系

表1 〈休眠〉〈脱皮〉を表す語彙

	語彙				造語成分					養蚕世界
単	シジ	タケ	フナ	ニワ	しじ	たけ	ふな	にわ		
複合語	シジ-ヤスミ	タケ-ヤスミ	フナ-ヤスミ	ニワ-ヤスミ	しじ	たけ	ふな	にわ	-休み	〈休眠〉
	ヒトツ-ヤスミ	フタツ-ヤスミ			一つ	二つ				
	イチ〜ショ・ミン	ニ・ミン	サン・ミン	ヨ(ン)・ミン	一〜初	二	三	四	・眠	
	シジ-オキ	タケ-オキ	フナ-オキ	ニワ-オキ	しじ	たけ	ふな	にわ		〈脱皮〉
	ヒトツ-オキ	フタツ-オキ			一つ	二つ			-起き	
	ショミン-オキ	ニミン-オキ	サンミン-オキ	ヨミン-オキ	初眠	二眠	三眠	四眠		
					前部				後部	

※「単」は単純語

表2 −ヤスミ(休み)〜−ミン(眠)と オキ(起き)の前部にくる造語成分

養蚕世界	系列	1回目	2回目	3回目	4回目
〈休眠〉	伝承系	シジ(-)	タケ(-)	フナ(-)	ニワ(-)
	回数系(和語)	ヒトツ-	フタツ-		
	回数系(漢語)	イチ・〜ショ・	ニ・	サン・	ヨ(ン)・
〈脱皮〉	伝承系	シジ-	タケ-	フナ-	ニワ-
	回数系(漢語)	ショミン-	ニミン-	サンミン-	ヨミン-

※〈休眠〉欄伝承系の(-)は、その語が単純語としても複合語としても機能する要素であるということを示している。
※ヨおよびヨンは、単独では和語の数名称であるが、ここでは漢語の数名称の語彙体系の中に位置づける。

列に分類することができる。その系列を、語彙の出自によって「伝承系」と「回数系」と呼ぶ[注4]。伝承系の語彙は、単純語としても機能している。回数系は、さらに、和語と漢語の系列に分けられる。伝承系と回数系の出自をまとめて述べれば次のとおりである。

　　伝承系：養蚕の伝承にある「虐待」とそこからの「復活」に基づく語彙
　　回数系：一回一回の〈休眠〉〈脱皮〉の順番に相当する数名称を表す語彙

〈休眠〉〈脱皮〉のいずれにも、伝承系と回数系の造語成分が用いられる。〈休眠〉の語彙は、シジ、タケ、フナ、ニワという伝承系の単純語と、それらの後部要素に-ヤスミ(休み)を付した造語からなる。〈脱皮〉の語彙は、いずれの系列でも、〈休眠〉を表す造語成分に、-オキ(起き)が付されて造語されている。〈休眠〉を表す語を中心とした造語によって、語彙体系が形成されていると判断できる。

　ところで、この回数系と伝承系の造語成分が用いられる背景には、どのような造語発想があるのだろうか。回数系の造語成分は、先にもまとめたとおり、〈休眠〉〈脱皮〉の順番を示す数名称が相当している。いずれの話者もそのように内省する。一方、伝承系の造語成分は、日本に伝わっている「天竺霖異大王の事」という伝承に、その源を求めることができる。近世の養蚕書の中で、もっとも出版部数が多いとされている『養蚕秘録』[注5]にも、表紙にその伝承に因んだ絵が配されている。この養蚕書の中には、〈休眠〉〈脱皮〉とその両方をあわせていう名称として、表3に示す表現がみられる。
「天竺霖異大王の事」という伝承の概略は次のとおりである。

　　大王には「金色姫」という一人の娘があった。その娘の母親が亡くなった後、大王は再婚相手を迎えた。金色姫はその継母から、度重なるひどい虐待にあった。その虐待の末、金色姫は命を落とし昇天して蚕になった。

表3　『養蚕秘録』にみられる〈休眠〉〈脱皮〉の表現

養蚕世界	1回目	2回目	3回目	4回目
〈休眠〉	獅子眠 獅子の休 獅子の居休	鷹休(ミ)	船休(ミ)	庭の眠 庭休(ミ)
〈脱皮〉				庭の起 庭起り
〈休眠脱皮〉	獅子の居起	鷹の居起(き) 鷹の眠起	船の居起	庭の居起
	四度の居起 四度の起俯			

金色姫の霊魂が蚕になるまでの、虐待と復活のくり返しは次のようになる。

　①虐待と復活　金色姫は継母に獅子吼山へ捨てられる。しかし、獅子に乗って国へ帰る。
　②虐待と復活　今度は鷹群山へ捨てられる。しかし、鷹に養われていたところを、大王が国へ連れ戻す。
　③虐待と復活　今度は海眼山へ捨てられる。しかし、漁師に助けられる。
　④虐待と復活　娘の行く末を案じる父は金色姫を桑の木の船に乗せて大海原へ流す。船が日本の常陸国豊良の港に漂着し、姫は浜の人の介護を受ける。
　⑤死　　　　　浜の人の介護のかいもなく、姫はそこで死を迎える。姫の霊魂が変化して蚕になった。

　①～④に示したように、伝承の内容は、大王の娘が受けた4回の「虐待」と、そこからの「復活」劇である。それらの一回一回にちなむ名づけは、表3から次のように一般化できる。

〈休眠〉　：「虐待」の内容を表す語＋(助詞「の」)＋「休み」を表す語
　　　　　　獅子、鷹、船、庭　　　　　　　　眠、休、居休
〈脱皮〉　：「虐待」の内容を表す語＋(助詞「の」)＋「起きること」を表す語
　　　　　　庭　　　　　　　　　　　　　　　起、起り
〈休眠脱皮〉：「虐待」の内容を表す語＋助詞「の」＋「休みと起きること」を表す語
　　　　　　獅子、鷹、船、庭　　　　　　　　居起、眠起
　　　　　　四度　　　　　　　　　　　　　　居起、起俯

　それぞれの漢字表記にはひらがな表記で訓がふってある。「虐待」を表す「獅子、鷹、船、庭」は、順番に「しし、たか、ふな、には」と訓がふられている。同様に、〈休眠〉を表す「眠、休、居休」には、「ねふり、やすミ、

いやすミ」である。〈脱皮〉の「起」は「おこり」としている。〈休眠脱皮〉を表す「居起、眠起、起俯」には、「ゐおき、ねふりおき、おきふし」とある。「虐待」と、それによる「休み」およびそこからの「復活」をイメージさせる語が、造語成分となっていると言える。当時の人びとが、〈休眠〉を「虐待」に、〈脱皮〉を「復活」に重ね合わせたのだとすれば、きわめて興味深い造語発想である。現在では、この造語成分について、発想を内省し説明する話者はいなかった。それは、「虐待」を表す造語成分が、フナ、ニワを除いて、次のように音声変化していることからも納得できる。

　　しし（獅子）→シジ
　　たか（鷹）　→タケ
　　ふな（船）　＝フナ
　　にわ（庭）　＝ニワ

　『養蚕秘録』が、近世、多くの人びと間で広く読まれていた養蚕業の専門書であり、日本国内ばかりではなく、翻訳もなされ世界各国で読まれていたことから、伝承系の語彙も、かつては〈休眠〉〈脱皮〉を表す専門用語として機能していたと認めてよいであろう。現在に至っては、専門用語そのものが、伝承系から回数系に移行してきたと判断される。伝承系の造語発想が理解されにくくなればなるほど、より発想のわかりやすい回数系の語彙体系に移行しやすかったと考えられる。

3.3. 〈蚕の成長段階〉を表す語彙

　(2b)の〈蚕の成長段階〉を表す語彙について考察する。ここに分類される語彙は〈蚕の年齢〉を表している。該当する語彙を記述したものが表4である。それぞれの語が、養蚕世界のどの部分に当てられているのかを示しながら記述したものである。〈蚕の年齢〉は、･レー（齢）という形式によって表現されている。群馬県方言において、〈人の年齢〉を表すときには用いられない形式である。そのような形式を用いることによって、〈蚕の年齢〉であ

表4 〈蚕の年齢〉を表す語彙

養蚕世界における〈蚕の活動〉	〈蚕の年齢〉を表す語彙
〈誕　生〉→〈休眠1＝一　晩〉→	イチ・レー　（一齢）
〈脱皮1〉→〈休眠2＝一日間〉→	ニ・レー　（二齢）
〈脱皮2〉→〈休眠3＝二日間〉→	サン・レー　（三齢）
〈脱皮3〉→〈休眠4＝三日間〉→	ヨ（ン）・レー　（四齢）
〈脱皮4〉→〈上　蔟〉	ゴ・レー　（五齢）

るという特化がおこなわれている。

　造語の仕方に注目をすると、〈数〉を表すイチ(一)、ニ(二)、サン(三)、ヨ〜ヨン(四)、ゴ(五)と、〈年齢〉を表す-レー(齢)によって造語されている。〈蚕の年齢〉を表す語彙が、養蚕世界のどの部分に当てられたものかをみると、表4に示したように、〈脱皮〉から次の〈休眠〉までを一区切りとしてとらえ、成長の周期を表している。その組み合わせに対しての名づけによって、語彙体系が形成されている。各〈蚕の年齢〉の境界は、〈休眠〉とそれに続く〈脱皮〉の間にある。すなわち、各〈蚕の年齢〉のはじまりを、〈脱皮〉の時期にみているということである。

4　語彙化の意味

　先に、-ヤスミ(休み)、-ミン(眠)と-オキ(起き)という造語成分は、〈人間〉の「一日の区切り」の活動を表すと指摘した。これらが、養蚕語彙として〈蚕の動き〉に用いられたとき、〈蚕〉の生活サイクルはどのようにとらえられるのだろうか。

　そこで、〈休眠〉〈脱皮〉と〈蚕の年齢〉を表す語彙が、連続した時間の中のどの部分を表すのかを明示するために、時間の流れを図に表示し、そこに語彙を記述する。図1は、横帯状に時間の流れを表示し、さらにその時間帯に相当する〈蚕の活動〉を表す語彙を記述したものである。〈蚕〉の生活サイクルは、〈休眠〉と〈脱皮〉を中心にしてとらえられている。それぞれ

```
時間 ⇒                                                    上段：〈蚕の動き〉
┌─────────┬──────────┬─────────┬──────────┬─────────┬──────────┬─────────┬──────────┐
│ ショミン → ショミンオキ→ ニミン   → ニミンオキ→ サンミン → サンミンオキ→ ヨミン   → ヨミンオキ │
│ シジヤスミ→ シジオキ  → タケヤスミ→ タケオキ → フナヤスミ→ フナオキ   → ニワヤスミ→ ニワオキ │
├─────────┴──────────┼─────────┴──────────┼─────────┴──────────┼─────────┴──────────┤
│ イチレー            │ ニレー             │ サンレー           │ ヨレー    │ ゴレー │
└─────────────────────┴────────────────────┴────────────────────┴────────────────────┘
時間 ⇒                                                    下段：〈蚕の成長段階〉
```

図1 〈休眠〉〈脱皮〉と〈蚕の年齢〉の語彙体系

が、前の段階から次の段階への境界となっている。〈休眠〉〈脱皮〉が、養蚕世界における、人びとが注目すべき〈蚕の活動〉であったと判断できる。それが、飼育する側の〈人間〉とは異なる、〈蚕〉の特化された性質である。〈人間〉の「〈睡眠〉〈起床〉」は、「一日の区切り」を示しているが、ほぼそれに相当する〈休眠〉〈脱皮〉は、「〈成長過程〉の段階の区切り」を示しているということである。

それでは、「〈成長過程〉の段階の区切り」への語彙化には、どのような意味があるのだろうか。図1において、おのおのの〈休眠〉と〈脱皮〉の間にある「→」に相当する語彙は、これまでの調査において、いずれの地域においても採録語がほとんどない。養蚕業を営む人びとにとって〈蚕〉は飼育の対象であることから、〈蚕の活動〉にはことさらに注目が集中するはずであり、〈休眠〉〈脱皮〉だけではなく、もっと多岐にわたってたくさんの語彙化がおこなわれてもいいのではないかと考えられる。しかし、群馬県内のいずれの地域においても、〈蚕〉の活動に対する語彙化は、〈休眠〉〈脱皮〉に関しては必ずおこなわれるが、〈桑を食べる〉〈排泄する〉〈移動する〉などの諸活動については、それがなされず文や句や節によって表現されることが多い。4回の〈休眠〉〈脱皮〉は、〈蚕〉の生活サイクルの分節の基準となっており、飼育手順の区切りともなっている。〈蚕の活動〉の中でも、〈休眠〉〈脱皮〉は、養蚕世界での重要度が高く、人びとにとっての最大関心事であったと判断できよう。

5 〈休眠〉と〈脱皮〉を表す語彙の地域差

5.1. 語彙体系の型と地域差

　これまで、〈休眠〉〈脱皮〉を表す語彙に地域差があることを指摘しながらも、その実態には全くふれてはこなかった。ここでは、群馬県内で調査をおこなっている各地域間の、〈休眠〉〈脱皮〉を表す語彙の地域差について考察する。〈休眠〉〈脱皮〉の語彙体系を、地域ごとに示したものが表5である。

　一瞥すると、各地域間で、語形と体系の両面において違いがみられる。語形の違いを、各回の〈休眠〉〈脱皮〉の語同士で比較すると、用いられる語の系列の違い、すなわち伝承系、回数系（和語）、回数系（漢語）の違いを確認できる。地域によって、用いる語彙の系列が異なるということである。この違いは、語彙体系の違いをも生み出している。4回の〈休眠〉〈脱皮〉の語彙体系に注目し、地域間の違いによって分類すると、いくつかの型に分けられる。地域ごとの語彙体系としての違いが比較しやすいように、伝承系と回数系という語彙の系列ごとに、その使用地域を記述し直したものが表6である。語彙体系の型とその型を用いる地域を記述した。

　語彙体系の型は、各回の〈休眠〉〈脱皮〉に、伝承系、回数系のどちらの系列を用いるかによって規定した。表6に示したように、群馬県方言においては、「伝承単独型・混合型・併用型」の三つの型が認められる。理論的には回数単独型の語彙体系も存在するが、これまでの調査においては、群馬県方言で実際にその体系を用いている地域は見いだせていない。ちなみに、これまでに調査をおこなっている地域においては、島根県鹿足郡日原町方言に、回数単独型の語彙体系が認められる。

　「伝承単独型」の語彙体系の地域は、群馬県南西部と北東部に位置するそれぞれの山間地域、すなわち中里村と片品村に限られている。「混合型」の語彙体系をもつ地域は、北西部山間地域の六合村世立、長野原町、昭和村と中西部平野地域の前橋市、安中市、玉村町である。「併用型」の地域は、県南部平野地域の藤岡市である。この体系の違いは、専門語彙としての〈休眠〉〈脱皮〉を表す語彙の歴史と、養蚕世界の変化の関係を明らかにするた

表5 〈休眠〉〈脱皮〉を表す語彙の体系

	1回目の〈休眠〉 1回目の〈脱皮〉	2回目の〈休眠〉 2回目の〈脱皮〉	3回目の〈休眠〉 3回目の〈脱皮〉	4回目の〈休眠〉 4回目の〈脱皮〉
▲中里村	**シジ〜シジヤスミ** **シジオキ**	**タケ〜タケヤスミ** **タケオキ**	**フナ〜フナヤスミ** **フナオキ**	**ニワ〜ニワヤスミ** **ニワオキ**
▲片品村 古仲	**シジ〜シジヤスミ** **シジオキ**	**タケ〜タケヤスミ** **タケオキ**	**フナ〜フナヤスミ** **フナオキ**	**ニワ〜ニワヤスミ** **ニワオキ**
▲片品村 摺渕	**シジ〜シジヤスミ** **シジオキ**	**タケ〜タケヤスミ** **タケオキ**	**フナ〜フナヤスミ** **フナオキ**	**ニワ〜ニワヤスミ** **ニワオキ**
▲六合村 世立	ヒトツヤスミ ヒトツオキ	フタツヤスミ フタツオキ	**フナヤスミ〜フナ** **フナオキ**	**ニワヤスミ〜ニワ** **ニワオキ**
●前橋市	ショミン ショミンオキ	ニミン ニミンオキ	**フナ** **フナオキ**	**ニワ** **ニワオキ**
▲長野原町	イチミン φ	ニミン φ	サンミン〜**フナヤスミ** **フナオキ**	ヨンミン〜**ニワヤスミ** **ニワオキ**
▲昭和村	イチミン イチミンオキ	ニミン ニミンオキ	サンミン サンミンオキ	**ニワ** **ニワオキ**
●安中市	イチミン φ	ニミン φ	サンミン φ	ヨンミン〜**ニワヤスミ** **ニワオキ**
●玉村町	ショミン ショミンオキ	ニミン ニミンオキ	サンミン サンミンオキ	ヨミン〜**ニワヤスミ** ヨミンオキ〜**ニワオキ**
●藤岡市	**シジ〜シジヤスミ** **シジオキ** ショミン ショミンオキ	**タケ〜タケヤスミ** **タケオキ** ニミン ニミンオキ	**フナ〜フナヤスミ** **フナオキ** サンミン サンミンオキ	**ニワ〜ニワヤスミ** **ニワオキ** ヨミン ヨミンオキ

※▲は山間部、●は平野部を表す
※ゴシック体は「伝承系の語彙」、明朝体は「回数系の語彙」を表す
※φはその部分に相当する語が使用されていないことを示す

表6 〈休眠〉〈脱皮〉の語彙体系の型とその使用地域

生活世界	1回目	2回目	3回目	4回目	語彙体系の型	使用地域
語彙の系列	伝承系				伝承単独型	中里村　片品村古仲　片品村摺渕
	回数系(和語)		伝承系		混合型	六合村世立
	回数系(漢語)		伝承系			長野原町　前橋市
	回数系(漢語)			伝承系		昭和村　安中市　玉村町
	回数系(漢語)〜伝承系				併用型	藤岡市

めに看過できない事象である。

　なお、フランス語のエクサンプロヴァンス(Aix-en-Provence)[注6]とヴァロンポンダルク(Vallon pont d'arc)[注7]では群馬県方言とは異なる造語法によっており、語彙体系の型も異なる。参考に記述すれば表7、表8のようになる。フランス語での〈休眠〉は、すべて句によって説明的に表現されている。エクサンプロヴァンスでは「色、回数、成長段階」、ヴァロンポンダルクでは「回数」という視点から、それぞれ句が形成されている。伝承系と回数系からなる群馬県方言とは異なる語彙の系列が出現している。フランス語では、いずれの地域でも、最初から最後までを、成長段階にともなう〈蚕〉の変化に注目した表現となっている。群馬県方言と比較すると、言語をこえて共通する視点は回数の部分だけである。群馬県方言にみられる、〈蚕〉の変化とは直接的な関係がない伝承系の語彙は特徴的なものであるといえる。図2は、ヴァロンポンダルクでえられた〈蚕の成長段階〉を表す語彙を、表8の〈蚕の動き〉を表す語彙と対応させて記述したものである。図1の群馬県方言と比較すると、〈蚕の成長段階〉は同じように把握されていることがわかる。フランス語では、〈脱皮〉にあたる語彙の系列が欠けている。

表7　フランス語(エクサンプロヴァンス)における語彙体系

	1回目	2回目	3回目	4回目
フランス語 エクサンプロヴァンス	sommeil de la brune　眠り　茶色 （茶色の眠り）	sommeil de la blanche　眠り　白色 （白色の眠り）	sommeil de la troisieme　眠り　3回目 （3回目の眠り）	sommeil de la grosse　眠り　成長した （成長した眠り）
	色		回数	成長段階

表8　フランス語(ヴァロンポンダルク)における語彙体系

	1回目	2回目	3回目	4回目
フランス語 ヴァロンポンダルク	premiere mue　1回目　蚕の眠 （1回目の蚕の眠）	deuxieme mue　2回目　蚕の眠 （2回目の蚕の眠）	troisieme mue　3回目　蚕の眠 （3回目の蚕の眠）	quatrieme mue　4回目　蚕の眠 （4回目の蚕の眠）
	回数			

206　第3部　養蚕語彙の造語法と語彙体系

```
時間 ⇒                                                          上段：〈蚕の動き〉
┌─────────────────────────────────────────────────────────────────────────┐
│ l'éclosion→première mue  →deuxième mue  →troisième mue  →quatrième mue │
│ 羽化         1回目  蚕の眠  2回目  蚕の眠  3回目  蚕の眠  4回目  蚕の眠   │
├─────────────────────────────────────────────────────────────────────────┤
│ ⎰première âge  ⎱⎰deuxième âge⎱⎰troisième âge⎱⎰quatrième âge⎱⎰cinquième âge⎱│
│ ⎱最初    年齢 ⎰⎱2番目   年齢⎰⎱3番目   年齢⎰⎱4番目   年齢⎰⎱5番目   年齢⎰│
└─────────────────────────────────────────────────────────────────────────┘
時間 ⇒                                                          下段：〈蚕の成長段階〉
```

図2　フランス語（ヴァロンポンダルク）〈休眠〉と〈蚕の年齢〉の語彙体系

5.2. 語彙体系の変化とその要因

　語彙体系の三つの型の存在から、伝承系と回数系の関係について、次のように考えることができる。

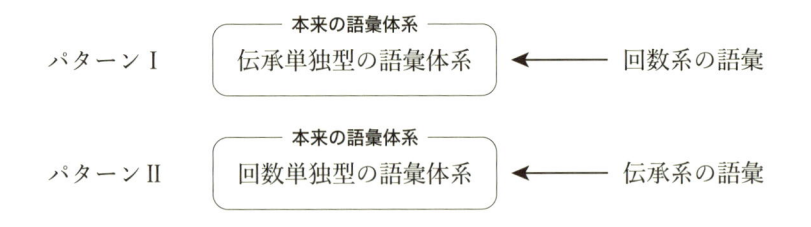

```
                    ─── 本来の語彙体系 ───
パターンⅠ          │ 伝承単独型の語彙体系 │  ←────  回数系の語彙

                    ─── 本来の語彙体系 ───
パターンⅡ          │ 回数単独型の語彙体系 │  ←────  伝承系の語彙
```

　伝承系と回数系の語彙体系は、両者ともに、1～4回までの〈休眠〉〈脱皮〉に対して一貫した造語発想によって形成されている。表6で示したように、三つの語彙体系の型が存在していることから、本来の語彙体系の姿として伝承単独型または回数単独型のどちらか一方があったところに、どちらか一方の系列（伝承系か回数系）の語彙が、何らかの形で入り込んできたと考えていいであろう。すなわち、伝承系と回数系の二つの系列の間には、新古関係が存在していると考えられるのである。パターンⅠは、伝承系が古く、回数系が新しいと考える立場である。パターンⅡは、回数系が古く、伝承系が新しいと考える立場である。伝承系と、回数系の新古関係について判断を下すには尚早に過ぎるかもしれないが、山間地域にみられる伝承単独型が古いと推測される。そこに新しく回数系の語彙が入り込んでいったと考えられ、最も新しい語彙体系の型として回数単独型を想定することができる。パターンⅠの立場で新古関係を考えていいと判断されるのである[注8]。

ところで、もともと使用されていた語彙の中に、新しい語が入ってきた場合、語彙体系はどのように変化を起こすのかという問題がある。〈休眠〉〈脱皮〉の語彙体系の地域差から、どのような変化がみられるのかを考えてみる。先にみたように、〈休眠〉〈脱皮〉の語彙体系には、併用型の地域とは別に、混合型の地域が存在していた。混合のあり方に注目して、語彙のどのような変化の方向を示しているのかを考える。それに先立ち、併用型と混合型の違いを明確に示せば次のようになる。

　　併用型　１回目から、４回目の〈休眠〉〈脱皮〉のすべてにわたって、
　　　　　　伝承系と回数系の両方の系統の語彙があてられ、共に使用され
　　　　　　ている型。
　　混合型　１回目から、４回目の〈休眠〉〈脱皮〉のうち、ある回までは
　　　　　　回数系、ある回からは伝承系の語彙が使用されている型。

　いわば、混合型の語彙体系は、均衡を崩しているということである。混合型において、伝承系と回数系の順序が入れ替わる地域はみられない。すなわち、１回目、２回目、３回目、４回目の順番に従って、「回数系→伝承系」という順序で語形があらわれ、決して「伝承系→回数系」という順序にはならない。〈蚕〉の成長段階の前半部分は回数系の語で表現され、後半部分は伝承系の語で表現されているのである。
　このような実態は、新しい語が、どのような理由で、どのような部分に入り込み、どのような語彙体系の変化をもたらしているのかという問題点を喚起し、その解明に示唆を与えている。〈蚕〉の成長段階の後半部分に伝承系の語彙が残る要因は、養蚕世界の変化に求めることができよう。その変化とは、共同稚蚕飼育所[注9]の設立である。それにともない、〈蚕〉がごく小さいときにはそこで飼育されるようになった。ある程度〈蚕〉が成長し、桑をたくさん必要とし、人びとにとっても飼育しやすくなる時期になって、各養蚕農家にハイサン（配蚕：蚕を必要な量だけ割り当ててくばる）するシステムが確立された。その〈配蚕〉の時期が、２回目の〈休眠〉〈脱皮〉以降とい

うことである。人びとが実際に養蚕に携わってきた部分に、伝承系の語彙が残っているということになる。具体的な場面をともなって、確信をもって用いられ続けたのが、後半部分の〈休眠〉〈脱皮〉に用いられるフナとニワである。人びとと養蚕世界との結びつきが強い部分に、伝承系の語が残ったのである。後半部分にのみ、伝承系の語彙が継承された理由もそこにある。人びとが、実際に〈蚕〉を飼育する場面で必要としたのが後半部分を表す語彙であったことから、古くから用いられてきた伝統的な語彙が用いられやすかったのである。

　伝承系が、回数系に変化する要因には、前者の語彙には造語発想の意識がないということもあげられる。人びとにとって、その意識が、回数系と同じ程度に明確であれば、〈休眠〉〈脱皮〉の前半部分を表す語彙も、回数系にとって変わられることはなかったはずである。前半部分のシジとタケは、人びとと養蚕世界との結びつきが弱くなったことがてつだって、いち早く回数系の語彙に変化したと考えられる。

6　まとめ

　群馬県方言における〈蚕の活動〉を表す語彙の体系を記述し、語構造と造語発想を明らかにし、そこにみられる地域差の考察をおこなった。具体的には、〈蚕の活動〉のうちでも、動きを表す〈休眠〉〈脱皮〉の語彙と、〈蚕の年齢〉を表す語彙の考察である。その結果、〈休眠〉〈脱皮〉の語彙には、伝承系と回数系の二系列の体系があるものの、その二系列はそれぞれが単独で一貫して用いられることはなく、伝承系から回数系に移行しつつあることがわかった。いずれ、伝承系の語彙から、造語発想の意識がよりはっきりとした回数系にとって変わられると判断した。そのように移行する際には、〈休眠〉〈脱皮〉の後半部分に伝承系が用いられ、前半部分に回数系が入り込んできているという実態が明らかとなった。伝承系が後半部分に用いられるのは、養蚕世界の場面と結びついて、人びとに使用される機会が多かったという理由があげられる。造語発想の意識を顧みる必要などなく、伝承系を用い

ることが許される状況があった。それに対して、使用される機会の少ない前半部分の伝承系の語彙は、造語発想の意識が不明となったために、解釈が容易な回数系の語彙に変化したと考える。養蚕の生活世界と語彙世界は対応関係を示している。

　今後、〈休眠〉〈脱皮〉と〈蚕の年齢〉を表す語彙の調査を、群馬県全域でおこなう必要がある。それぞれの地域の養蚕世界の状況も、あわせて採録しなければならない。考察にあたっては、『養蚕秘録』ばかりではなく、さまざまな養蚕書[注10]における〈休眠〉〈脱皮〉を表す語彙を把握し、国語史的な分析を深めるべきである。本章で述べた語彙体系の歴史については、より緻密に検証しなければならないと考えている。

　また、本章で述べた語彙化の意味を考えるためには、あらゆる〈蚕の活動〉に対する言語表現を採録しなければならない。語だけではなく、句、節、文の単位でも採録し、語彙化により語で言表される生活世界の事象と、語彙化がおこなわれず句、節、文で言表される事象の違いを見いだしていく必要がある。それにより、人びとが語彙化をおこなうとき、何をきっかけにしておこなうのかを明らかにしていきたい。それは、とりもなおさず、人びとの認識が言語表現の上にどのようにあらわれるのかを明らかにすることに連なっている。

注

1　市町村合併により、2004年から隣接する多野郡万場町と合併し多野郡神流町となった。

2　長野原町方言の調査は、国土交通省より「八ツ場ダム事業関連5地区方言調査平成13年度～平成15年度」(研究代表者　篠木れい子)として、委託助成金を受けておこなったものである。養蚕語彙を採録した報告書には、篠木れい子・新井小枝子・杉本妙子・杉村孝夫(2003)がある。養蚕語彙の部分は新井が担当した。

3　漢語を造語成分にもつ語も複合語として扱う。

4　新井小枝子(1999)では、「回数類、伝承類」としていたが、一つの地点における

一連の語彙体系を示すことから、「類」は不適切であると判断し、本章では「回
　　　数系、伝承系」とあらためる。
5　1803(享和3)年の成立。上垣守国(但馬国の蚕種製造家)著。近世に発行された養
　　　蚕書の中で、発行部数が最も多いとされる。日本全国で読まれたばかりではな
　　　く、フランス語やイタリア語にも訳され、世界各国の養蚕業従事者に多くの示唆
　　　を与えた養蚕の専門書である。この養蚕書の中では、日本国内における地域によ
　　　る用語の違いについても言及して、それぞれを記している部分がある。
6　1995年9月10日〜12日、エクサンプロヴァンスにて採録したもの。詳細は第1
　　　部第2章5節参照。
7　1999年9月29日、ヴァロンポンダルクでおこなった聞き取り調査による。話者
　　　はヴァロンポンダルク生え抜きの女性二人である。詳細は第1部第2章5節参
　　　照。
8　アクセント、文法事象においても、群馬県の南西部と北部の山間地域には、古い
　　　姿が認められる。
9　群馬県では昭和25年頃から、県内に設置されはじめた施設。養蚕の絶頂期を迎
　　　える昭和30年代には、一つの市町村内にいくつも作られていった。作業の効率
　　　化と品質の向上を図るために設置したものである。養蚕教師の指導のもとに、そ
　　　の地域の養蚕業従事者が、共同で稚蚕の飼育をおこなった。
10　例えば、勝川春章(1786)『かゐこやしなひ草』では、〈休眠〉を「眠」「よどむ」
　　　「休」としている。さらに、2回目の〈休眠〉を「高休」「二度居」「なけのやす
　　　み」、3回目の〈休眠〉を「ふなの休」と記述している。〈休眠〉〈脱皮〉を表す語
　　　は多様であったことがわかる。

人
第4部

養蚕語彙の比喩表現

第 1 章　養蚕語彙による比喩表現の多様性

1　はじめに

　養蚕語彙は、養蚕を営む人びとが、その過程において使用する専門的な語のまとまりである。それが養蚕世界を離れて用いられた場合、養蚕語彙の二次的な用法が生ずる。そのとき、養蚕語彙が本来とは異なる対象を表していることに着目して、次のように広い意味での比喩表現ととらえて考察してみたい。

　　　　語の意味としては養蚕世界の〈もの〉〈こと〉に対応している言語形
　　　　式、すなわち養蚕語彙を、養蚕世界とは無関係の〈もの〉〈こと〉を指
　　　　し示して用いている場合、または、養蚕世界とは別の場面で用いている
　　　　場合に、養蚕語彙による比喩表現とする。

　本研究において養蚕語彙としているものは、養蚕世界での使用頻度が高いと判断されるものではあるが、実は養蚕をおこなうことのない人びとであっても日常的に用いている語も含まれている。例えばカイコ(蚕)、クワ(桑)、マユ(繭)などがそれである。これらは、養蚕世界での使用頻度が高いことは確かであるが、一般的に「昆虫語彙」「植物語彙」という範疇化をすれば、その意味分野にも属する語彙である。文学者も、小説や物語において、養蚕語彙を比喩表現として用いている例がみられる。小内一(2005)によれば、次のような比喩表現がみられる。

i 　蚕が桑の葉をかじるようにして、無味乾燥な参考書の頁を一枚一枚と読みすすむ　　　　　　　　　（高橋和巳「我が心は石にあらず」）

ii 　蚕が桑の葉を食っているような音を立てて、魂がすりへらされていく　　　　　　　　　　　　　　　　　　　　　　（林芙美子「白鷺」）

iii 　蚕が桑を食うようにめちゃくちゃに本を読む
　　　　　　　　　　　　　　　　　　　　（白井吉見「自分をつくる」）

iv 　うとうとと蚕のように眠っていた生活が鼓動を打ち始める
　　　　　　　　　　　　　　　　　　　　（小川洋子「ドミトリー」）

v 　蚕のように棚の中に入って寝る　　　（小林多喜二「蟹工船」）

vi 　繭をつくり始める前の蚕のように、顔も手も皮膚が透きとおるように青白い　　　　　　　　　　　　　　　　　　（日野啓三「抱擁」）

vii 　蚕が口から糸を吐いて自分の周りに繭をつむぎ出すように、ひとりで自分のまわりにつくり上げてきた、私の生、私だけの現実
　　　　　　　　　　　　　　　　　　　　　　（日野啓三「抱擁」）

viii 　繭の中の蚕のように人を包む雪　　　（辻井喬「暗夜遍歴」）

ix 　繭の中で眠っている蛹の生活のような半生
　　　　　　　　　　　　　　　　　　　（石坂洋次郎「丘は花ざかり」）

x 　小指が次第にうっすらと糸に包まれて繭のようになる
　　　　　　　　　　　　　　　　　　　　（三浦綾子「続氷点」）

xi 　昆虫が蝶になって繭を食い破って飛び出ようとするのに似た青春の一時期　　　　　　　　　　　　　　　　　　　（伊藤整「青春」）

　いずれも、養蚕語彙を用いて、別の〈もの〉〈こと〉を表現した比喩表現が観察される。「〈蚕〉が〈桑〉を食べる様子」からの比喩（ⅰ～ⅲ）、「〈蚕〉の静かな様子」からの比喩（ⅳ～ⅴ）、「〈繭〉を作る〈蚕〉の様子、〈繭〉の中の〈蚕〉の様子」からの比喩（ⅵ～ⅸ）、「〈繭〉の様子」からの比喩（ⅹ）、「〈繭〉を食い破る様子」からの比喩（ⅺ）である。それぞれ説明されている〈もの〉〈こと〉は、用例の　　　部分であるが、それらはすべて説明語「ような、ように、に似た」を用いて直喩によって形容されているという共通性

がある。

　ちなみに、次の xii 〜 xiv は、養蚕語彙が比喩表現として用いられているものではないが、「桑畑」という語が文学作品にしばしば登場していることをうかがわせる。先の養蚕語彙からの比喩表現とは逆方向の見立てがおこなわれているもので、「桑畑」が「紙捻」「針」「海」によって説明されている。

　xii　<u>紙捻を植えたような桑畑</u>　　　　　　　　　　　　（長塚節「土」）
　xiii　<u>桑畑</u>が、黄葉の少しばかりを残した<u>針のよう</u>
　　　　　　　　　　　　　　　　　　　　　　　（水上勉「越前竹人形」）
　xiv　山から見下ろすと、<u>豊かな海のようにも見える一面の桑畑</u>
　　　　　　　　　　　　　　　　　　　（村上春樹「1973 年のピンボール」）

　以上のように、養蚕語彙は養蚕に従事する人びとだけの専用の語彙ではなく、文学作品の中にも比喩表現として登場し、作家と読者の間におかれて活躍していることがわかる。

2　本章のねらい

　群馬県方言における養蚕語彙の比喩表現は、前節で記したような文学作品にみられる用法とは異なるものも多くみられる。かつて養蚕を盛んにおこなっていた群馬県では、説明語をともなう直喩ばかりではなく、それをともなわない隠喩が頻繁に観察され、日常的な言い表し方の一つになっている。養蚕語彙が人びとの記憶の中に閉じこめられることが多くなったこと、それによって消滅の危機に瀕した状態に陥っていることを思えば、意外なことに感じられるかもしれない。しかし、県内のあらゆる地域で観察される養蚕語彙の比喩表現は、その地域の方言にしっかりと息づいて、ある位置を占めて活躍している。養蚕世界を有している地域に特有の地域方言的な特徴を醸し出しており、いわば社会方言と地域方言の連続性が認められるところであ

る。

　そこで、本章では、群馬県内のあらゆる地域でおこなわれている養蚕語彙の比喩表現を記述し、その多様性について考察する。比喩表現を地域ごとに比較すると、多様性の中にも普遍的な面と、個別的な面を認めることができる。また、一地域内の比喩表現でも、新井小枝子(2005c)で指摘したように多様性に富んだ用法が認められる。これらの点をふまえて、あらためて本章のねらいを示せば次のとおりである。

(1) a. 用法に多様性の認められるズーについて、その実態を記述する。一地域内での多様性と、複数の地域で用法の異なる地域性としての多様性について考察する。さらに、それらの中にみられる普遍性と、多様性の要因を明らかにする。
　　b. 現在までの調査でえられている比喩表現のうち、各地域に個別的に用いられる比喩表現について、その実態を記述する。個別的に用いられるがゆえの多様性について考察する。

3　方言における比喩研究の意義

　室山敏昭(2000)は、地域方言における比喩表現の特色について次のように述べる。

> しかも、注目されることは、彼らが類似性を認知し、みずからが生きる環境世界に多様な意味的ネットワークを構成しようとするとき、自分たちから遠い対象を選ぼうとしないで、つねに身近にあるもの、よく知っているもの、したがって日ごろから強い関心を寄せているものを選択しているということである。こうして、彼らが比喩という新しい認識の手法によって構成する意味の世界は、彼らの環境の広がりをなぞる形で、形づくられることになる。この点に、方言比喩の一つの大きな特色を指摘することができるのである。
> 　　　　　　　　　　　　　　　　　　　　　　(367頁5行～12行)

養蚕業が盛んであった地域の人びとにとっては、常に身近にあって強い関心を寄せているのが養蚕世界である。そこでの専用語彙を比喩表現として日常的に用いる行為は、その地域の特色としてとらえられようが、人のことばの営み全体に目を向ければごくあたりまえのことであるという認識をもって考察すべきであることを示唆している。

　また、町博光(2002)は、山梨正明(1988)が比喩表現に関する人間の言語運用能力を解明することを言語学の重要な課題としていることを受けて、方言の語彙研究における今後の課題として重要であることを述べている。

　さらに、瀬戸賢一(1986、1995、1997、2003、2005)は、比喩表現の全体を「レトリック」と呼び、ある期待感をもって研究を展開している。比喩表現を、単なる装飾的な、あるいは表現技巧としてとらえるのではなく、日常の言語生活で恒常的におこなわれているごくあたりまえの言語表現としてとらえる。そこから生まれる期待感とは、比喩表現の研究には認識論の解明に向けての糸口があるのではないかというものである。そこに向かって、具体的な用例の整理分類をおこなうことによって、比喩表現における論を展開する。瀬戸賢一(1997)では、比喩表現のうちメタファー(隠喩)の成立と意味の生成について述べるなかで、「ことばの意味」を次のようにとらえている。

　　　ことばの意味は、人間による人間のための意味であり、それでしかない。けっして客観的で中立的なものではない。人間的な偏りを大いに示す。この偏りは、人間が世界との交渉の過程で身体を通して獲得してきたものである。　　　　　　　　　　　　　(34頁4行〜6行)

　私たちの用いている語の意味は、常に現実の生活世界のなかで、私たちの具体的な体験を通して決定されるものであるということを述べている。地域社会のなかで養蚕を営んでいる人びとにとって、その養蚕世界は具体的かつ親しみやすい空間である。養蚕語彙における比喩表現の考察は、養蚕世界でつちかわれた語が、人びとにとってどのように身体化されているのかを明ら

かにすることになろう。

　本章の中心的な課題は、前節「本章のねらい」に述べたように、養蚕語彙による比喩表現の多様性や普遍性を記述することにある。同時に、その過程では、養蚕世界を具体的に経験し養蚕語彙を身体化している地域社会において、それらの語彙がどのように人びとの認識をうながしているのかを記述することになる。これは、比喩表現にみられる私たちの認識のありようを明らかにすることを目標とするものであり、言語学において重要とされている課題に取り組むものである。

4　資料について

　本章で取り上げる資料は、群馬県方言のうち、次の地域でえられた比喩表現である。

　　沼田市方言、前橋市方言、藤岡市方言、利根郡昭和村方言、吾妻郡六合村世立方言、佐波郡玉村町方言、佐波郡境町島村方言

　それぞれの地域における話者の年代には差があるものの、話者の共通点は、人生のある時期に何らかのかたちで養蚕に関わってきたということである。一個人の中で人生のどの時期に養蚕に関わったかという点に関しては違いがあるが、同時代(昭和30年代～50年代)に、群馬県内で養蚕に関わったという点では共通している。養蚕への関わり方については個人差がある。実際に中心となって養蚕をおこなっていた方もいれば、お手伝い程度の関わりだった方もいる。養蚕語彙の比喩表現においては、話者の年代差や、養蚕への関わり方の個人差はの影響はほとんどないと考えられる。同時代に、同地域において、養蚕業に共に従事していたことが重要である。

　なお、養蚕語彙による比喩表現は、自然傍受調査と面接調査によってえられたものである。

5　ズーの用法と多様性

　養蚕語彙はその大部分を合成語が占めており、単純語はきわめて少ない。その単純語の一つにズーがある。これは、群馬県全域で次のような意味で用いられており、養蚕語彙の中核に位置する語であると言える。

　　ズー(熟蚕)
　　　幼虫としては最終段階を迎えた、できあがりの状態の蚕。すなわち、繭を作る準備の整った蚕である。これまで盛んに食べてきた桑を食べなくなり、体の色が黄色く透き通ってくる。養蚕業従事者は、繭を作らせる場所へ移動させる仕事に忙しくなる。繭を作る場所へ移った蚕は、大量の糞尿をし、糸を吐く準備段階に入る。繭を作る場所を定めると、首を持ち上げ、左右前後に振りながら糸を吐き始める。

　すなわちズーは、文字どおりには〈繭を作る直前の蚕〉を表しており、その他に生活的な意味としてさまざまな価値が付与されている語である。写真1は、ズーがマブシ(蔟)に入れられて、〈繭〉を作ろうと、場所を探しているところである。楕円形の〈繭〉を作らせるためには、体の周りを取り囲むような空間が必要であるという。ズーは平らなところに放置されると、楕円形に糸を吐けないため、様々な形態の〈蔟〉という道具に移される。

　群馬県方言にみられるズーによる比喩表現の多様性について、一地域内に

写真1　ズー(熟蚕)とカイテンマブシ(回転蔟)　群馬県藤岡市

みられるそれと、複数の地域にわたってみられるそれにわけて、それぞれの実態を明らかにしていく。

5.1. 一地域内での多様性

　一地域内での多様性とは、ズーが、複数の異なる性質の対象に用いられている点にある。このような実態は、藤岡市方言において確認できる。藤岡市方言のズーは、〈人〉や〈農作物〉を対象にして用いられている。

5.1.1. 〈人〉を表すズー

　〈人〉を表すズーは(2)と(3)の用例のように、〈赤ん坊〉〈年をとった人〉に用いられている。

(2) ［間もなく１歳の誕生日を迎える孫が、障子に手をかけて立ち上がろうとする姿を見て］
　　アレー、ミテミテー、ハー　イマチットデ　タツヨ、**ズー**ミタイニナッテキタヨ。
　　（ああ、［あの姿を］見て見て、もう、もう少しで立つよ。熟蚕みたいに首を高く持ち上げるようになってきたよ）

(3) Ａ：オバサン　マインチ　アチーケド　ゲンキダノー。
　　　　（おばさん、毎日暑いけれども元気だね）
　　Ｂ：ハー　アシモ　**ズー**ンナッチマッタカラ　ダメサー。セメテ　タレコンナンネーヨーニト　オモッテサ。
　　　　（もう私も年をとったからだめだよ。せめて役に立たない年寄りにならないようにと思っているよ）
　　Ａ：ソンナコト　ユワネーデ　イー　マユー　ツクッテクンナイ。
　　　　（そんなことを言わないで、良い人生を全うしてください）

　まず、(2)の〈赤ん坊〉が表される用例について考察する。今にも立ち上

がろうとしている孫の姿を見て、興奮する様子が想像される。ズーの意味に、「首を高く持ち上げる」がある。それと、〈赤ん坊〉がもう少しで立とうとしている「姿」の重ね合わせによってなされた比喩表現である。

　次に、(3)の〈年をとった人〉を表す用例について考察する。この文では、ズーが、年をとって人生の最終段階を迎えた自分に対して用いられている。本来、ズーには、プラスやマイナスの評価的な意味は含まれないが、比喩に用いられたときには、「ダメ」と共起し、マイナス評価が付与されている。ズーの性質の中に「幼虫としての最終段階」「桑を食べなくなる」がある。それと自分の人生が重ね合わせられたとき、その性質がマイナスの評価でとらえられる。自由に動けなくなった自分のありさまを、ズーに重ね合わせて表現したものである。

　ところで、〈赤ん坊〉と〈年をとった人〉の比喩表現では、次のように表現形式が異なる。

　　〈赤ん坊〉　　　　ズー　ミタイ　ニ　ナッテキタ
　　〈年をとった人〉　ズー　　　　　ン　ナッタ

　両者の間には、形式の違いがある。すなわち、説明語をともなうか、ともなわないかという違いである。説明語「ミタイ」をともなう比喩表現、いわゆる直喩では、〈赤ん坊〉と〈ズー〉の首を持ち上げる行動にともなう姿の重ね合わせであり、「目で見た姿」の類似が重要になっている。このとき、ズーニ　ナッタとは言えない。一方、〈年をとった人〉に対する比喩表現は、目に映る形ではなく「性質」の重ね合わせである。このときは、〜ミタイとは言えず、いわゆる直喩に対する隠喩の表現形式をとる。目に映る「姿」に注目しているか、目には見えない「性質」に注目しているかによって、あらわれる表現形式が異なることがわかる。

5.1.2.　〈農作物〉を表すズー
　藤岡市方言のズーは、〈人〉ばかりではなく(4)のように〈農作物〉を表

すこともできる。

(4) A：イチゴガ　ミンナ　**ズーン**　ナッチャタカラ　イソガシーゾー。マッカン　ナッチャッテ　ミンナシテ　クビー　フッテル　ヨーダイ。
（苺がみんな熟れてしまったから、忙しいぞ。真っ赤になってしまって、みんなして首を振っているようだよ）
　　B：アー　ホントダ　ホントダ　タイヘンダ。ハヤク　モガナケリャ。
（ああ、本当だ、本当だ、大変だ。早くもがなければ）

　(4)では、〈熟した苺〉を表している。ズーと〈熟した苺〉が重ね合わせられている。(4)は自然傍受調査によってえられた用例である。藤岡市方言において、〈熟した苺〉以外の〈農作物〉にはズーが用いられるのか否か、用いられる農作物と用いられない農作物の間に違いがあるとすればそれは何かという問いが生ずる。この問いに答えるために、質問調査をおこなうと、〈熟した苺〉の他に、〈熟したトマト〉にも用いられるという。この二つの果実に、共通している特徴を、他の農作物の特徴と比較しながら考察し、ズーが〈苺〉と〈トマト〉だけに用いられる理由を明らかにする。
　まず、ズーが用いられる〈苺〉と〈トマト〉の両者は、ヤサイモノ（野菜物）かつナリモン（なり物）に分類される。ヤサイモノは、人間の意図がはたらいて栽培された草本類の農作物ということである。ナリモンは、意図的な栽培か否か、また、木本類か草本類かも関係なく、植物に実った果実を表す。ズーが用いられる農作物の一つ目の性質は、(5)のようにまとめることができる。

表1　ズーが用いられる〈なり物〉と用いられない〈なり物〉

ズー	×ズー
〈苺〉〈トマト〉 ？〈桜ん坊〉　？〈玉蜀黍〉	〈林檎〉〈柿〉〈桃〉〈杏〉 〈梅〉〈梨〉 〈胡瓜〉〈茄子〉

(5) 人間が意図的に栽培した草本類の植物に実る果実

　次に、他のナリモンとの違いを挙げ、〈苺〉と〈トマト〉の特徴を把握する。ズーの比喩表現が成立するには、ヤサイモンの性質より、ナリモンの性質の方が深く関与していると考えられるからである。表1では、ナリモンで表される農作物のうち、ズーが用いられる農作物と、用いられない農作物を分類して示した。ズーが使えるのは、〈苺〉〈トマト〉〈桜ん坊〉〈玉蜀黍〉である。〈桜ん坊〉と〈玉蜀黍〉については、ズーを使用すると少し違和感を感ずるとの回答であった。ここでは、〈苺〉〈トマト〉とは、区別することにする。〈苺〉〈トマト〉は、表面が白色ないし青色から赤色に変わることによって収穫期を判断する。ズーの使えない〈梅〉〈梨〉〈胡瓜〉〈茄子〉は、収穫期の色の変化が赤色からはかけ離れている。〈林檎〉〈柿〉〈桃〉〈杏〉は、収穫期に色が青色から赤色に変化するが、これらもズーが当てはまらない。これらの農作物は、収穫期を迎えても、ある程度の固さを有しており、〈苺〉〈トマト〉に比べると厚い皮をもっている。このことから、ズーが用いられる農作物の二つ目の性質をまとめると次のようになる。

(6) 色が赤色に変化して収穫期を迎えると、すぐさまやわらくなっていく果実。

　さらに、〈苺〉〈トマト〉と〈林檎〉〈柿〉〈桃〉〈杏〉の違いには、出荷販売作物であるか、自家用栽培作物であるかも関わっている。すなわち、生計をかけた農作物である〈苺〉〈トマト〉と、その他の農作物は区別してとらえられている。したがって、果実の傷みのすすみ具合、仕事の慌ただしさが、養蚕業におけるズーにまつわる作業と重ね合わせられると考える。〈苺〉〈トマト〉の生産販売期は、冬から春にかけてである。冬は、ビニールハウスでの促成栽培をおこなっている。実際に、自然傍受によって、〈苺〉に用いられたズーの会話が聞かれたのは、3月初旬、春の日差しが強まってきたビニールハウスの中である。(4)の用例の一部を再掲する。

A：イチゴガ　ミンナ　**ズーン**　ナッチャタカラ　イソガシーゾー。
　　　マッカン　ナッチャッテ　ミンナシテ　クビー　フッテル　ヨーダイ。

　〈苺〉や〈トマト〉は、あたたかい時期が来れば、ビニールハウスの中で、一斉に赤色が増し収穫期を迎える。少しでも油断をすれば、適切な収穫期を逃し、果実は過熟になってしまう。収穫から出荷販売までの時間に、全くの猶予は与えられていない。収穫後、直ちに荷造り、そして出荷販売という、作業の急務さが要求されている。作業は、当然慌ただしさを増す。一方、〈林檎〉〈柿〉などの果実は、藤岡市あたりでは出荷販売目的の栽培ではない上に、収穫期は秋から冬にかけてであり、傷みにくいという性質をもっているのである。ここまでをまとめると、ズーが用いられる三つ目の性質は次のようになる。

(7) 出荷販売作物で、皮がやわらかく傷みがすすみやすいため、出荷販売の作業に慌ただしさをともなう果実。

　〈苺〉〈トマト〉に対するズーの比喩表現も、本来のズーとの重ね合わせである。本来のズーは〈蚕〉そのものを表すが、それに付随する人びとの認識が、比喩表現に反映されている。それは、〈ズー〉および〈苺〉〈トマト〉との共通性としてあらわれている。〈苺〉〈トマト〉への比喩表現には、「最終段階」という〈ズー〉との共通性の他に、「色変化」と「作業の忙しさ」という共通性が関与している。対応関係は、表2に示したとおりである。〈苺〉〈トマト〉は、果実としてもともと柔らかく、赤く熟れるという特徴を有している。その特徴が、出荷販売時の作業の慌ただしさを要求していると考えられる。それが、養蚕世界のズーと共通している。比喩表現として〈苺〉〈トマト〉に用いられたズーは、単に生物、植物の最終段階だけを表すのではなく、たった1語のなかにその最終段階に伴う作業の忙しさ、慌ただしさまでも含んでいる。そこに、比喩表現の豊かさ、あるいは、経済性を

表2 〈ズー〉の性質と〈苺〉〈トマト〉の性質の共通性

共通性	〈ズー〉の性質	〈苺〉〈トマト〉の性質
色変化	不透明な白色をしていた〈蚕〉の体が黄色みがかった透明な色に変わる。そのとき、足並みをそろえるように飼育してくるので、一斉に色が変わる。	白色ないし青色をしていた果実が、収穫期には赤色に変わる。そのとき、ビニールハウス全体の温度が急上昇するので、一斉に色が変わる。
作業の忙しさ	少しでもタイミングを逃せば、〈蚕〉はその場で〈繭〉を作り始めてしまうので、〈上蔟〉の作業が慌ただしい。	過熟になると商品価値は全くなくなってしまうので、早急な収穫・荷造りの作業が求められ、実に慌ただしい。

認めることができる。

5.2. 地域性としくのズーの多様性——〈人〉を表すズー——

　広く群馬県方言の全域で用いられているズーは、先に記したように、本来の意味では養蚕語彙に専用の単純語である。養蚕語彙の中核にある語としてもよい。この語が、藤岡市方言では、お互いに異質な対象である〈人〉と〈農作物〉に用いられていた。広く群馬県内全体に目を向けてみると、藤岡市と異なる対象に用いられる例もみられる。

　藤岡市以外の地域でみられるズーの比喩表現をあげれば、(8)～(12)のとおりである。

(8) オレナンカモ　**ズーン**　ナッタヨ。
　　（俺なんかも年をとった人になったよ）　　　　　（佐波郡玉村町方言方言）

(9) アシモ　トシー　トッテ　**ズーン**　ナッタヨ。
　　（私も年をとった人になったよ）　　　　　　　　（佐波郡境町島村方言）

(10) ミテミロ、ヤツガ　**ズーニ**　ナッテ　フネー　コギハジメタデ。
　　（見てみろ、奴が［酒を飲みすぎて］腰が立たなくなるほど酔っぱらった人になって舟をこぎ始めたぞ）　　　　　　　　　　　　（前橋市方言）

(11) キノーワ　ノミスギテ　**ズーン**　ナッタ。
　　（昨日は酒を飲み過ぎて腰が立たなくなるほど酔っぱらった人になった）
　　　　　　　　　　　　　　　　　　　　　　　　　　　　　　（沼田市方言）

(12) ヤローモ　デキアガッタナー、**ズーン**　ナッチマイヤガッタ。
　　（野郎も、［酒を飲みすぎて］できあがったなあ、腰が立たなくなるほど
　　　酔っぱらった人になってしまいやがった）　　　　　　（利根郡昭和村方言）

　(8)(9)は藤岡市方言と同様に〈年をとった人〉に用いられているものであるが、(10)～(12)は〈酔っぱらった人〉を表している[注1]。それぞれ、〈ズー〉の性質と〈年をとった人〉〈酔っぱらった人〉の特徴を重ね合わせて表現しているものであり、〈人〉を対象としている点では藤岡市方言と共通している。
　それぞれの地域で、例に示した対象にしか使わないのか否かを確認すると、玉村町、境町では、(8)(9)に示したように〈年をとった人〉にしか用いないという。逆に、(10)～(12)の前橋市、沼田市、昭和村では、〈年をとった人〉には使用しないといい、藤岡市方言でみられた〈農作物〉にも使用しないという。藤岡市でも確認すると、〈酔っぱらった人〉に用いることはないという。そのように内省する一方で、それぞれの地域でズーの本来の意味は共有していることから、お互いの比喩表現をそれぞれに聞けば理解はする。しかし、積極的に用いることはないという。ズーの比喩表現のあり方には、地域間比較しても多様性が認められ、ここには地域性があるといえる。地域性を、具体的に述べれば次のようにまとめることができる。

　　「〈人〉について」
　　　地域：　藤岡市・玉村町・境町　　　／　沼田市・前橋市・昭和村
　　　対象：　〈年をとった人〉　　　　　　／　　　　　×
　　　　　　　　　　×　　　　　　　　　　／　〈酔っぱらった人〉

「〈農作物〉について」
地域：　藤岡市　　　　　　　　　／　前橋市・沼田市・昭和村・玉村町・境町
対象：　〈熟した苺〉〈熟したトマト〉／　　　　　　　　×

　〈年をとった人〉を対象としたものは、藤岡市、玉村町、境町の特徴であり、〈酔っぱらった人〉を対象としたものは沼田市、前橋市、昭和村の特徴である。同様に、〈農作物〉を対象としているものは、藤岡市の特徴となっている。このような地域性は、比喩表現の定着度をはかろうとするときに指標となるであろう。ある地域に個別にあらわれるような比喩表現、ここでは藤岡市の〈農作物〉に用いられているような例は、一回性の可能性が高いと推察される。逆に、広い地域で用いられている〈年をとった人〉〈酔っぱらった人〉に対するような比喩表現であれば、ある程度慣用化している比喩表現である可能性が高くなると推察される。

5.3. 多様性の要因

　ズーは、専ら養蚕の生活世界で用いられる、いわば養蚕の専門語としての性質が最も強い語である。ズーはこのような性質をもっているゆえ、養蚕の衰退にともなっていち早く姿を消してしまうかにみえる。しかしこの語は、養蚕がおこなわれなくなった現在でも日常生活の中に頻繁に登場し、最も力強く生きていることがわかる。

　藤岡市方言の、ズーは(2)〈赤ん坊〉、(3)〈年をとった人〉、(4)〈熟した苺〉を対象にして用いられている。前橋市方言、沼田市方言、利根郡昭和村方言では、(10)(11)(12)〈酔っぱらった人〉を対象にして用いられている。佐波郡玉村町方言、佐波郡島村方言では、藤岡市方言と同様に、(8)(9)〈年をとった人〉に用いられている。このように、ズーの1語が、ある特徴をもった〈人〉や〈農作物〉を表しており、まったく異質の対象に付与されている。このような現象が生ずる要因について考えてみたい。

　先に示したように、ズーは〈繭を作る直前の蚕〉として、その性質は詳細

表3 〈ズー〉の性質と比喩表現で表される対象

語	〈ズー〉の性質	〈対象〉の性質	比喩表現で表される対象
ズー(熟蚕)	首を持ち上げる	赤ん坊が首を持ち上げる	→〈赤ん坊〉
	糸を吐くために首を振る	酔っぱらって首を振る	→〈酔っぱらった人〉
	桑を食べなくなる	人が年をとり食が細くなる	→〈年をとった人〉
	幼虫としての最終段階	人としての最終段階	
		酒飲みとしての最終段階	→〈酔っぱらった人〉
		苺としての最終段階	
	体が透き通って色が変わる	酔っぱらって顔色が変わる	
		苺が熟して色が変わる	→〈熟した苺〉
	人びとの作業が忙しくなる	苺の摘果が忙しくなる	

にとらえられている。それらの人びとが認識している〈ズー〉の性質を細かく分けて意味特徴と考え、比喩表現で表された〈赤ん坊〉〈年をとった人〉〈酔っぱらった人〉〈熟した苺〉との関係を示したものが表3である。比喩表現がなされたときに、焦点の当てられる〈ズー〉の性質は、ごく限られていることがわかる。〈赤ん坊〉に用いられたときには、「首を持ち上げる」という性質だけが関与しており、他の性質はいわば捨象されている。同様に、〈年をとった人〉を表すためには、「幼虫としての最終段階」「桑を食べなくなる」という性質が関与し、〈酔っぱらった人〉には「糸を吐くために首を振る」「幼虫としての最終段階」が関与する。〈熟した苺〉には「幼虫としての最終段階」「体が透きとおって色が変わる」「人びとの作業が忙しくなる」とい性質が関与している。比喩表現が成立したときには、詳細に把握されたズー本来の性質すべてが関与しているわけではない。それらの性質のうちの、ある部分にだけ焦点が当てられていることがわかる。

さらに、比喩表現として用いられたズーは、プラス評価語となったりマイナス評価語となったりしている。本来の養蚕世界では、評価的な意味合いを含まない語である。評価語としての考察をおこなうため、比喩表現のズーと共起関係にある表現形式を整理して記述する。(2)～(4)の用例から、評価に関わる表現形式を抜き出して整理したものが表4である。先に示したよ

表4　比喩表現で表された対象の評価

比喩表現の対象	比喩表現のズーと共起関係にある表現	比喩表現での評価
〈赤ん坊〉	・ミテ ミテ（見て、見て！） ・イマチットデ タツヨ（もう少しで立つよ）	＋
〈年をとった人〉	・ダメサ（駄目だ）	－
〈酔っぱらった人〉	・ノミスギテ（飲み過ぎて） ・ナッチマイヤガッタ（なってしまいやがった）	－
〈熟した苺〉	・イソガシー（忙しい） ・タイヘンダ（大変だ）	－

うに、本来の意味でのズーはプラス評価語でもマイナス評価語でもない。しかし、比喩表現として用いられた瞬間に、プラスかマイナスかの評価的な意味が付与されている。これは、〈蚕〉が、愛嬌のある卑小な虫としてとらえられているからであろう。そのような人びとの認識が、比喩表現を生み出し、表現のおかしみを醸し出す根源となっていよう。

　以上のことから、比喩表現として用いられたズーでは、本来の意味のすべてをになうわけではなく、その一部分だけが関与していること、本来は潜在的でしかなかった意味が突如浮上してくるということがわかる。これらが、一地域内でのズーの多様性を生み出していると考える。

5.4. 多様性の中にみられる普遍性

　ズーは本来の意味を基本にして、それの影響がおよぶ範囲のなかで、多様性に富んだ比喩表現を生み出していた。その中に見いだしうる普遍性について、二つの観点から考察してみたい。一つは、比喩表現の方法に関する普遍性であり、もう一つは比喩表現の意味に関する普遍性である。

　まず、一つ目の方法に関する普遍性についてである。これまでにみてきたズーの比喩表現は、〈ズー〉と〈人〉、〈ズー〉と〈農作物〉のお互いの重ね合わせによって成立している。このような比喩表現の方法は、一般的に隠喩に分類される。瀬戸賢一（1986）は、隠喩を次のように述べる。

> 隠喩は現実世界と意味世界の両方に属する。隠喩は両世界を結ぶ絆であるといってよい。(中略)隠喩は、両方の世界の橋渡しを行う。意味世界は私たちの頭の中にあり、現実世界は私たちの外にある。その両世界を結ぶ隠喩は、私たちの身体によって仲立ちされている。
>
> （51頁11行〜52頁3行）

　ズーの養蚕語彙としての「意味世界」は、養蚕を営む人びとの頭の中に展開しており、〈人〉や〈農作物〉は人びとの外側、すなわち「現実世界」に存在する。ズーの「意味世界」と、「現実世界」の〈人〉〈農作物〉との間に、養蚕を営む人びとが立ってズーの比喩表現が成立している。簡単な図にしてみれば、図1のようになる。養蚕を営む人びとは、「現実世界」にある〈人〉や〈農作物〉のそれぞれを直接にみて知覚すると、自らの知っている〈ズー〉との類似性を見いだし、養蚕世界とは離れたところでズーを新たに用いる。「現実世界」に存在する〈人〉や〈農作物〉のある断片が、新たな語によって呼びかえられ、あらためて比喩表現としての意味を創造するのである。これが、瀬戸賢一（1986）が、

> 隠喩は内の世界である意味と対面するとき、固定的な意味関係に振動を与え、惰性的な意味を活性化し、意味の再布置化を行うのである。私たちは、このようにしてできたことばの新しい網目を持って再び世界と対峙し、その網目を通して世界を眺め直すことになる。隠喩は世界を開き、言葉を生む。　　　　　　　　　　　（52頁7行〜10行）

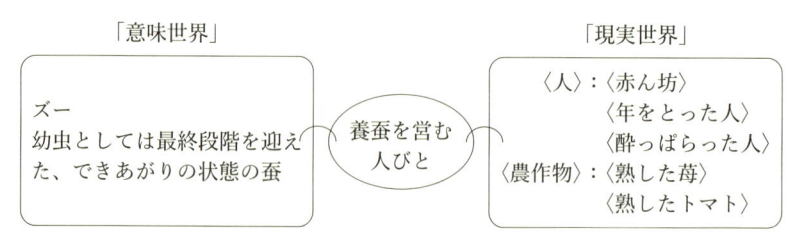

「意味世界」　　　　　　　　　　　　　　「現実世界」

| ズー 幼虫としては最終段階を迎えた、できあがりの状態の蚕 | 養蚕を営む人びと | 〈人〉：〈赤ん坊〉〈年をとった人〉〈酔っぱらった人〉〈農作物〉：〈熟した苺〉〈熟したトマト〉 |

図1　ズーにおける「意味世界」と「現実世界」

と述べるところにあたる。養蚕を営む人びとは、このようなメカニズムによってズーを用い、方言社会における語彙体系の一部分、具体的には〈人〉を表す語彙、〈農作物〉を表す語彙の体系を新たに形成しているといえる。

次に、意味に関する普遍性も指摘することができる。ズーは次にまとめるように、「時間の系列」に用いられている。

ズーが用いられる対象	「時間の系列」	〈ズー〉の部分
〈赤ん坊〉	：「人生の始まりの段階」 ／	行動を伴う姿
〈年をとった人〉	：「人生の終わりの段階」 ／	性質
〈酔っぱらった人〉	：「飲酒によるできあがりの段階」 ／	性質
〈熟した苺〉〈熟したトマト〉	：「収穫寸前の終わりの段階」 ／	性質

「時間の系列」に用いられるということは、養蚕世界における〈蚕〉の成長段階を表す語が、〈人〉〈農作物〉の時間的な変化をとらえて表現するために用いられているということである。養蚕語彙の分野を越えて、「始まりの段階」を表すときには、〈ズー〉が有している本来の性質は全く除外されて、人の視覚に映るズーの姿だけに注目する。「終わりの段階」「できあがりの段階」を表すときには、〈ズー〉の最終段階に付与された感情的な部分が皮肉めいて伝わってくる。比喩表現では、本来は潜在的でしかなかった寂しさや憂いというような感情面が、語の意味としてたちまちに表面化してくる。このときに、皮肉やあきれといった意味合いが生ずるといえる。「終わりの段階」「できあがりの段階」に対する感情面をより一層際だたせ、最終段階の一歩先に進んでしまうと、確実に終わりであるということを意識し、それに対する感情を爽やかに言いあてている。

6　地域ごとに個別的にあらわれる語形

これまでにみてきたように、ズーによる比喩表現は、群馬県内の広範囲に及んでおこなわれている。その用法は、一地域内でも、地域間でも多様性に

富んでおり、後者の多様性は地域ごとに個別的な地域性をも醸し出している。ここでは、ズー以外の比喩表現に用いられる語形を記述し、それぞれが地域ごとに個別的におこなわれていることを指摘しておきたい。

6.1. 〈人〉を表す語

〈人〉を対象にして用いられる語は、ズーばかりではない。佐波郡境町島村方言では、次のような例がみられる。

(13) マーッタク　コノ　コワ　**タレコデ**　ショーガネー。
　　　（[子供がお母さんにぐずぐずと甘えていることをたしなめて] まったくこの子は愚図な子どもでしようがない）　　　（佐波郡境町島村方言）

(13)ではタレコによって〈愚図な子ども〉を表している。本来のタレコは、次のような意味で用いられている。

　タレコ
　　体が黒く膿んで〈繭〉を作れない、病気の〈蚕〉。黒い膿が垂れて汚い。この〈蚕〉は汚いばかりではなく、他の〈繭〉を汚し商品価値を下げるという非常にやっかいなもので、評価はいちじるしく低い。

このような本来の意味と照らし合わせると、(13)のタレコは〈愚図な子ども〉に対する評価の低さを表現したものである。
　タレコは、藤岡市方言の(3)にもズーと共に用いられていた。それを再掲すると次のようになる。

　　B：ハー　アシモ　ズーンナッチマッタカラ　ダメサー。セメテ　タレコンナンネーヨーニト　オモッテサ。

藤岡市方言では、境町島村方言と異なり、〈年をとって役に立たなくなり

周囲の人に迷惑をかける人〉に用いられている。(13)と(3)の例は、自分のあるいは身近な人間に対するマイナス評価ということでは共通しているが、対象が〈年寄り〉と〈子ども〉で異なっており、それぞれに個別的な用法となっている。

　次に、佐波郡玉村町方言では、(14)のような例がみられる。

(14) **ヤスマズワ　カワイ　ナガシチマエ。**
　　（みんなが休憩をしているときに、一人で作業の手を休めない奴は、川
　　へ流してしまえ）　　　　　　　　　　　　　　（佐波郡玉村町方言）

(15) ダイガクセーワ　アタマガイーカラ　**アクマスキダ。クートーサンダ。**
　　（大学生は頭がいいから、知識はあってもまるで役に立たない人だ。空
　　頭蚕だ）　　　　　　　　　　　　　　　　　　（佐波郡玉村町方言）

　(14)と同じ用法では、藤岡市方言でも次のような会話が聞かれる。

(16) A：コッチー　キテ　ハヤク　ヤスミナヨー。
　　　　（こちらに来て早く休みなよ）
　　B：ウーン、デモ　ワタシタチワ　オソクキタンニ　イッションナッテ
　　　　ヤスンデチャー　ワルイカラ。
　　　　（ううん、でも、私たちは遅く来たのに、一緒になって休んでいて
　　　　は悪いから）
　　A：イーンダヨー、ソンナコト　ユワナクモ。**ヤスマズ**ワネー　カワイ
　　　　ナガシチャウヨ。
　　　　（いいのだよ、そのようなことを言わなくても。一人で作業の手を
　　　　休めない人は、川に流してしまうよ）
　　B：カワイ　ナガサレチャー　タイヘンダカラ　ヤスマセテモラウ
　　　　カー。
　　　　（川に流されては大変だから、休ませてもらうか）　（藤岡市方言）

(14)～(16)は、非常に皮肉にみちた、しかし、愛情にもみちた技巧的な表現である。ごく当たり前の日常生活の中で、このような比喩表現による会話が展開されていることに感動をおぼえる。ヤスマズは〈休憩中に作業の手を休めない人〉を、アタマスキ～クートーサンは〈知識はあってもまるで役に立たない人〉を表す。養蚕世界でのヤスマズとアタマスキ～クートーサンは、次のような意味で用いられている。

　ヤスマズ(休まず)
　　〈休眠〉しない〈蚕〉。他の大部分の〈蚕〉が休眠している中にあって、人びとにとっては都合の悪い〈蚕〉。川に流して処分をする。

　アタマスキ(頭空き)～クートーサン(空頭蚕)
　　頭が透き通って病気になった〈蚕〉。〈桑〉は食べても成長せず、〈繭〉を作らず人びとにとっては役に立たない〈蚕〉。

ヤスマズという〈蚕〉がでた場合、それを川へ流して処分してしまうという養蚕世界での現実があり、(14)(16)ではそれが比喩表現に反映されている。「一緒に作業の手を休めないで一人だけまじめにしてるような人は、私たちまで落ちついて休んでいられないから、川に流してしまえ」というニュアンスを表現している。個々人同士のつながりが強く、共同作業によって日々の労働がおこなわれている地域社会にあっては、実に効果を発揮する比喩表現であるにちがいない。ヤスマズは、本来、マイナス評価や憎々しさをともなう語であるが、〈人〉に用いられた瞬間に単なる負の表現ではなくなっている。ヤスマズを付与された人は、いやでも休まざるをえなくなる表現である。ここが、比喩表現の効果なのであろう。このような特徴的な比喩表現の背後には、地域社会の濃密な人間関係があることを認識しておかなければならない。

　アタマスキ～クートーサンも養蚕世界では非常に困った存在の〈蚕〉を表しており、(15)では大学生を評価する表現として用いらている。「大学生は

頭はいいけれど、役に立たない。桑を食べたくせに、頭空きになって繭も作らない〈蚕〉のように、大学で勉強をしていると思われる大学生もちっとも役に立たない」という皮肉がこもる。なお、いずれも他の地域には用いられない、玉村町方言に個別的な比喩表現である。

これまでみてきたように、比喩表現にあらわれる語形が地域によって異なるが、〈蚕〉を表す語形が〈人〉を対象にして用いられること、〈蚕〉と〈人〉の重ね合わせがおこなわれていることは、ズーの用法となんらわらぬ用法である。ただし、ここで取り上げた語彙は、病気の〈蚕〉を表しているものであり、養蚕世界ではマイナス評価語であるという点でズーとは異なる。養蚕世界におけるマイナス評価語を用いることによって、〈人〉に対する負の評価がこっけいに言い表されており、表現の妙が感じられる。

ところで、実は、〈人〉を表す比喩表現ではないが、南仏地方の口語的なフランス語[注2]にも養蚕世界におけるマイナス評価語が日常世界で用いられることがある。〈蚕〉の病気を表す語が、〈最悪の事態〉を表す比喩表現となっている。その語とは pébrine(微粒子病)であり、次のように用いられる。

　　Quelle **pébrine!** 　「なんと最悪な！」

　　直　　訳　「なんという微粒子病！」
　　　　　　　Quelle：なんという　　　pébrine：微粒子病

　　〈最悪の事態〉〈自動車の事故があったこと〉〈悪い性質の男にだまされたこと〉〈パスポートをなくしたこと〉〈鍵をなくしたこと〉〈試験に落第したこと〉…

pébrine(微粒子病)は、ヨーロッパの養蚕を壊滅に追いやった、蚕に特有の病気である。フランスでは、パスツールの研究によって防除に成功したが、それは恐ろしい病気として認識されている。そのような病気を表す単語

が、〈最悪の事態〉を経験する当事者に選択されたとき、なんともしがたい心を表出していることに驚きと感動を覚える。Quelle pébrine! は、養蚕が盛んであったというその現実を背負い、南仏地域に確固として根づいている表現である。事態の最悪さ加減が、言い得て妙なほどに伝わってくる表現である点で、養蚕世界におけるマイナス評価語が比喩表現に用いられたときの効果は言語の違いを超えて絶大なものがあるといえる。

6.2. 〈人の営み〉を表す語

これまでにみてきた比喩表現は、ズーも含めるとすべて〈人〉を直接表すものであった。ここでは、〈人〉に関することがらを対象にして用いられる比喩表現について考察する。

まず、境町島村方言の用例をあげると次のとおりである。

(17) アイツラ　チット　ナカガ　ヨスギルカラ　イッテ　**カツアイシテヤレ**。
（あいつら［男女］は少し仲が良すぎるから、行ってその仲を邪魔して引き裂いてやれ。）　　　　　　　　　　　（佐波郡境町島村方言）

(18) コノヒトト　ケッコンシタ　トキニ　コドモガ　デキテ　ニンシンガ　ワカッタラ　シンタクノ　オジサンガ　シンセキノ　ヒトニ　イキアッタラ　シマムラノ　ウチモ　**サイセーガ**　ハジマッタラシーヨッテ　ユッタラシーンデスネ、トーッテモ　オカシカッタッテ　ユッテタ。
（この人と結婚したときに、子どもができて妊娠がわかったら、新宅のおじさんが親戚の人に行き会ったら「島村の家も催青が始まったらしいよ（子どもが生まれるらしいよ）」って、言ったらしいのですね、とても面白かったって言ってた）　　　　　　　　　　　（佐波郡境町島村方言）

境町島村は、〈繭〉を収穫するための養蚕というより、〈蚕〉のタネ（種）す

なわち〈卵〉の生産を主にしていた地域である。そのような地域では、〈蚕〉の〈蝶〉を交尾させることによって〈卵〉を生産し、次世代の〈蚕〉を孵化させることを専門としている。このような地域における養蚕世界では、カツアイスルおよびサイセーは、本来、次のように用いられる語である。

　　カツアイスル（割愛する）
　　　〈種〉を生ませるために、交尾している〈蝶〉を引き離す。

　　サイセー（催青）
　　　温度をかけて〈種〉から〈蚕〉を孵化させる作業。

　（17）では人間の〈男女の仲を引き離す〉にカツアイスル、（18）では〈妊娠すること〉にサイセーが用いられている。この用法は他の地域ではみられない。
　ところで、（17）（18）では、〈蚕〉を表す語が〈人〉を直接に表すのではなく、養蚕の〈作業〉を表す語が〈人の営み〉を表している。このような比喩表現の成立は、「〈蚕〉は〈人〉である」という大前提となるメタファー[注3]に基づいているものと考えられる。したがって、養蚕を営む人びとは、養蚕世界の〈蚕〉を、生活世界の〈人〉におき換えることができる。次に示すとおりである。

　　　　養蚕世界　　　　　　　　　　生活世界
　　〈蚕〉を　カツアイ　スル。　　〈人〉を　カツアイ　スル。
　　〈蚕〉の　サイセーガ　ハジマル。　〈人〉の　サイセーガ　ハジマル

6.3. 〈人の一生〉を表す語

　〈人の営み〉と同様に、〈人〉に関わることがらとして〈人の一生〉についても比喩表現は用いられる。吾妻郡六合村世立方言の例をあげる。

(19) ヒトノ　ヒトサカンワ　テーネンマエダンベヤ、テーネンマエワ　ニ
　　**ワオキダカラ。オカイコノ　ヒトサカンワ　ニワオキ。ヨンレーオキ
　　ダ**。ヒトサカンワ　ネネーデ　サワガネージャナンネー。
　　（人の一番盛んな時は、定年前だろうよ、定年前は4回目の休眠から起
　　きた時期だから。御蚕の一番盛んな時は4回目の休眠から起きた時
　　期。四齢起きだ。一番盛んな時は寝ないで仕事しまくらなくてはならな
　　い）　　　　　　　　　　　　　　　　　　　　　　　（吾妻郡六合村世立）

(20) ○○サン　マダ　**ニレー、ニミンオキ**。マーダ　コンナニ　チッ
　　チェーダ。サンシツヒロゲルトキノ　アレダ、ヨーヤク　デッカク
　　ナッタカラ　サンシツ　トリハズスベー　ツー　トキノ　ソノ　ネン
　　レーダ、アラカゼニ　アテハジメベーチュー。
　　（○○さん［30歳代前半の未婚女性］はまだ二齢、2回目の休眠から起
　　きた時期。まだ、このように小さいのだ。蚕室を広げるときのあれだ、
　　ようやく大きくなったから、蚕室を取り外そうというときのその年齢
　　だ、外の空気に当て始めようという）　　　　　　　（吾妻郡六合村世立）

　(19)ではニワオキとヨンレーオキ、(20)ではニレーとニミンオキが比喩
表現である。ニワオキとヨンレーオキでは〈定年前の時期〉を、ニレーとニ
ミンオキは〈未熟な時期〉を表している。いずれも〈人の一生のある時期〉
を言いあてた比喩表現である。これらも、六合村方言に固有の用法である。
　ニワオキ、ヨンレーオキ、ニレー、ニミンオキは、本来は次のような意味
で用いられている。

　　ニワオキ（庭起き）〜ヨンレーオキ（四齢起き）
　　〈蚕〉が4回脱皮をするうちの、4回目の脱皮がすんだ時期。このあ
　　との〈蚕〉は、たくさんの〈桑〉を食べ、人びとが目的としている
　　〈繭〉を作る準備に入る。養蚕の作業としては最も忙しい時期を迎え
　　る。

ニミンオキ(二眠起き)
　〈蚕〉が4回脱皮するうちの、2回目の脱皮がすんだ時期。〈蚕〉を狭い部屋から広い部屋に移して、本格的な飼育がはじまる。

ニレー(二齢)
　〈蚕〉が4回脱皮するうちの、2回目の脱皮がすみ、3回目の脱皮に入るまでの年齢期。

　ニワオキ、ヨンレーオキでは、〈蚕〉がいい〈繭〉を作るために成果をあげる準備段階であるという点を、〈定年前の時期〉に重ね合わせている。ニミンオキ、ニレーでは、まだまだ〈繭〉を作るにはほど遠い点を、〈未熟な時期〉に重ね合わせている。この方法も、〈人の営み〉に用いられる比喩表現と同様に、「〈蚕〉は〈人〉である」という概念メタファーに基づくものと考えられる。このような認識があるからこそ、〈蚕の活動〉を表すニソオキ、ニミンオキや、〈蚕の年齢〉を表すニレーが、〈人の一生のある時期〉を表す語として用いられると考える。
　なお、先に考察したように、ズーは「時間の系列」に用いられていた。そのようなズーと同じように、ニワオキ、ヨンレーオキ、ニレー、ニミンオキも、〈人の一生〉という「時間の系列」に用いられているといえる。

6.4. 〈時期〉を表す語
　ところで、これまでにみてきた比喩表現とは異なるタイプの方法がある。次の藤岡市方言と、利根郡昭和村方言の例である。

(21) A：ショーガワ　**バンシュー**ダヨネ。ダカラ　チット　ハヤカンベネー。
　　　(生姜は晩秋蚕の9月ころだよね。だから少し早いだろう)
　　B：ソーダンベネー。(そうだろうね)　　　　　　　　　　(藤岡市方言)

(22) ウエキヤノ 〇〇サンガ キテクレタンワ **バンシュー**ダヨ。「カシグネ ハギリマスヨ」ッテ キテクレタヨ。メガ ホキルンガ ウチバン ナルッテ ユッテ。
(植木屋の〇〇さんが来てくれたのは晩秋蚕の9月ころだよ。「樫の木でできた塀を剪定しますよ」って来てくれたよ。芽が大きくなるのが遅くなると言って） （藤岡市方言）

(23) **バンシュー**ンナルト ネギガ アマクッテ ウンマク ナルカラ アブライタメニデモ スリャー ウント ウンマイ。
(晩秋蚕の9月ころになると葱が甘くて美味しくなるから油炒めにでもすればとても美味しい） （藤岡市方言）

(24) (春蚕の)**ニワニ** オキタカラ ウメガ モゲルナー。チット キーロク シタケリャー オカイコガ アガッテカラデイーヨッテ ユッテ ウメノ モギシュンオミル。
([春蚕の] 4回目の休眠から起きたら、梅がもげるなあ。少し黄色くしたければ、御蚕が上がってからでいいよと言って、梅のもぎ旬をみる）
（利根郡昭和村）

(25) オカイコガ イチバン ヨーキオ ヨク シッテルカラ。ヨーキノムシワ イチバンヨク シッテルジャナイデスカ。ウメノ モギシュンワ ホタカノ ヤマノ ユキガ オニノ コーユー カタチニ ナッタラッテ ユッタンダケド 「**ニワニ** オキタカラ ウメガ モゲルナー」ッテ ユー ホーガ イチバンダッタン デスネ。
(御蚕が一番陽気をよく知っているから。陽気の虫は一番よく知っているではないですか。梅のもぎ旬は武尊の山の雪が鬼のこういう形になったらと言ったのだけれど、「[春蚕の] 4回目の休眠から起きたら、梅がもげるなあ」と言う方が一番だったんですね）
（利根郡昭和村）

(26) バンシューノ　ニワニ　オキタラ　ハクサイオマク。
　　（晩秋の４回目の休眠から起きたら白菜の種を蒔く）　　（利根郡昭和村）

　これらは、隠喩や直喩という比喩表現の枠組みからは除外されるものである。養蚕語彙の本来の意味、すなわち養蚕世界の対象を表しているからである。しかし、養蚕世界を離れて用いられているという点では、二次的な用法となっている。藤岡市方言と昭和村方言の用例は、いずれも〈時期〉を表している。絶対的な時間の記憶というものは、あやふやになりがちである。しかし、人びとにとって、養蚕世界を基準にした養蚕語彙によって時間を把握するということはたやすいはずである。具体的な作業と、それがおこなわれる季節感というものが、人びとの中ですべて一体となって身体化されているからである。これは、養蚕を盛んにおこなっていた地域に独特な、方言的な特色を生み出している。

　なお、この用法は「現実世界の隣接関係」に基づく換喩[注4]に分類されるものとも考えられるが、完全にそうとも言いきれない点があり、稿をあらためて論ずる必要がある。

7　まとめ

　本章では、養蚕語彙が本来の専門的な生活世界を離れて用いられる二次的な用法を記述してきた。その用法には多様性があり、それが地域性にも連なっていることを指摘した。

　比喩表現で表される対象は、まとめて述べれば〈人〉〈人の営み〉〈人の一生〉や〈農作物〉である。これらは、総じて、次のような大前提となるメタファーに基づくものと考える。

(27) a. 〈蚕〉は〈人〉である。
　　 b. 〈蚕〉は〈農産物〉である。

(27a)のようなとらえ方をしているからこそ、養蚕語彙で〈人の営み〉や〈人の一生〉を表すことができる。同様に、(27b)のようにとらえているからこそ、〈苺〉や〈トマト〉を表せる。養蚕語彙の比喩表現によって養蚕世界の〈もの〉〈こと〉をとらえ表しつつ、人生や農業をはじめとする他の生活世界のようすを言い表す。多くの比喩表現を生み出すきっかけとなっているこのような基盤としてのメタファーの背後には、両者の生活世界をつないでいる人びとがいる。このメタファーのさらに根底にあるのが、両者をそれぞれどのようにとらえるかという人びとの観察の視点であったり、価値観であったりするものである。人びとが、養蚕世界とその他の生活世界を重ね合わせてつなぐことができるのは、彼らがまさに幾重にも重なる世界に生きているからである。

養蚕語彙の比喩表現は、養蚕世界から他の生活世界をとらえ、両者が重ね合わせられている。比喩表現に、ある語が用いられた瞬間、それで表される対象の性質のうちのどこかが、きわめて際だってとらえられて表現される。そのとき、人びとは、養蚕世界とその他の生活世界という二つの世界を同時にとらえ、意外性を生み出し、日常的な言語生活の中に彩りを展開している。養蚕世界はすでに過去のものになりつつあるが、養蚕語彙は未だ人びとに強く認識されており、日常の言語生活を豊かにする役割をになっていることがわかった。養蚕語彙は、養蚕世界だけの単なる専門語彙ではなく、人びとの言語生活を豊かに創造している生活語彙であるといえる。養蚕語彙による比喩表現は、たしかに養蚕業を盛んにおこなっていた地域に特有のものとしてよい。しかし、はじめにも述べたように、人びとがありありと経験している生活世界での比喩表現は、人のことばの営みとしてはごくごくあたりまえの行為であることも認識しておかなければならない。

今後の課題としては、比喩表現がなされるまでの過程を明らかにし、類型化をおこなってみる必要がある。それによって、養蚕語彙による比喩表現の全体像が把握できると考える。先に示した(27a-b)の概念メタファーが成立する理由、さらに(27a)の用法が多い理由について考えておく必要がある。

さらに、養蚕語彙による比喩表現の多様性は、地域性をも表していること

第1章　養蚕語彙による比喩表現の多様性　243

を述べてきたが、もう一方でこのことは、比喩表現の定着度についての考察を示唆している。本章で記述したような比喩表現は、一回性の臨時的なものなのか、逆に一般に言いならわされた慣用的なものなのかということはあらためて記述する必要があろう。地域によって比喩表現の対象が異なる場合、それが慣用的な比喩表現の地域差なのか、一回性の臨時的な比喩表現であるために生じる差なのかは明確にしなければならない。一回性のものであるからこそ、本章で論じてきた地域性が生じているということは十分に考えられるからである。比喩表現の本質をとらえつつ、その独創性について論じていくべきであろう。その際には、比喩表現による使用法と意味の拡張を、地理的にとらえてみることも必要となってくるであろう。

注
1 　大浦佳代(1998)は、前橋市小坂子町において取材をおこない、写真の記録と談話の採録をおこなっている。大浦氏も、取材当時60歳の女性が発した談話として、次のようなものを記録している。「うちなんか、おとっつぁまもあたしも元気でやれてるから、それだけで感謝しないと。もう年金の年だもの。いちんちはたらいて、夕方になったら、ずうになって。えっ、お酒飲んで、ずうの頭みたいに赤くなるっつうことだよ。ひゃははっ。」(14頁)「ずう」と記述している語が〈熟蚕〉を表している。「お酒を飲んで赤くなった人」のことが、「ずう」によって表現されており、色に注目した比喩表現となっている。
2 　南仏地方におけるフランス語の比喩表現は、1999年9月29日にヴァロンポンダルクで採録したもの。話者は第1部第2章5節に示したように、ヴァロンポンダルク生え抜きの女性二人である。比喩表現の調査をおこなった折りには、pébrineの他に、mou comme une chique「噛みタバコのようにやわらかい繭のように気力の抜けた人／語の直訳　mou：やわらかい(男性形)　comme：ように　une：一つの(女性形)　chipue：噛みタバコ(女性)」、déconner「人のことを悪く言う」を教えてくださった。〈人〉を表す mou comme une chique は、chique molle(やわらかい噛みタバコのような繭／語の直訳　chique：噛みタバコ　molle：やわらかい)に基づくものと推察されるが、chique で〈繭〉を表していることがすでに比

喩表現であり、chique の実体が不明であることも手伝って、残念ながら考察をすることが不可能である。〈繭〉を表現するために用いられる chique が、〈繭〉の意味を背負って再び養蚕世界をはなれ、〈人〉に対して負の形容をするための語として機能しているようにもみえるが推測の域を出ない。また、déconner は、〈繭〉を表す名詞 cocon から派生した動詞 (dé-：あとの造語要素の意味の反義を表す接頭辞 -er：動詞を派生させる接尾辞) である。動詞の本来の意味としては、coconner で「繭を作る」、déconner となると「ヒースを取り払って蚕から繭を引き離す」という説明がなされている。しかし、南仏地方における口語において、比喩表現がどのような動機によって成立したのか解明にはいたらなかった。

3　G. レイコフ、M. ジョンソン (1986) は、「ARGUMENT IS WAR (議論は戦争である)」「TIME IS MONEY (時は金なり)」という表現を例にあげ、これらを、私たちの「日常の活動の仕方に構造を与えている」前提となるメタファーであるとし、これを概念メタファーとしている。〈議論〉という概念は、私たちの生活の中で「indefensible (守りようがない)　attacked every weak point (弱点をことごとく攻撃した)　right on target (正しく的を射ていた)」というものとして語られる。同様に〈時間〉という概念は、「waste (浪費する)　save (節約する)　spend (使う)　cost (かかる)」というものとして語られる。これらの表現によって、「ARGUMENT IS WAR」「TIME IS MONEY」というメタファーは、日常語の中に当然のごとくたちあらわれて、〈議論〉をするとき、〈時間〉をとらえるとき、それぞれ「日々の営みに構造を与え」概念メタファーとして機能していると考える。

4　「ヤカンが沸いている」は、現実世界で「ヤカン」に隣接している「お湯」が沸いたことを言表する比喩である。このような用法が換喩であるが、〈時期〉を表す養蚕語彙はこれとは様相が異なっている。

第2章　養蚕語彙による比喩表現の類型化

1　はじめに

　群馬県方言には、養蚕世界での専門的な用法からはずれた、養蚕語彙の二次的な用法がみられる。すなわち、前章で記述したように、養蚕語彙を用いた比喩表現が存在するのである。この用法には、養蚕語彙をとおして他の生活世界を認識し、表現するという過程がみられる。このような群馬県方言における養蚕語彙の比喩表現は、群馬県が養蚕の盛んな地域であることを背景にもつ。養蚕語彙は、人びとが「養蚕を営む生活世界(以下、養蚕世界)」で用いる生業語彙である。日本全国で養蚕業が衰退しつつある現在では、養蚕語彙の専門的な使用はほとんどないものの、群馬県のような地域では、養蚕世界を離れた「日常の生活世界(以下、日常世界)」において、比喩として使用される場面が頻繁に観察されるのである。

　本章の目的は、養蚕語彙という特定の生業語彙を用いた比喩が、方言社会においてどのように生成され、どのように機能しているのかを明らかにすることにある。人びとが日常世界を理解し、表現するとき、養蚕語彙をとおしてそれらをどのようにおこなっているのかを考えてみたい。方法は次のとおりである。

　　方法1　比喩に用いられた養蚕語彙の本来の意味を記述し、比喩によって表現される日常世界の対象との対応関係を明らかにする。
　　方法2　養蚕語彙が本来表している対象と、日常世界の対象との対応関

係をもとに、語ごとに比喩の方法を図式化し、比喩のメカニズムを明らかにする。
　方法3　養蚕語彙による比喩の類型化をおこなう。
　方法4　養蚕語彙による比喩が生ずる要因を考察する。

　以上の方法に基づいて、前章の記述および考察の段階ではえられていなかった新たな事例も加えて考察をおこなう。一地域の比喩表現に焦点をあてて、前章で残された課題を検討する。すなわち養蚕語彙の比喩表現が成立する過程と、その類型化をおこなうものとする。
　なお、方法1と方法3に基づく考察は、すでに新井小枝子(2005b)でも試みた。本章では、その考察ののちにあらたにえられた比喩表現も加え、詳細な記述をおこなうことによりあらためて考察をおこなう。

2　資料について

　本章で取り上げる比喩は、群馬県方言の中でも、藤岡市方言における日常的な会話の中から採録したものである。藤岡市は、調査者(新井小枝子)の言語形成地でありかつ現在の生活地であるため、常に自然傍受調査が可能な地域である。比喩による表現は、言語表現におかしみや愉しみを与えつつ、日常会話の中で活き活きとはたらくものである。このような比喩の性質に鑑み、日常的な自然傍受調査によって自然談話の採録をおこない、必要の生じた際には話者に内省を求め、質問調査をおこなう方法をとっている。
　話者は、藤岡市の生え抜き8名である。各々の生年は、大正5年～昭和35年の間に位置する。当地で、昭和30年代～50年代に養蚕に関わっていた方々である。話者の生年にひらきがあるが、養蚕語彙による比喩については、同時代に、同地域において養蚕世界に関わっていたということが重要であると考え、年齢の差については問題はないとした。

3 比喩に使用される養蚕語彙

　藤岡市方言で、比喩に用いられる養蚕語彙は 15 語ある。その内訳は、もとから養蚕語彙であった 14 語と、比喩の成立にともない日常世界で新しく造語された 1 語である。

　養蚕語彙 14 語は、〈蚕〉を対象とした語彙と、〈桑〉を対象とした語彙に分類できる。養蚕語彙には、それらの語彙の他に、〈蚕の活動〉〈虫害〉〈廃物〉〈人〉〈場所〉〈信仰〉〈作業〉〈道具〉を表す多くの語彙がある[注1]が、これらによる比喩はみられない。比喩に用いられる養蚕語彙は、〈蚕〉と〈桑〉を対象としたものに偏っている。

　一方、新造語はフユゴ(冬蚕)である。〈蚕〉を表すハルゴ(春蚕)、ナツゴ(夏蚕)、アキゴ(秋蚕)からの類推で生じたものであろう。このことから、〈蚕〉を対象とした語彙に分類して考察する。

　以下、それぞれの語が本来表している養蚕世界の対象ごとに、比喩に用いられる養蚕語彙の性質を記述する。養蚕語彙としての意味を記述し、本来表している対象と、比喩が表す対象の対応関係を明らかにする。

3.1. 〈蚕〉を対象とした語彙

　養蚕世界において〈蚕〉を対象としている語彙は、もっとも比喩に用いられやすい。比喩に用いられる 15 語のうち 14 語は、〈蚕〉を対象としている語彙である。それらは、さらに、〈蚕〉を表すものと、〈蚕の飼い方〉を表すものに分類できる。なお、〈繭〉を表す語も〈蚕〉を表すものに含めて考察する。〈繭〉は、〈蚕〉が成長をとげて、その最終段階に作り上げたものであり、〈蚕〉が姿を変えたものととらえられるためである。〈蚕〉を表す語彙と〈蚕の飼い方〉を表す語彙は、それぞれの語の意味に注目すると、次のように下位分類することができる。

248　第4部　養蚕語彙の比喩表現

```
〈蚕〉を表す語彙───┬─ 1　一年間の飼育期を表す語彙(図1)
　　　　　　　　　├─ 2　一飼育期中の成長過程を表す語彙(図2)
　　　　　　　　　└─ 3　一飼育期中の病的な症状を表す語彙(図3)
〈蚕の飼い方〉を表す語彙　　　　一飼育期中の飼い方を表す語彙(図4)
```

　まず、図1に示したように、〈蚕〉を表す語彙のうち、1年間の飼育期によるものは、ハルゴ(春蚕)、ナツゴ(夏蚕)、アキゴ(秋蚕)およびフユゴ(冬蚕)という和語と、バンシュー(晩秋蚕)という漢語である。日常世界では、〈人〉〈時期〉を対象にして用いられる。具体的には、ハルゴ、ナツゴ、アキゴ、フユゴが、誕生季節別に〈人〉を表し、バンシューが〈時期〉を表している。前者の〈人〉を表す語彙は、〈蚕〉を表す造語成分-コをもつ複合語である。その造語成分と、飼育期を表すハル-、ナツ-、アキ-、フユ-を合成した語である。このとき、飼育期を表す造語成分には、季節を表す語が用いられているが、図1からわかるように、季節の期間がずれている。養蚕語彙において、これらの語は、飼育の季節を表しながらも、1年間の飼育期の順番を表す役割が大きくなっている。

　一方、後者の-コをもたないバンシューも〈蚕〉を表しており、養蚕世界に専用の語である。バンシューについて、普段どのように用いている語であるかを話者に説明を求めると、(1)のように説明される。

養蚕世界の対象	〈蚕〉飼育期別				
語　形	ハルゴ (春蚕)	ナツゴ (夏蚕)	アキゴ (秋蚕)	バンシュー (晩秋蚕)	フユゴ (冬蚕)
本来の意味	「一年の初め[5月10日頃から一ヶ月間]に飼育する蚕」	「春蚕の次[6月25日頃から一ヶ月間]に飼育する蚕」	「夏蚕の次[7月20日頃から一ヶ月間]に飼育する蚕」	「秋蚕の次[9月1日頃から一ヶ月間]に飼育する蚕」	×
比喩の意味	「春[3〜5月]生まれの人」	「夏[6〜8月]生まれの人」	「秋[9〜11月]生まれの人」	「生姜を収穫する時期」「植木屋が来る時期」「葱が美味になる時期」	「冬[12〜2月]生まれの人」
日常世界の対象	〈人〉誕生季節別			〈時期〉	〈人〉誕生季節別

図1　〈蚕〉を表す語彙──1　一年間の飼育期を表す語彙

（1）バンシューワ　イツゴロッタッテ　アキゴノ　ツギノ　オカイコノ　コトッキリ　オモイウカバネーヨ。イツッテ　イワレリャー　クガツダンベネー。
（晩秋はいつ頃と言ったって、秋蚕の次の御蚕のことしか思い浮かばないよ。何時と言われれば9月だろうね）

　すなわち、養蚕を営む人びとにとってのバンシューは〈蚕〉のことを表す語である。使用語としてのバンシューは、もっぱら「秋蚕の次に飼育する〈蚕〉」を表しており、〈時期〉を表すとすれば「9月」を表していることになろう。共通語としては、バンシューは「11月ごろの季節」を表すと内省するものの、日常的な会話においてこの意味で使用されることはほとんどない。人びとにとってのバンシューは、〈蚕〉を表すために生じ、そして、その次の段階として、〈蚕〉と隣接関係にある〈飼育期〉を表すようになったと考える。このように考えると、藤岡市方言におけるバンシューは、養蚕世界で造語されかつ意味が拡張した語であり、養蚕世界に専用の語であると認めざるをえない。なお、バンシューは漢語であり、ハルゴ、ナツゴ、アキゴという和語で語彙体系が展開している中にあっては異質である。この漢語が用いられる背景には、まず養蚕世界の変化として、1年間の飼育回数が複数になるという発達があり、次にその変化に対応して漢語を当てたということが考えられよう。1年の飼育回数が複数になったことにより、その一回一回を表すためには四季を表す四つの和語だけでは足りなくなり、漢語をあてて表現したということになろう（第3部第2章参照）。
　次に、図2に記した〈飼育期中の成長過程〉によって〈蚕〉を表す語彙は、日常世界の〈人〉〈農作物〉〈仕事〉に用いられる。成長過程の若い段階から順番に、オキッコ（起き蚕）、オーグワ（大桑）、ズー（熟蚕）、マユ（繭）である。オキッコ、オーグワ、ズー、マユが〈人〉に、さらにズーは〈農作物〉と〈仕事〉に用いられる。オキッコは、〈蚕〉を表す造語成分-コと、〈蚕〉の活動を表すオキ-が結合して、「休眠から覚めて脱皮したばかりの蚕」を表す語である。オーグワは、字義どおりには「大量の桑」であるが、意味の隣

250　第4部　養蚕語彙の比喩表現

養蚕世界の対象	〈蚕〉成長過程			
語　形	オキッコ（起き蚕）	オーグワ（大桑）	ズー（熟蚕）	マユ（繭）
本来の意味	「休眠から覚めて脱皮したばかりの蚕」	「成長期の蚕」	「繭を作る直前の蚕」	「繭」＝蚕が糸を吐いて作った丸形の糸の塊
比喩の意味	「あちこちよそ見をして落ち着きのない小学生たち」	「成長期の子ども」	「立つ直前の赤ん坊」「年を取った人」「過熟の苺」「過熟のトマト」 ズーニナル「たまりにたまった仕事」	マユオツクル「人生を全うする」
日常世界の対象	〈人〉成長過程	〈農作物〉状態〈仕事〉状況	〈人〉成長過程	

図2　〈蚕〉を表す語彙——2　一飼育期中の成長過程を表す語彙

接関係に基づいて大量の桑を必要としている「成長期の蚕」を表す。また、ズーとマユは単純語であり、養蚕語彙の中でも最も専門性が高い。ズーは、「繭を作る直前の蚕」を表し、マユは「繭」であり、成長の最終段階に「蚕が糸を吐いて作った丸形の糸の塊」を表す。

　さらに、図3に記した一飼育期中にみられる病的な症状によって〈蚕〉を表す語彙は、オクレッコ（遅れ蚕）、タレコ（垂れ蚕）、ヤスマズ（休まず）であり、日常世界の〈人〉を対象として用いられる。オクレッコとタレコは、〈蚕〉を表す造語成分-コと、状態を表すオクレ-（遅れ）、タレ-（垂れ）が結合してできた語である。それぞれ、成長が遅い、体が膿んで垂れるというマイナス評価、すなわち病的な症状を表した語彙である。ヤスマズは、〈蚕〉を表す造語成分をもたず、アクセントが2拍目から4拍目までが高い平板型で発音される語である。休眠をしないというマイナスの病的な状態を表している。

　以上、図1〜3までの〈蚕〉を表す語彙の他、図4に記した一飼育期中の飼い方を表すアツガイ（厚飼い）とウスガイ（薄飼い）がある。図4のように、〈蚕の飼い方〉を表す語彙は、日常世界では〈子どもの育て方〉を表す。サンザ（蚕座：蚕の生活するベッド）の状態で、〈飼い方〉を言い表している。〈蚕〉のトースー（頭数）密度に注目した造語である。ある場所に対す

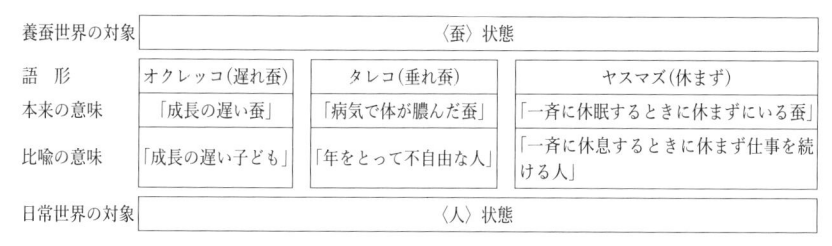

図3 〈蚕〉を表す語彙——3 一飼育期中の病的な症状を表す語彙

養蚕世界の対象	〈蚕〉状態		
語　形	オクレッコ(遅れ蚕)	タレコ(垂れ蚕)	ヤスマズ(休まず)
本来の意味	「成長の遅い蚕」	「病気で体が膿んだ蚕」	「一斉に休眠するときに休まずにいる蚕」
比喩の意味	「成長の遅い子ども」	「年をとって不自由な人」	「一斉に休息するときに休まず仕事を続ける人」
日常世界の対象	〈人〉状態		

図4 〈蚕の飼い方〉を表す語彙　一飼育期中の飼い方を表す語彙

養蚕世界の対象	〈蚕の飼い方〉	
語　形	アツガイ(厚飼い)	ウスガイ(薄飼い)
本来の意味	「頭数密度を高くして蚕を飼う飼い方」	「頭数密度を低くして蚕を飼う飼い方」
比喩の意味	「一時に大人数の子の面倒をみる育て方」	「一時に小人数の子の面倒をみる育て方」
日常世界の対象	〈子どもの育て方〉	

る頭数密度が高ければアツイ(厚い)、低ければウスイ(薄い)である。

3.2. 〈桑〉を対象とした語彙

　〈桑〉を対象とした語彙から比喩に用いられるものは、図5に示したようにタテドーシ(立て通し)の1語である。タテドーシは、1年間の〈桑〉の成長過程のある一段階を表す語である。〈桑〉の造語成分をもたないが、藤岡市方言では〈桑〉を表す養蚕世界に専門の語である。養蚕世界では、「伐採せず伸び過ぎている桑」を表す。日常世界の比喩では〈人〉や〈樹木〉に対して用いられている。

図5 〈桑〉を表す語彙

養蚕世界の対象	〈桑〉成長過程	
語　形	タテドーシ(立て通し)	
本来の意味	「伐採せず伸び過ぎている桑」	
比喩の意味	「結婚せず年をとり過ぎている女性」	
	「伐採せず伸び過ぎている梅の木」	
日常世界の対象	〈人〉成長過程	〈樹木〉成長過程

4 比喩のメカニズム

　さて、養蚕語彙として本来表している対象と、日常世界での対象の対応が明らかになったところで、その対応関係にしたがって、比喩の方法を図式化し、比喩のメカニズムについて考察をおこなう。これによって、人びとが養蚕世界を通して、どのように日常世界を理解しているのかを明らかにし、さらには比喩の類型化をおこなう。

4.1. 〈人〉を表す比喩
4.1.1. 飼育期別の〈蚕〉を表す語彙からの比喩

　ここで考察する比喩は、ハルゴ、ナツゴ、アキゴが、誕生季節別に〈人〉を分類して用いられるというものである[注2]。ハルゴ、ナツゴ、アキゴは、養蚕世界でも均整のとれた語彙体系をなしており、日常世界でもそれを保ちながら比喩に用いられる。さらに、養蚕語彙の体系としてはあきまとなっている部分に、フユゴを造語して組み込んでいる。これらの4語が用いられる比喩の事例は(2)(3)のとおりである。

(2) 　A：アンター　イツ　ウマレタン。（あなたはいつ生まれたの）
　　　B：アシワ　**ナツゴ**ダヨ。（私は**夏生まれ**だよ）
　　　A：アンタワ　**ハルゴ**カイ、**アキゴ**カイ。（あなたは**春生まれ**か、**秋生まれ**か）
　　　C：アタシワ　**アキゴ**。（私は**秋生まれ**）

(3) 　オバーチャンナ　ハチガツウマレダカラ　**ナツゴ**ダケド　○○ワ　イチガツダカラ　**フユゴ**ダー。
　　　（お婆ちゃんは8月生まれだから**夏生まれ**だけど、○○は1月だから**冬生まれ**だ）

　この会話によって、〈蚕〉を表す語彙で、誕生季節別に〈人〉を表してい

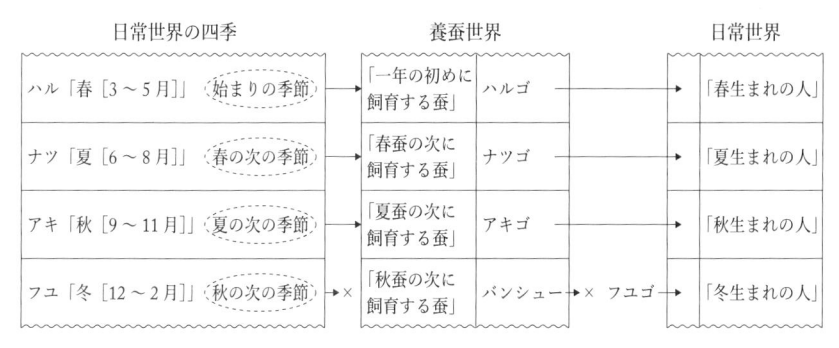

日常世界の四季		養蚕世界		日常世界
ハル「春 [3〜5月]」 始まりの季節	→	「一年の初めに飼育する蚕」 ハルゴ	→	「春生まれの人」
ナツ「夏 [6〜8月]」 春の次の季節	→	「春蚕の次に飼育する蚕」 ナツゴ	→	「夏生まれの人」
アキ「秋 [9〜11月]」 夏の次の季節	→	「夏蚕の次に飼育する蚕」 アキゴ	→	「秋生まれの人」
フユ「冬 [12〜2月]」 秋の次の季節	→×	「秋蚕の次に飼育する蚕」 バンシュー	×フユゴ →	「冬生まれの人」

図6　事例(2)「ナツゴ・ハルゴ・アキゴ」・事例(3)「フユゴ」の比喩

る様子が具体的にわかる。〈蚕〉は、1年のうちのある時期、約1ヶ月間の飼育期をとって飼育される。その飼育期が、〈人〉の誕生季節に対応し、それにともなって、養蚕語彙には欠けているフユゴを新しく造語して、日常世界において「ハルゴ(春子)、ナツゴ(夏子)、アキゴ(秋子)、フユゴ(冬子)」という均整のとれた体系を作り上げている。

　この比喩を図式化したものが、図6[注3]である。養蚕世界でのハルゴ、ナツゴ、アキゴの体系は、日常世界の四季を表すハル(春)、ナツ(夏)、アキ(秋)、フユ(冬)の語彙体系に支えられていると考える。四季の語彙体系を背景に、養蚕世界の飼育期別の〈蚕〉が表され、そして、それが再び、日常世界の〈人〉に用いられ、比喩が成立している。このとき、先にも述べたように、〈蚕〉を表すハルゴ、ナツゴ、アキゴが指し示す絶対的な期間と、〈人〉を表す場合の期間のずれは捨象されている。これらの語彙が、もともと日常世界の四季を表す語彙体系に支配されているためであろう。

4.1.2. 成長過程別および病的な症状別の〈蚕〉を表す語彙からの比喩

　成長過程別の〈蚕〉を表す語で〈人〉を表すものは、オキッコ、オーグワ、ズーである。同様に、病的な症状別の〈蚕〉を表す語では、オクレコ、タレコ、ヤスマズである。

　まず、オキッコ、オーグワ、ズーは、それぞれ次のように用いられる。

(4) 小学校の運動会で、校長先生の挨拶を聞いている小学生の様子を見て。
　　Ａ：マッタク　ショーガクセーッツーンワ　コーチョーセンセーガ　ハナシー　シテタッテ　モゾモゾ　モゾモゾシテテ　**オキッコノヨーダ**。
　　（全く、小学生というのは、校長先生があいさつをしているというのに、もぞもぞもぞもぞ動いていて**休眠から覚めて脱皮したばかりの蚕**のようだ）

(5) 話者Ａが自分の家の米の消費について話題を提供して。
　　Ａ：ウチワ　サイキン　コメガ　ナクナルンガ　ハエーンダイネー。スグナクナッチャウ。マータ　コメツキー　イガナクッチャ。
　　（私の家では最近米が無くなるのが早いのだよね。すぐになくなってしまう。また米搗きに行かなくてはならない）
　　Ｂ：ナンダ　オメーンチワ　**オーグワカ**。
　　（なんだ、お前の家は**成長期の子ども**がいるのか）
　　Ａ：ソーダヨ　**オーグワガ**　サンニンモ　イルモノー。
　　（そうだよ、**成長期の子ども**が３人もいるもの）
　　Ｂ：ソレジャー　**オーグワガ**　サンニンモ　イリャー　コメガ　ナクナルンモ　ハイーダンベ。
　　（それでは、**成長期の子ども**が３人もいれば米がなくなるのも早いだろう）

(6) 間もなく１歳の誕生日を迎える孫が、障子に手をかけて立ち上がろうとする姿を見て。
　　Ａ：アレー、ミテミテー、ハー　イマチットデ　タツヨ、**ズー**ミタイニ　ナッテ　キタヨ。
　　（ああ、［あの姿を］見て見て、もう、もう少しで立つよ。**熟蚕**みたいに首を高く持ち上げるようになってきたよ）

第 2 章　養蚕語彙による比喩表現の類型化　255

(7) ある夏の日の夕方、お互いによく知っている 2 人(話者 A：50 歳代と話者 B：80 歳代女性)が、道ばたで出会って。

A：オバサン　マインチ　アチーケド　ゲンキダノー。
　　（おばさん毎日暑いけれども元気だね）

B：ハー　アシモ　**ズー**ンナッチマッタカラ　ダメサー。セメテ　**タレコンナンネーヨーニト**　オモッテサ。
　　（もう私も**年をとった人**になったからだめさ。せめて**年を取って不自由な人**にならないようにと思ってね）

A：ソンナコト　ユワネーデ　イー　**マユー**　ツクッテクンナイ。
　　（そんなことを言わないで、**良い人生を全う**してください）

　それぞれの語は、語の意味を構成している意味特徴のある部分を、日常世界の対象に重ね合わせて表現している。

　(4)のオキッコと(5)のオーグワは、〈子ども〉を対象にして用いられている点で共通している。これらの比喩を図式化したものが、図 7、図 8 であ

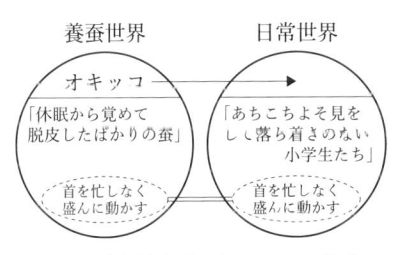

図 7　事例(4)「オキッコ」の比喩

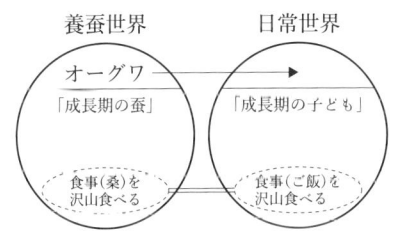

図 8　事例(5)「オーグワ」の比喩

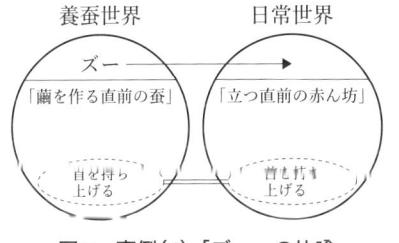

図 9　事例(6)「ズー」の比喩

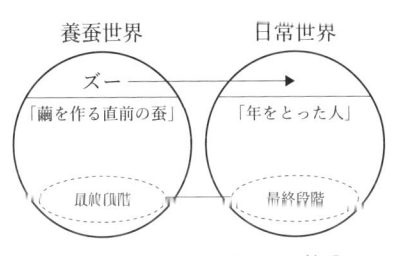

図 10　事例(7)「ズー」の比喩

る。オキッコでは、首を忙しなく盛んに動かすという意味特徴を、〈子ども〉に重ね合わせ、「あちこちよそ見をして落ち着きのない小学生たち」を表す。同様にして、オーグワでは食事を沢山食べるという意味特徴で、「成長期の子ども」を表している。オキッコやオーグワで、〈子ども〉のざわついた様子や、大食ぶりを理解し、表現しているのである。

　また、(6)(7)も、〈子ども〉とは異なるが、ズーによって〈人〉を表しているものである。ズーは、図2にも示したように、日常世界では、性質の異なる複数の対象を表している。後にも再び考察の対象となる語であり、比喩での表現力が多様であるといえる[注4]。それらの多様な用法の中から、(6)(7)について比喩を図式化したものが図9、図10である。図9では、ズーのもつ首を持ち上げるという意味特徴が、〈赤ん坊〉の状態に重ね合わせられ、「立つ直前の赤ん坊」を表すメカニズムを示している。同様にして、図10は、ズーの幼虫としての最終段階という意味特徴によって、「年を取った人」を表すメカニズムである。

　このように、〈人〉に対するズーでは、年齢的に相反する性質をもつ〈赤ん坊〉と〈年寄り〉に用いられている点が特徴的である。これには、まず、比喩が成立するときのメカニズムが関わっていると考える。すなわち、それぞれの比喩が成立するとき、ズーの意味を構成している意味特徴の重ね合わせられる部分が異なるということである。比喩においては、本来語がもっている意味特徴すべてを重ね合わせるのではなく、人びとが注目したある意味特徴にのみ焦点があたっている。ズーの場合であれば、〈赤ん坊〉に対しては首を持ち上げる、〈年寄り〉に対しては最終段階というそれぞれの意味特徴のみが焦点化され、比喩の成立に関与しているということである。焦点化される意味特徴が異なるものの、それぞれが一つに限定され、〈人〉という同じ範疇の対象に用いられている。

　さらに、〈赤ん坊〉に対してはズー　ミタイニ　ナル(事例6)、〈年寄り〉に対してはズーニ　ナル(事例7)というように、比喩の表現方法が変わることも指摘しておかなければならない。〈赤ん坊〉に対しては説明語の-ミタイを用いた直喩によっており、〈年寄り〉に対してはそれを用いない隠喩に

よっている。したがって、比喩によってズーダと表現された場合には、〈年寄り〉を表しているのであり、〈赤ん坊〉を表すことはできない。目に見える〈ズー〉の外面的な姿形に焦点をあてた比喩には-ミタイを用い、目には見えない〈ズー〉が生物としてもっている内面的な性質に焦点をあてた比喩には、そのような説明語を用いない。人びとは、現実の実態をつぶさにとらえて表現し分け、ズーを自由自在に使いこなしているということがわかる。そして、性質の相反する日常世界の対象を、見事に言いあてている。

さて、病的な症状を表示することによって〈蚕〉を表しているオクレッコとタレコとヤスマズによる比喩である。タレコの使い方はすでに(7)に記述したとおりであるが、オクレッコとヤスマズは次のとおりである。

(8) ウチノ　コワ　マーズ　ショクガ　ホセーカラ　ナカナカデッカクナンネンダヨ、**オクレッコサー**。
　　（家の子どもは本当に食が細いのでなかなか大きくならないのだよ。**成長の遅い子どもさ**）

(9) A：コッチー　キテ　ハヤク　ヤスミナヨー。
　　　　（こちらに来て早く休みなよ）
　　B：ウン、デモ　ワタシタチワ　オソクキタンニ　イッションナッテ　ヤスンデチャ　ワルイカラ。
　　　　（ううん、でも、私たちは遅く来たのに、一緒になって休んでいては悪いから）
　　A：イーンダヨー、ソンナコト　ユワナクモ。**ヤスマズ**ワネー　カワイナガシチャウヨ。
　　　　（いいのだよ、そのようなことを言わなくても。一人で作業の手を休めない人は、川に流してしまうよ）
　　B：カワイ　ナガサレチャー　タイヘンダカラ　ヤスマセテモラウカー。
　　　　（川に流されては大変だから、休ませてもらうか）

図11 事例(8)「オクレッコ」の比喩

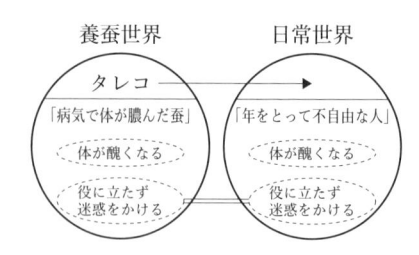

図12 事例(7)「タレコ」の比喩

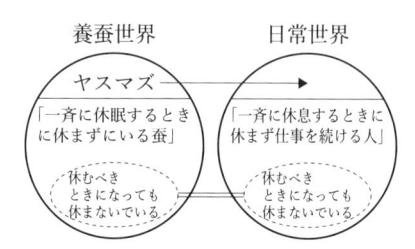

図13 事例(9)「ヤスマズ」の比喩

　オクレッコ(図11)は、他の蚕と比べて成長が遅く体が小さくて細いという意味特徴を重ね合わせることによって、「成長の遅い子ども」を表す。タレコ(図12)は、体が醜くなる、役に立たず迷惑をかけるという意味特徴によって、「年をとって不自由な人」を表現する。ズーが、単に「年を取った人」を表していたのに対し、タレコは「年を取った人」のマイナスの性質をとらえて表現したものである。ヤスマズ(図13)は、休むべきときになっても休まないでいるという意味特徴によって、「一斉に休憩するときに休まず仕事を続ける人」を表す。共同作業をおこなうことの多かった地域社会の労働場面においては、このような〈人〉は迷惑な存在なのである。

　以上のように、成長過程別および病的な症状別の〈蚕〉を表す語彙は、〈人〉のマイナス面を実に見事に言いあてる。〈子ども〉や〈年寄り〉のマイナス面や、〈足並みを乱す人〉への戒めが、こっけいに言い表されていることがわかる。

4.1.3. 成長過程別の〈桑〉を表す語彙からの比喩

〈桑〉の成長過程の一段階を表すタテドーシも、事例(10)のように〈人〉に用いられる。

(10) A：アンタンチノ　ムスメワ　イートシニ　ナルダンベー。
　　　（あなたの家の娘は、いい年になるだろう？）
　　B：ハー　サンジュースギタンダヨ、シラネーマニ　**タテドーシニ**
　　　ナッチマッタガネ。
　　　（もう30歳を過ぎたのだよ、知らないうちに**適齢期に結婚せず年**
　　　をとり過ぎている女性になってしまったんだよ）
　　A：イマー　ソンナコター　ネーヨ。
　　　（今の時代はそんなことはないですよ）

タテドーシの比喩では、ある時期を過ぎてもそのままでいるという意味特徴を〈人〉に重ね合わせ、「結婚せず年をとり過ぎている女性」を表している（図14）。先には、〈蚕〉によって〈人〉を解釈する例が多く見られたが、〈桑〉によっても〈人〉を解釈し、表現することができる。〈桑〉の性質を、〈人〉に見立てて、その特徴をおかしみをもって表現している例である。この比喩によって、〈人〉のもっているマイナス面がユニークに表現されることになり、単なる悪態の表現ではなくなっている。

4.2.〈人の生き方〉を表す比喩

この比喩は、マユ(繭)によるものである。具体的な文例は、先に(7)の事例で示したものである。この表現は、マユオ　ツクル（繭を作る）という句で、比喩としての意味を形成している。〈蚕〉が〈繭〉を作るという行為は、今ある姿での一生を成し遂げるという意味特徴をもっている。それを日常世界の〈人の生き方〉に重ね合わせ、「人生を全うする」という意味を表現している（図15）。〈蚕〉の成長過程と、〈人〉の人生が重ね合わせられた比喩である。〈蚕〉と〈人〉の単なる重ね合わせではなく、自らの生き方まで

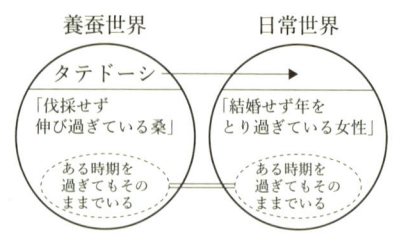

図14　事例(10)「タテドーシ」の比喩 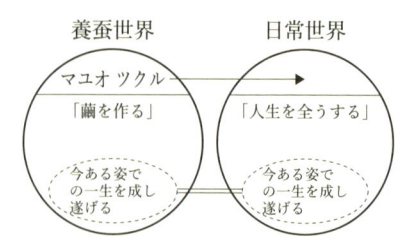　　図15　事例(7)「マユオ ツクル」の比喩

も重ね合わせて表現できるのは、養蚕を営んできた人びとに特徴的なことがらであるといえよう。

4.3. 〈子どもの育て方〉を表す比喩

〈蚕〉を対象とした語彙の中で、〈蚕の飼い方〉を表す語彙であるアツガイとウスガイは、〈子どもの育て方〉を表している。次の(11)のように用いられる。

(11) イマノ　コワ　**ウスガイ**ダカラ　シアワセダー。ムカシワ　**アツガイ**ダッタカラ　センセーノ　メダッテ　イキトドカネーシ　オヤダッテ　タイシテ　メンドーナンカ　ミランネンダカラ。ソレデモ　ヨク　ソダッタモンダイネー。
（今の子は**少人数に対しての子育て**だから幸せだ。昔は**大人数に対する子育て**だったから、先生の目も行き届かないし、親だって大して面倒をみられないのだから。それでも良く育ったものだよね）

図16、図17に示したように、養蚕世界におけるアツガイのマイナス面と、ウスガイのプラス面を、それぞれ〈子どもの人数〉と〈蚕の頭数〉に注目して重ね合わせている。アツガイでは、世話が行き届かないという意味特徴を〈子育ての仕方〉に投影することによって、子どもに目が行き届かない、子育てが雑になるということまでをも表している。同様に、ウスガイでは、世話が行き届くという意味特徴を〈子育ての仕方〉に投影し、子どもに

図16　事例(11)「アツガイ」の比喩　　　図17　事例(11)「ウスガイ」の比喩

目が行き届く、子育てが丁寧におこなわれるということを表す。先にも、〈蚕〉と〈子ども〉が同等にとらえられている比喩は多くみられたが、蚕の飼育と、子育てにおいても、両者を同価値でとらえていることがわかる。

4.4. 〈農作物〉〈仕事〉を表す比喩

これまでに述べた〈蚕〉を対象とした語彙は、〈人〉を対象とした比喩に用いられたものであったが、一方では、〈人〉以外のものごとを対象にして用いられるものもある。それは、「立つ直前の赤ん坊」「年を取った人」を表すズーが、〈農作物〉や〈仕事〉を表しても用いられるというものである。具体的には、〈農作物〉とは「過熟の苺(12)」「過熟のトマト」であり、〈仕事〉とは「たまりにたまった仕事(13)」である。

(12) 3月上旬の春の日差しが強まってきたビニールハウスの中で、出荷用苺の採取をしながら。
　　A：イチゴガ　ミンナ　**ズー**ンナッチャタカラ　イソガシーゾー。マッカンナッチャッテミンナシテ　クビー　フッテルヨーダイ。
　　　（苺がみんな**過熟の苺**になってしまったから、忙しいぞ。真っ赤になってしまって、みんなして首を振っているようだよ）
　　B：アー　ホントダ　ホントダ　タイヘンダ。ハヤク　モガナケリャ。
　　　（ああ、本当だ、本当だ、大変だ。早くもがなければ）

(13) お茶飲み話に花が咲いて、長い時間が経過したことに気づいて。

コンナニ　ナガバナシ　シテチャー　タチマチ　**ズーンナッチマウ**。ハー　イーカゲンニシテ　イガナケリャ。
(このように長話をしていては**仕事がたまりにたまった状態になって**しまう。もういい加減にして行かなくては)

まず、(12)の〈農作物〉では、図 18 に示したように、本来ズーのもっている幼虫の姿をした最終段階、体が透きとおって色が変わる、上蔟の忙しい作業に追われるという意味特徴によって、「過熟の苺」を表している。出荷用苺としての最終段階、実が赤くなって色が変わる、収穫の忙しい作業に追われるという部分に重ね合わせられている。一つの意味特徴に限定されることなく、複数の意味特徴がすべて一度に投影され、ズー 1 語によって、養蚕世界の生活実感をすべて抱え込み、別の日常世界を効果的に表現している。この点において、〈人〉、すなわち〈赤ん坊〉(図9)、〈年寄り〉(図10)に用いられるズーとは、比喩表現の成立の仕方が異なっている。

次に、(13)の〈仕事〉では、ズーニ　ナルという句によって比喩が成立している。養蚕語彙としてのズーは、「繭を作る状態になった蚕」を意味し、ズーニ　ナル(熟蚕になる)という句の意味は、字義どおり「そのような蚕になる」ということを示しているが、比喩では、そのことがらにともなう慌ただしい作業の状況に焦点を当てた表現となっている。図 19 に示したように、ズーニ　ナルという句がもっている忙しい作業に追われるという意味特徴によって、「仕事がたまりにたまった状態になる」ことを表している。これまでに考察してきたズーが語のレベルでの比喩であったのに対し、これ

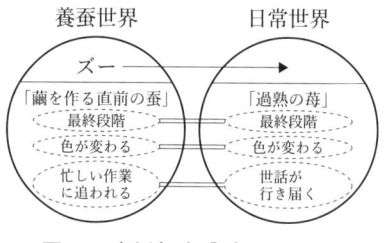

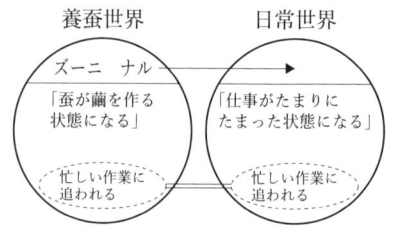

図 18　事例(12)「ズー」の比喩　　図 19　事例(13)「ズーニ ナル」の比喩

は句による比喩である。

4.5.〈樹木〉を表す比喩

　ここで取り上げるのは、〈桑〉を表すタテドーシによって、他の〈樹木〉の状態を表すという例である。先には、〈人〉へのタテドーシについて考察したが、〈樹木〉を表現する場合には、(14)のようになる。

(14) ウメノ　キガ　**タテドーシ**ミテーニ　モサモサシテルカラ　チット
　　 ハギッテヤルベー。
　　 (梅の木が**伸び過ざた桑**みたいに生い茂っているいるから少し剪定してやろう)

　本来タテドーシがもっている枝が高く成長して葉が生い茂っているという意味特徴を、〈桑〉以外の〈樹木〉に重ね合わせている(図20)。この事例の場合は、「適当な時期に伐採せず伸び過ぎている梅の木」を表しているが、庭木にするような低木全般の、〈樹木〉の生い茂った様子を表現するときに用いるという。

　このとき、先に考察した「結婚せず年をとり過ぎている女性」を表す比喩とは表現形式が異なり、ミテー(みたい)という説明語をともなっている。これは、ズーの考察でみてきた表現形式の違いと同じ現象である。ズーでは、〈赤ん坊〉と〈年寄り〉という相反する対象に用いられたとき、説明語をともなうかともなわないかという違いがあった。タテドーシでも、目に見

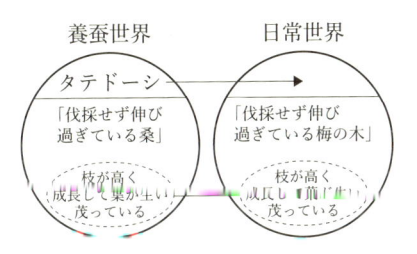

図20　事例(13)「タテドーシ」の比喩

える外面的な〈桑〉の姿形に焦点をあて、他の〈樹木〉の姿形を表現する場合には、説明語をともなっている。目には見えない内面的な〈桑〉の性質に注目して〈人〉の性質を表現する場合には、説明語を用いない。

4.6.〈時期〉を表す比喩

　ここでは、〈蚕〉を表す語彙から〈時期〉を表すようになったバンシューについて述べる。バンシューは、先に述べたハルゴ、ナツゴ、アキゴと共に、1年間の飼育期別の〈蚕〉を表す語である。ハルゴ、ナツゴ、アキゴが、一連の語彙体系を保ったまま〈人〉を表すのに対し、バンシューは、その体系から抜け出して、異なる対象に用いられる。バンシューは、和語の語彙体系の中に存在する漢語という点でも異質であったが、比喩の成立もこれまでにみてきたメカニズムと異なる。具体的な事例は(15)〜(17)である。

(15) A：ショーガワ　**バンシューダヨネ**。ダカラ　チット　ハヤカンベネー。
　　　（生姜は**晩秋蚕の9月ころ**だよね。だから少し早いだろう）
　　 B：ソーダンベネー。（そうだろうね）

(16) ウエキヤノ　○○サンガ　キテクレタンワ　**バンシューダヨ**。「カシグネ　ハギリマスヨ」ッテ　キテクレタヨ。メガホキルンガ　ウチバンナルッテユッテ。
　　　（植木屋の○○さんが来てくれたのは**晩秋蚕の9月ころ**だよ。「樫の木でできた塀を剪定しますよ」って来てくれたよ。芽が大きくなるのが遅くなると言って）

(17) **バンシューンナルト**　ネギガ　アマクッテ　ウンマクナルカラ　アブライタメニデモスリャー　ウントウンマイ。
　　　（**晩秋蚕の9月ころ**になると葱が甘くて美味しくなるから油炒めにでもすればとても美味しい）

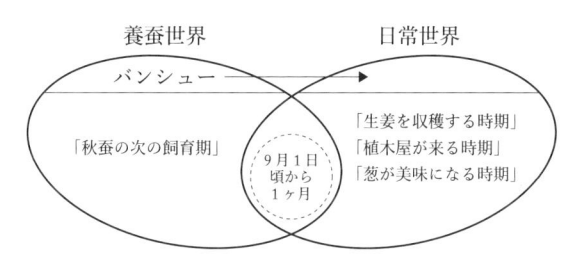

第 2 章　養蚕語彙による比喩表現の類型化　265

図21　事例(15)、事例(16)、事例(17)「バンシュー」の比喩

　バンシューによって、「秋蚕の次の飼育期」、すなわち、9月1日頃から1ヶ月を表している。具体的には、「生姜を収穫する時期」、「植木屋が来る時期」、「葱が美味になる時期」のことを表したものである。養蚕世界の飼育の暦で、日常世界の暦を表しているという事象である。比喩のメカニズムは、図21に示した。「秋蚕の次の飼育期」と、「生姜を収穫する時期」「植木屋が来る時期」「葱が美味になる時期」は、9月1日頃から1ヶ月という点で全く同一の〈時期〉である。バンシューの〈飼育期〉に発生する日常世界の事態として、〈生姜を収穫すること〉〈植木屋が来ること〉という行為や、〈葱が美味になること〉という事柄があり、そのそれぞれの事態をバンシューの〈時期〉に位置づけて用いているからである。養蚕世界においても、日常世界においても、同じ期間の〈時期〉を表すことから、お互いの生活世界がきわめて近接した関係にあるといえる。この点において、これまでに図6～20でみてきた比喩のメカニズムと異なるのである。しかし、養蚕世界に専用の語で日常世界をとらえているという点では、それらと同様であり、バンシューの用法も、養蚕語彙による比喩表現ととらえておきたい。

　ところで、このバンシューのような比喩は、人びとが、日常世界のさまざまな活動を、養蚕世界を基準にして把握していることを示すと考える。人びとの記憶は、養蚕世界が基準となっているということである。このとき、養蚕語彙は、日常世界を整理して合理的に記憶するという役割をになっている。養蚕語彙が日常世界に流れる時間を分節する語として機能し、日常世界で次々に生起するさまざまな事態の〈時期〉を、鮮明に記憶するために一役かっているといえよう。

なお、バンシューは、〈蚕〉を表す造語成分をもたない語であるため、このような比喩に用いられやすかったと考えられる。-ゴをもった、ハルゴ、ナツゴ、アキゴは、日常世界の〈時期〉を表す比喩には用いにくいとの内省がきかれる。

5　養蚕語彙にみられる比喩の類型

　さて、比喩の対象ごとに記述した一語一語の比喩のメカニズムをもとに、比喩の成立の仕方に視点を当て、養蚕語彙による比喩の類型をまとめておきたい。

　半澤幹一(1997、1999)では、方言における比喩について、その認定の仕方を具体的に論じて分類をおこないながら、そのとき実は単純に処理できない例も多いとしている。本章で考察した養蚕語彙による比喩も分類の観点がいくつか考えられ、表現方法としての定着度や見立てのおこなわれ方などに注目するとそこには連続性があり、単純化して分類することはなかなか難しい。ここでは、このような現状を認めたうえで、比喩の成立の仕方に注目して分類および考察をおこなう。

　本章で考察した15語の養蚕語彙は、いずれも、養蚕世界を言い表す語によって日常世界の〈もの〉や〈こと〉をとらえて表現するという共通性をもっており、その点において比喩であると認定した。図6〜21によって、養蚕世界と日常世界を対応させながら図式化してきたとおりである。一方で、それらの図によって比喩のメカニズムを考察してきたように、一語一語の比喩の成立の仕方に注目すると、その違いによって次のような類型に分類することができる。

　　A　比喩性の強い型　：養蚕語彙で表される養蚕世界と日常世界が、かけ離れた生活世界であるために、比喩表現が成立したときに意外性が際だつ型(図6〜20)
　　B　比喩性の弱い型　：養蚕語彙で表される養蚕世界と日常世界が、き

わめて近接している生活世界であるために、意外性がほとんど感じられない型(図21)

　まず、A比喩性の強い型は、養蚕世界と日常世界の全く異なる対象に、それぞれの共通点を見いだして重ね合わせをおこなっているというものである。養蚕語彙の中から1語が選択されて用いられたとき、それによって表されるそれぞれの対象がかけ離れている生活世界に位置するものであるため、意外性が生み出されて比喩性が強まったと考えられる。この類型に属する比喩は、養蚕世界と日常世界の重ね合わせがおこなわれるときの語彙体系のあり方に注目すると、さらに次の二つのタイプに分類できると考える。

　　A　比喩性の強い型　Ⅰタイプ：養蚕語彙の体系から1語で抜け出
　　　　　　　　　　　　　　　　し、その体系から解放されて用いられ
　　　　　　　　　　　　　　　　るタイプ
　　　　　　　　　　　Ⅱタイプ：養蚕語彙の体系から部分体系で抜け出
　　　　　　　　　　　　　　　　し、その体系を保持したまま用いられ
　　　　　　　　　　　　　　　　るタイプ

　Ⅰタイプは、図7・20の図式で表したものである。Ⅰタイプでは、養蚕語彙のそれぞれの語の意味を形成している意味特徴のいずれかを、日常世界の〈もの〉や〈こと〉にそのまま重ね合わせている。すなわち、類似点としての意味特徴同士を重ね合わせている。それぞれの語は、養蚕語彙の中から、それぞれ個別の必然性をもって選び出されて用いられている。比喩のメカニズムとしては、原則的に養蚕語彙の本来の意味を構成している意味特徴の中のある部分だけが焦点化され、そこがまったく別の日常世界に投影されるかたちで成り立つ。例えば、図10の「年をとった人」を表すズーは、本来は「繭を作る直前の蚕」を表しているが、比喩では最終段階という意味特徴だけが焦点化され、それとしての意味が生起されている。本来のズーがもっている、色が変わる、忙しい作業に追われるというような意味特徴をは

じめ、他のさまざまな意味特徴はまったく関与しておらず、最終段階に限定されている。養蚕語彙としての本来の意味は、養蚕世界の中でつくり上げられ、生活の中で培われたさまざまな意味特徴によって形成されており、それらは本来の養蚕世界では自明のこととされているといってよい。比喩が成立したときには、それらのうちのいずれかが焦点化され、表にたちあらわれてくるのである。それによって、言語表現に意外性やおかしみが生まれ、豊かな表現効果を生み出していると考えられる(注5)。このように、Ⅰタイプの比喩表現は、語ごとに認められるある意味特徴が重ね合わせられて、お互いにかけ離れた生活世界の対象を表して成り立っているものである。

　Ⅱタイプは、図6で表したものである。養蚕語彙の部分体系が保たれたまま、日常世界での語彙体系にも影響を受けながら重ね合わせがおこなわれている。Ⅰタイプが単独の語としての重ね合わせであったのに対し、Ⅱタイプは部分体系を保ちながら重ね合わせられる。単なる語の意味特徴の重ね合わせではない。飼育期による〈蚕〉を表す語彙の体系が、そのまま誕生季節別の〈人〉に重なり、それが新たな造語までも喚起して、体系としての均整が整えられている。養蚕語彙を、養蚕世界からはかけ離れている日常世界の対象に用いているという点では、Ⅰタイプと同じ性質をもっているといえる。

　ところで、「A比喩性の強い型」をⅠタイプとⅡタイプに下位分類をおこなったが、視点をかえてみればこの型の中での比喩性の強弱によって下位分類することもできる。比喩性の強弱でAとBという二つの型に分類をおこなってみても、そこにはすでに連続性があり、さらに下位分類をしようとすれば、またそこには連続性を見いだすことができる。比喩性の強弱における連続性を認めるにしても、それがどのような連続性なのかを詳細に説明する必要があるが、本章では比喩がそのような実態であることを指摘しておくとどめる。

　次に、B比喩性の弱い型であるが、これは図21で示した比喩である。この類型の特徴は、養蚕世界と日常世界の対応においてきわめて近接した関係にあり、蚕の〈飼育期〉と日常世界のある事態が生ずる〈時期〉とが同一の

期間を表しているという点である。養蚕世界でも日常世界でも〈時期〉を表すことになるので、意外性がほとんど感じられない。ここでは、Ａ比喩性の強い型にみられるようないわゆる見立てや喩えがおこなわれておらず、比喩性がきわめて希薄となっているのである(注6)。しかし、先にも述べたように、養蚕語彙で日常世界をとらえ、解釈するという点では、Ａ比喩性の強い型と共通しているのである。したがって、広い意味では養蚕世界と日常世界の重ね合わせがおこなわれる比喩ととらえることができるが、比喩がおこなわれる動機と意味に注目すると比喩性がきわめて希薄でありＡ比喩性の強い型と区別する必要があると考える。

6 比喩の要因

　これまで、比喩のメカニズムや比喩の類型について考察してきたように、養蚕世界の語彙で、他の生活世界をとらえる方法は、豊かな表現効果を生み出すばかりではなく、人びとにとっては経済的な伝達方法であるといえる(注7)。その方法を支えているのは、養蚕が生活の中心にあったということと、人びとがその世界を熟知しているということであり、さらに人びとが養蚕世界と日常世界の両方に同時に生活しているということである。比喩の発話者にとっても、聴者にとっても、お互いに養蚕世界が熟知している世界であることから、伝えやすく理解しやすいといえる。それのみならず、伝わった、理解したというお互いの了解がえられやすいことも事実であろう。生業語彙に支えられた方言の比喩は、その現実を背景にして根づいていると考える。ここでは、日常世界のそれぞれの対象に、なぜ養蚕語彙を選択しえたのかという必然性について考えてみたい。

6.1.〈人〉〈人の生き方〉〈子どもの育て方〉への比喩について

　〈蚕〉を表す語彙が〈人〉を表すことは特に多く、他に〈人〉に関連して〈人の生き方〉〈子どもの育て方〉に用いられる。これにはいくつか要因が考えられる。

まず、〈蚕〉と〈人〉の共通点として、時間にともなって成長する、変化するという生きものとしての性質があり、それが比喩を生成する原動力になっていると考えられる。だからこそ、〈子ども〉〈年寄り〉や、〈人の生き方〉に用いることができるのである。

　さらに、〈人〉の中でも〈子ども〉に対する比喩が目立つが、これには、〈蚕〉と〈子ども〉を表す語がコという同音語であるという点、および、それらが対象としてもっている飼育する行為と養育する行為の受け手であるという類似性が関与している。〈蚕〉も〈子ども〉もよりよく育て上げたいという意識のはたらく対象であり、その共通の思いが比喩の動機となっている。〈子ども〉を表すばかりではなく、〈子どもの育て方〉にまで用いられるのも納得がいく。そして、比喩において、フユゴという新たな造語をおこなうことも容易であったと考えられる。

　また、人びとの認識の中にある〈蚕〉に対する価値観もあげられよう。それは、〈蚕〉の総称や、日常的に交わされている表現にあらわれる。藤岡市方言において、〈蚕〉の総称として用いられる語は次のとおりである。

　　〈蚕〉の総称　：　オ-コ-サマ(御蚕様)
　　　　　　　　　　オ-カイコ-サマ(御蚕様)
　　　　　　　　　　オ-カイコ(御蚕)

　〈蚕〉は、オ-(御)や-サマ(様)という、〈人〉に用いられる敬称の接辞を付して呼ばれることが一般的である。人びとにとって、〈蚕〉が〈人〉と同じように扱われているのである。次の文例でも、〈人〉への比喩が多いことの理由が理解できる。

(18)「オカイコワ　オコサマ　テメーノ　コワ　ガキダ」ナンテ　ヨクユッタモンダ。
　　（「御蚕は御蚕様、自分の子どもは餓鬼だ」なんて、よく言ったものだ）

(19)オカイコワ　カワイカッタヨ。マタ　ヤッテミテー　キガスル。
　　（御蚕は可愛かったよ。また飼ってみたい気がする）

常に〈蚕〉と〈人〉との比較をおこない、両者を共に大切な存在ととらえていたことを表していよう。
　一方、〈桑〉を表す語も、タテドーシ1語であるが、これも〈人〉に用いられるには理由があろう。タテドーシは、〈桑〉の成長過程の一部を表す語であることから、同じように成長過程をもっている〈人〉に用いられやすいといえる。

6.2.〈農作物〉〈仕事〉〈時期〉〈樹木〉への比喩について

　〈蚕〉を表す語彙から〈農作物〉〈仕事〉〈時期〉へ、〈桑〉を表す語彙から〈樹木〉へという、おのおのの比喩についてもそれぞれに要因が考えられる。
　まず、〈蚕〉から〈農作物〉を表す比喩について述べる。〈農作物〉としての〈苺〉〈トマト〉は、〈蚕〉と同じように養い育てるものであり、生活を支えるための成果をあげねばならぬものである。また、時間の進行にともなって、成長をして変化をしていくという点でも共通している。その変化の中で、それぞれの状態が移り変わっていくという共通性が、比喩の動機となっていよう。
　次に、〈蚕〉から〈仕事〉への比喩であるが、養蚕以外の別の〈仕事〉であっても、当然、忙しさという状況をともなうことがある。養蚕が生業の中心にあった方言社会では、別の〈仕事〉であっても、作業という共通点によりその状況を養蚕語彙でとらえて表現する。その作業が、生活を支えるための生業に対してであればなおのこと、養蚕語彙で表現しやすいのであろう。
　さらに、〈蚕〉から〈時期〉への比喩についてである。日常世界の〈時期〉を、養蚕世界の〈飼育期〉を表す語で言いあてている。この理由には、人びとが、養蚕を営むとき、養蚕世界と日常世界の両方に、同時に生活しているということがあろう。人びとは、養蚕世界に生きながら、同時に日常世

界にも生活している。自らの生きてきた一つの時間軸の中に、養蚕世界と日常世界が共存することになる。したがって、両方の生活世界の時間が重なり、同じ語で表現されることになったと考える。

最後に、〈桑〉を表す語から〈樹木〉への比喩についてである。これは〈桑〉を表す語で、〈桑〉以外の〈樹木〉の様子を表すものであるが、〈桑〉も〈樹木〉の一種であり、お互いの共通点が認めやすいことは想像に難くない。他の〈樹木〉をとらえて表現するときに、〈桑〉を表す語が指標となるのは、これもまた養蚕の盛んであった地域の特性であると考えられる。

7　まとめ

養蚕語彙の比喩は、養蚕が盛んであった地域社会の方言における表現の特徴として興味深い。それに加えて、養蚕語彙の体系の中から、複数の語が、語彙としてのまとまりをもって比喩に用いられているということにも注目すべきであろう。このような比喩のあり方は、養蚕の盛んであった地域の方言ならではの表現であると推察される。

本章では、本来の役割を失っている養蚕語彙が、日々の生活の中で豊かな表現力を発揮している様子を記述してきた。その結果、すでに養蚕から離れてしまうことによって、同時に消滅してしまったかにみえる養蚕語彙も、そのうちの一部は、未だ現在の日々の生活の中で、活力に溢れた比喩によって生きていることがわかった。このような比喩は、養蚕世界を共有している人びとにとって、きわめて効果的で経済的な表現方法でありかつ伝達方法であると判断した。

ところで、これまでの私自身の養蚕語彙の研究においては、語彙量の豊富さや、それにともなう語彙体系の緻密さに、養蚕業が盛んであったことの現実が反映されているとしてきた[注8]。本章では、「養蚕語彙による比喩」を、養蚕語彙が別の生活世界で用いられるという点において比喩であると認定し、考察をおこなってきた。この立場をとったのは、養蚕業の衰退にともなって消滅の危機にさらされている養蚕語彙が、実は現在の日常生活の中

で、未だ生活語として活き活きと活躍しているという言語事象としての実態を記述し、かつて盛んにおこなっていた生業の語彙が、その地域の方言の体系を形成しているということを示したかったためである。このようにとらえることによって、語彙量や語彙体系にはあらわれてこない、人びとの養蚕世界の認識の仕方にふれることができた。養蚕語彙の比喩にかいまみられる人びとの認識は、養蚕世界の中で培われてきた語のさまざまな意味特徴に支えられているものであった。人びとは、養蚕世界での認識と名づけに基づいて、日常世界を解釈しかつ表現しているということを、具体的に確認することができた。これは、養蚕業が盛んであった地域における、方言形成の一側面に関与しているものと考えられる。

　今後は、群馬県内の他の地域でも採録している養蚕語彙における多様な比喩表現の考察をおこない、養蚕業を営んできた人びとが、その産業を失っても、日々の生活を養蚕語彙によって把握しているということの普遍化をおこなっていきたい。その際には、比喩の定着度という観点からの考察も必要である。慣用的な比喩と臨時的な比喩の認定の方法を検討しながら、比喩の成立に関する両者の違いを具体的に明らかにしていきたい。さらに、〈蚕〉という昆虫を表す語を用いた比喩であるだけに、〈人〉を表す比喩については、待遇に関わる運用面の考察も必要であると考えている。

注

1　新井小枝子(1995a、第2部第1章)では、養蚕語彙における名詞語彙の体系を記述するために、その内部に12の意味分野《蚕》《桑》《繭》《飼育》《蚕の活動》《虫害》《廃物》《人》《場所》《信仰》《作業》《道具》を設定した。本章では、この意味分野のうち、《蚕の活動》《虫害》《廃物》《人》《場所》《信仰》《作業》《道具》から比喩表現に用いられる語はないことを確認した。比喩に用いられる意味分野は、《蚕》《繭》《飼育》と《桑》からの語彙であるが、本章では、前者を「〈蚕〉を対象として用いる語彙」、後者を「〈桑〉を対象として用いる語彙」とし、新たな視点によって分類をし直して考察する。

2　吾妻郡六合村世立方言でも、次のように同様の比喩表現がきかれる。藤岡市方言と同様に、養蚕の季節感と日常生活での季節感にはズレがみられる。
　　　　a. ワタシノ　コドモワ　ミンナ　**ナツゴ**ダッタン。ロクガツカラ　シチガツ　ハチガツ。イチバン　デッケー　ネーチャンワ　ハチガツダッタ。
　　　　　（私の子どもはみんな夏子だったの。六月から七月、八月。一番大きい姉ちゃんは八月だった）
　　　　b. ワタシワ　タンジョービワ　ジューイチガツダカラ　**アキゴ**ダヨ。
　　　　　（私は誕生日は11月だから秋子だよ）

3　図6～図21の￣￣￣内には、語の意味（「　」を付して示したもの）を構成している意味特徴を記す。本文中では、この意味特徴に＿＿＿を付して記す。このとき意味特徴としているものは、人びとが〈もの〉や〈こと〉の性質として認識している、百科事典的意味のことである。

4　新井小枝子（2005c、第4部第1章）では、話者の説明に基づいてズーの意味記述をおこない、ズーによる比喩表現の多様性について論じた。

5　このような比喩による現象は、養蚕語彙に限らず、さまざまな意味分野の語彙にもみられることが確認されている。篠木れい子（1996b）は、モチ（餅）、マンジュー（饅頭）、ダンゴ（団子）を中心とする食語彙の研究において、比喩表現の成立の仕方について言及している。食語彙のモチ（餅）を使った、モチハダ（餅肌）を例に挙げ、「比喩の世界は特別の世界ではなく、私たちの生活世界の実感そのもの」とし、比喩表現にこそモチの「白い」「きめ細かい」「美味しい」「粘りけがある」「ふわふわ柔らかい」「上等」といった実感が表出されるとする。

6　比喩性が希薄なバンシュー（晩秋）のような用法、すなわち「B比喩性の弱い型」は、藤岡市方言に限らず広く群馬県内に目を向けてみると、他の語にも認められる。このような言語事象としての実態は、人びとが養蚕業を基準にして日常生活を把握しているということを示していることにほかならない。このような用法を、比喩としてとらえることが有効か否かということも含めて、方言研究における重要課題として位置づけることにより、養蚕語彙の機能については今後の課題としてあらためて論ずる。

7　篠木れい子（2000）では食語彙の造語法について論じ、その造語の基にある生活者の論理は、「経済性」に求めることができるとしている。その経済性が「語の意味の広がり（意味の拡張）と弱まり（意味の変化）」をもたらす要因であり、視点をかえてとらえてみれば「保守性」ともいえると述べる。その経済性、あるいは保守性こそが、「ことばの比喩の世界をもたらす」としている。

8 新井小枝子(1995a、1995b、1999、2000、2005a、2009、第 2 部第 1 章および第 3 部)において、養蚕語彙における名詞語彙の記述をおこない、造語法や語彙体系についての考察をおこなっている。

まとめと今後の課題

1　本書のまとめ

　本書は、記述方言学および語彙論の方法によって養蚕語彙の造語法と語彙体系を記述し、さらに養蚕語彙による比喩表現について論じたものである。その考察をとおして、養蚕世界がどのように概念化され、どのように構造化されているのかを明らかにした。消滅の危機に瀕した専門語彙としての語彙の保存につとめ、現在的な用法すなわち養蚕語彙の比喩表現の記述もおこなった。

　養蚕語彙の調査地域は、日本でもっとも養蚕の盛んであった群馬県(12地域)を中心に、埼玉県秩父市、島根県鹿足郡日原町を選定した。さらに、日本に先んじて養蚕の衰退したフランスにおいても調査をおこなった。フランスでは、国内でも養蚕の盛んだったとされる南部地域からヴァロンポンダルク(Vallon pont d'arc)において聞き取り調査をおこなった。同じく南部地域に位置するエクサンプロヴァンス(Aix-en-Provence)と、モンペリエ(Montpellier)においても、聞き取り調査によっていくつかの情報がえられた。

　本書の目的は、次の3点とした。

(1) 養蚕の衰退にともなって消滅の危機に瀕した状況にある養蚕語彙を保存すること。
(2) 養蚕語彙の造語法と語彙体系を論ずることによって、養蚕を営む人びとが、養蚕世界をどのように概念化し、構造化しているのかを明らかにす

ること。
(3) 養蚕語彙による比喩表現の用法を記述し、類型化をおこなうとともに、養蚕世界に専門の語彙が日常生活の中で用いられることの効果について考察すること。

　(1)の目的は、本書の全体にかかわるものであり、(2)と(3)の目的にしたがって記述、考察することによって同時に果たされるものである。(2)と(3)に対する結果を簡潔に述べれば、次のとおりである。

(4) 養蚕語彙は、限られた生活世界で、限られた人びとに用いられる専門語彙ではあるが、それらの一語一語が造語されるときには新たな語根創造はほとんどなく、日常生活のなかで用いられる一般的な語彙を造語成分に用いて造語している。
(5) 専門語彙としての養蚕語彙は、日常生活の一般的な語彙と関係を結びながら展開している。
(6) ありありとした現実として養蚕世界を体験している人びとは、養蚕語彙を身体化して理解しており、それらによって養蚕世界とは別の日常的な生活世界を把握したり、お互いの伝達をおこなっている。

　以下、(4)～(6)の結論について、目的の(1)～(3)にそって順に述べる。

1.1. 養蚕語彙の保存

　養蚕語彙の保存は、養蚕が衰退している現在にあってはきわめて重要な意味をもっている。養蚕語彙は、日本の歴史を背負い、日本語の歴史の一断片を刻む語彙でありながら、今まさに消滅の危機に瀕した語彙である。消滅の危機に追いやられているという点だけをとってもそれだけで保存はのぞまれるが、養蚕語彙が日本における養蚕の歴史や地域社会を背負い、日本語の語彙体系の一部分をなしているという点をとらえても、記述方言学的かつ語彙論的な記述がのぞまれるところである。

養蚕語彙の保存という目的は、本書の全体に関わって果たされるべきものである。したがって、第2部、第3部でおこなった造語法や語彙体系の記述および考察、第4部でおこなった比喩表現の実態の記述と類型化によって、その責めを果たそうとつとめた。それによって語形と意味はもちろんのこと、養蚕語彙に関する次の事象について記述し保存することができた。

(7) a. 養蚕語彙の造語法(＝語のつくりとそこにみられる発想法)
　　b. 養蚕語彙の体系
　　c. 養蚕語彙の地域差
　　d. 養蚕語彙の機能

いずれの事象についても、養蚕語彙の専門的な用法と、その用法をはなれた非専門的な用法の側面から記述した。専門的な用法とは養蚕語彙の養蚕世界での用法であり、非専門的な用法とは養蚕語彙の比喩表現である。養蚕語彙の比喩表現は、養蚕世界とは異なる場面で用いられる点において非専門的である。養蚕が衰退している現状のなかにあっては、養蚕語彙の非専門的な用法は現在性を具えた社会方言的かつ地域方言的な事象であることを記述した。

記述，保存したそれぞれの事象の詳細は、次節以降に述べる。

1.2. 養蚕語彙の造語法と語彙体系
1.2.1. 下位分類の方法

まずは、養蚕語彙の下位分類をおこなうために、一語一語の語構造に注目して意味分野を帰納した。養蚕語彙では、いずれの地域においても単純語はきわめて少なく、合成語が圧倒的に多い。合成語の造語成分のうち、後部の要素に注目して意味分野を設定すると、養蚕語彙は次の12の意味分野に下位分類することができた。

(8)《蚕》《桑》《繭》《飼育》

《虫害》《蚕の活動》《廃物》《人》《場所》《信仰》
《作業》《道具》

　これらの意味分野は、人びとによる養蚕世界の概念化の方法を反映していると考える。たとえば、養蚕世界の中心には、飼育対象としての〈蚕〉がおり、生産目的としての〈繭〉がある。飼料である〈桑〉を与え、〈飼育〉の方法を模索しながら養蚕の作業はすすめられていく。これらの養蚕世界をとらえるために、《蚕》《桑》《繭》《飼育》の意味分野に属する語彙は機能している。それらの一語一語は、養蚕世界を概念化し、それらを整理し構造化して認識するために造語され、運用されているものであるとした。

　これらの意味分野ごとに、その内部の語彙体系と造語法について論じた（第3部）。具体的に考察した意味分野は、《蚕》《桑》《繭》《蚕の活動》《場所》である。特に《蚕》については、さらにその下位分類である《飼育期別の蚕》の語彙についても考察をおこなった。

1.2.2. 方言分布と語史

　養蚕世界の中心に存在する〈蚕〉〈桑〉〈繭〉を表す語について、日本語方言における分布と、そのなかでの群馬県方言の特徴を明らかにした。さらに、それらを表す代表的な語形、すなわちカイコ（蚕）、クワ（桑）、マユ（繭）の史的な変遷についてその概略を記述した。

　まず、〈蚕〉を表す語は全国諸方言の間で多様性が認められるが、〈桑〉〈繭〉を表す語は目立った多様性は認められないことがわかった。ただし、〈桑〉については、部分名称、特に〈桑の実〉を表す語は地域によってさまざまな語形が認められた。〈蚕〉をあらわす語の分布図と、〈桑の実〉をあらわす語の分布図を重ね合わせてみると、〈蚕〉に敬意を示す語形をあてる地域と、〈桑の実〉に固有名称をあてる地域がほぼ重なることがわかった。群馬県では、〈蚕〉に敬意を表す語形を付与し、〈桑の実〉に固有名称を与えている。それをそれぞれの分布図の中に位置づけてみると、養蚕が盛んであった群馬県方言の特徴であることがわかった。

次に、群馬県方言をはじめ日本語方言で用いられる代表的な語形であるカイコ(蚕)、クワ(桑)、マユ(繭)が、文献資料にはどのようにあらわれるのかを記述した。現在用いられているカイコは、歴史をさかのぼると「カイ＋コ」という合成語であることがわかった。クワやマユは、古代日本語から現代にいたるまで大きな変化がみられないことを確認した。

1.2.3. 《蚕》《繭》《桑》の語彙

《蚕》《桑》《繭》の意味分野は、養蚕語彙のなかでも中核に位置している。これらの意味分野を形成しているそれぞれの語は、どのような造語成分を用い、どのように専門性を獲得しているのかを述べた。

まず、養蚕世界の中心にある〈蚕〉〈桑〉〈繭〉を言い表す語は、養蚕世界での使用頻度が高いと考えられ、それらを養蚕語彙としての専門性が高いものであるとした。具体的な形式は次のとおりである。

(9)　〈蚕〉を表す形式　　＝コ［カイコはここに含まれる］／＝ゴ／・サン
　　〈桑〉を表す形式　　(＝)クワ／＝グワ／−ソー
　　〈繭〉を表す形式　　(＝)メー／(＝)マイ／マユ

養蚕語彙においては、これらの形式が養蚕世界に専門の語彙として機能しているが、これらの他に日常的に用いる語彙をも導入して体系を形成している。その導入の仕方には、いくつかの方法があることがわかった。一つは、専門性の高い語をもとにした造語成分と、日常生活でも用いる一般的な語をもとにした造語成分を複合させて合成語をつくり出すという方法である。もう一つは、日常生活で用いる一般的な語だけで合成語をつくり出すという方法である。前者の造語法を「専門型」、後者の造語法を「日常型」「比喩型」とした。

「専門型」の語彙では、一般性の高い造語成分が多く用いられ、さきにあげた少数の専門的な造語成分に、一般性の高いものが接続して多くの合成語がつくられている。日常生活で用いられる語彙を導入して造語しているが、

新たな単純語を生み出す語根創造はほとんどみられないことがわかった。その分、「日常型」「比喩型」の語彙が多くみられる。「日常型」とは、養蚕世界に身を置きつつ一般の生活世界からの発想によって語をつくったもの、「比喩型」とは一般生活世界の語をそっくりそのまま用いるものである。「日常型」の語彙は、養蚕世界で造語され一つの成体として新たな意味がもたらされており、造語成分の意味の単純な和からは創生しえない意味がたちあらわれてくる。「比喩型」の語彙は、日常生活の語彙が新たに養蚕世界にあてられたもので、そこでの意味が新たに生まれる意味拡張を起こしているものである。

養蚕語彙としての専門性は、ある語形が養蚕世界で用いられることによって生成されるものであり、語形と表される〈もの〉〈こと〉とのむすびつきが強力になることによって、専門性は高まっていくと解した。養蚕語彙を専門語たらしめているのは、そのメカニズムによると判断した。

1.2.4.《飼育期別の蚕》の語彙

《飼育期別の蚕》に分類される語彙は、養蚕技術の発展とともに展開されていることを明らかにした。〈蚕〉という昆虫の自然な孵化は1年に1回であったはずであり、養蚕の作業もそれにともなっておこなわれるものであったと予測される。飼育期別に〈蚕〉を概念化している語彙の造語法をみると、その1回とは、ハルゴ（春蚕）が表す飼育期であると判断した。この語は、調査地のすべてで用いられており、共通度が高いためである。「人工孵化技術」「人工飼料」の発展によって、1年に複数回の孵化がおこなわれるようになり、飼育期別に〈蚕〉を表す語彙の体系が発展してきたと解した。

〈飼育期別の蚕〉を表す語彙は、いずれの語も複合語である。1語あたりの造語成分の数と、それらの配列によって、四つの「構成パターン」に分類した。造語成分同士の関係や、それぞれの造語成分の1語の中でのはたらきに注目して、四つの「造語パターン」に分類した。

造語成分が多ければ多いほど複雑な「構成パターン」となっており、それらが1年のおわりの〈飼育期〉に位置する傾向がある。具体的な語彙は、

カ・シュー-サン(夏秋蚕)、ショ・シュー-サン(初秋蚕)、バン・シュー-サン(晩秋蚕)、バン-バン・シュー・サン(晩晩秋蚕)などである。これらのほかに、複雑な「構成パターン」の語にはハヤ-ハル・ゴ(早春蚕)、ハヤ-ナツ・ゴ(早夏蚕)があり、これらは一年のはじまりの〈飼育期〉にあらわれる。複雑な「構成パターン」の語であるという点に注目すると、養蚕技術の発展にともなって新しく造語されたものであるととらえることができる。

「造語パターン」をみると、〈飼育期別の蚕〉を表すためには、〈蚕〉を表す造語成分は必ずしも必要とはしていないことがわかった。具体的には、バンシュー(晩秋)、バンバン(晩晩)などである。それぞれの語が養蚕世界との結びつきが強いため、シュー(秋)という〈季節〉を表す造語成分や、バン(晩)という〈早晩〉を表す造語成分だけでも成り立っている。

さらに、富岡市下高尾方言の語彙の体系を記述し、〈季節〉を表す造語成分の意味を、日常世界における語彙との関わりにおいて明らかにした。富岡市下高尾方言では、《飼育期別の蚕》の語彙量が最も多く14語ある。早い〈飼育期〉から順番に、ハヤ-ハル・ゴ(早春蚕)、ハル-ゴ(春蚕)〜ハル-サン(春蚕)、ハヤ-ナツ・ゴ(早夏蚕)、ナツ-ゴ(夏蚕)〜ナツ-サン(夏蚕)、ハヤ-ショ・シュー(早初秋)、アキ-ゴ(秋蚕)〜ショ・シュー-サン(初秋蚕)、ハヤ-バン・シュー(早晩秋)、バン-シュー(晩秋)、バン-バン・シュー(晩晩秋)〜バン-バン(晩晩)、ショ・トー-サン(初冬蚕)である。養蚕語彙という専門的な語彙も、日常世界で用いている手もちの語彙を使って造語されていることがわかった。〈季節〉を表す造語成分を養蚕世界にもち込んだとき、日常世界での意味を必要に応じて変化させていることを指摘した。

1.2.5. 《場所》の語彙

養蚕語彙の下位分類である《場所》の語彙を「養蚕空間語彙」ととらえ、群馬県内の平野部(藤岡市方言)と、山間部(吾妻郡長野原町方言、吾妻郡六合村赤岩方言、六合村世立方言)を比較して考察をおこなった。

養蚕空間語彙のうち、おもに養蚕世界で用いられる「養蚕特有語彙」は、それぞれの語が果たしうる機能によって、次の二つに分類できるとした。

(10) a. 養蚕でのはたらきを表しかつ空間を分節し細分化する語彙
　　　藤岡市：カイコヤ(蚕屋)、クワバ(桑場)
　　　長野原町：クワヤ(桑屋)
　　　六合村赤岩：なし
　　　六合村世立：クワモロ(桑室)
　　b. 養蚕でのはたらきのみを表す語彙
　　　藤岡市：サンシツ(蚕室)、ヤトイバ(やとい場)、クワバラ(桑原)
　　　長野原町：サンシツ(蚕室)、クワバラ(桑原)、クワハタ(桑畑)
　　　六合村赤岩：クワヤ(桑屋)
　　　六合村世立：サンシツ(蚕室)、クワオキバ(桑置き場)、クワバラ(桑原)

　(10a)は、空間を分節し細分化する語彙としても機能しているため、養蚕がおこなわれるか否かに関わらずに用いられる。(10b)は、養蚕でのはたらきだけを表しているため、養蚕がおこなわれなければ用いられない。したがって、(10b)は養蚕の衰退と同時に消滅し、(10a)は養蚕が衰退しても空間が存在する限りそれと共に残存する。空間を分節し細分化する語彙として養蚕特有語彙が存在する点は、養蚕が盛んであった地域の特徴ととらえることができる。(10b)の語彙は、養蚕の衰退とともに(10a)の語彙に先んじて消滅していくとした。

　さらに、養蚕特有語彙は、養蚕でのはたらきにしたがって体系をなしていることがわかった。その一方で、具体的な〈場所〉に即して、日常一般語彙と共に記述してみると、住空間や他の生業空間を表す語彙と関係を結びながら体系をなしていることがわかった。養蚕が盛んであった地域では、養蚕特有語彙は、空間を表す全語彙体系の中に位置づけられて体系を形成していることがわかった。

1.2.6. 《蚕の活動》の語彙

　群馬県方言における〈蚕の活動〉のうち、〈休眠〉〈脱皮〉と〈蚕の年齢〉

表1 〈休眠〉〈脱皮〉をあらわす語彙(抜粋)

	1回目の〈休眠〉1回目の〈脱皮〉	2回目の〈休眠〉2回目の〈脱皮〉	3回目の〈休眠〉3回目の〈脱皮〉	4回目の〈休眠〉4回目の〈脱皮〉
中里村	シジ〜シジヤスミ シジオキ	タケ〜タケヤスミ タケオキ	フナ〜フナヤスミ フナオキ	ニワ〜ニワヤスミ ニワオキ
藤岡市	シジ〜シジヤスミ シジオキ	タケ〜タケヤスミ タケオキ	フナ〜フナヤスミ フナオキ	ニワ〜ニワヤスミ ニワオキ
	ショミン ショミンオキ	ニミン ニミンオキ	サンミン サンミンオキ	ヨミン ヨミンオキ
前橋市	ショミン ショミンオキ	ニミン ニミンオキ	フナ フナオキ	ニワ ニワオキ
昭和村	イチミン イチミンオキ	ニミン ニミンオキ	サンミン サンミンオキ	ニワ ニワオキ
安中市	イチミン φ	ニミン φ	サンミン φ	ヨンミン〜ニワヤスミ ニワオキ

　を表す語彙の体系を記述し、造語のありようと発想法を明らかにし、そこにみられる地域差の考察をおこなった。〈蚕〉は、〈繭〉を作るまでの間に4回の〈休眠〉〈脱皮〉を繰り返す。それにともなって、〈蚕の年齢〉は1齢から5齢を数えている。

　〈休眠〉〈脱皮〉の語彙には、伝承系と回数系の二系列の体系があることがわかった。二系列のあらわれ方の多様性を示すために、具体的な例をあげれば表1のようになる。中里村方言では、表のように伝承系の語彙によって体系が成り立っている。藤岡市方言では、伝承系(上段)と回数系(下段)が併用されている。前橋市方言、昭和村方言、安中市方言では、回数系が〈蚕〉の成長段階の初期にあらわれ、伝承系がその後期にあらわれることがわかる。〈休眠〉〈脱皮〉を表す語彙においては、中里村方言(山間部)にみられる伝承系の語彙だけで成り立っている体系が古く、藤岡市方言(平野部)の回数系の語彙だけで成り立っている体系が新しいと考えられる。前橋市方言、昭和村方言、安中市方言における回数系と伝承系の混合型の体系は、伝承系の語彙から、回数系の語彙への移行段階を表していると考える。いずれ、伝承系の語彙から、造語発想の意識がよりはっきりとした回数系にとって変わら

れるはずであると解した。伝承系が後半部分に用いられるのは、養蚕世界の場面と結びついて、人びとに使用される機会が多かったという理由があげられる。前半部の時期には、共同飼育所で〈蚕〉の飼育がおこなわれ、養蚕農家はたずさわらなくなっているからである。伝承系の語彙は、造語発想の意識が不明となっており、消滅を加速させていると考える。

なお、この回数系と伝承系の造語発想については、フランス語と比較した。フランス語での〈休眠〉は、すべて句によって説明的に表現されている。エクサンプロヴァンスでは「色、回数、成長段階」、ヴァロンポンダルクでは「回数」という視点から、それぞれ句が形成されていることがわかった。フランス語では、最初から最後までを、成長段階にともなう〈蚕〉の変化に注目した表現となっている。群馬県方言と比較すると、言語を越えて共通する視点は回数の部分だけであった。群馬県方言の、〈蚕〉の変化とは直接的な関係がない伝承系の語彙は特徴的なものである。

1.3. 養蚕語彙による比喩表現

比喩表現は専門語彙としての役割をはなれて用いられる、養蚕語彙の日常的な用法である。かつて養蚕を盛んにおこなっていた地域では、養蚕をおこなわなくなった今でも非専門的な用法によって養蚕語彙が頻繁に用いられている。消滅へ向かおうとしている養蚕語彙が、一方では活き活きと活躍している方言社会があるというのは意外なことのようにもみえる。しかし、それはごくあたりまえの言語活動であり、養蚕が盛んであった地域社会に生きる人びとにとっての養蚕語彙は、養蚕世界を概念化し構造化するためだけのものではないということであろう。

具体的には、次の2点を比喩表現の考察の観点とした。

(11) a. 比喩表現の実態および多様性と普遍性
　　 b. 比喩表現の類型化

まず、(11a)では養蚕を盛んにおこなっていた群馬県内の各地域におい

て、日常的に用いられている比喩表現を記述した。

　合成語の多い養蚕語彙のなかで、唯一といってよい単純語にズーがある。ズーは「繭を作る直前にまで成長した〈蚕〉」のことを表している。単純語である点、〈蚕〉を表している点において、養蚕語彙のなかでももっとも専門性が高く、中核に位置している語といってよい。しかも、群馬県全体で広く用いられている。このズーは、群馬県において比喩表現にあらわれる頻度が高く、用法も多様性に富んでいることがわかった。その多様性は一地域内で観察されるだけでなく、地域差としての多様性も認められる。

　群馬県藤岡市では、ズーによって〈赤ん坊〉〈年をとった人〉〈酔っぱらった人〉〈熟した苺〉〈熟したトマト〉〈たまりにたまった仕事〉を表す。一地域内において、異なる対象を表して用いられており、多様性に富んでいることがわかる。一方、群馬県内の広い地域に目を向けてみると、前橋市、沼田市、利根郡昭和村では、〈酔っぱらった人〉を表す。これは、藤岡市ではあらわれない用法である。逆に、後者の地域では藤岡市できかれる用法は観察されない。地域差が認められる点においても多様性に富んでいることがわかる。養蚕語彙の中核に位置するズーは、一地域内でも多様性に富んだ対象に用いられており、地域をこえても多様性のある比喩表現となって、群馬県の地域社会で活躍しているのである。

　このように、一つの語がさまざまな対象を表すことができるのは、比喩表現における意味拡張の仕方が関与していると解した。比喩表現によって意味拡張が生ずる場合、ズーがもっている本来の、あるいは文字通りの意味がすべて関与するわけではない。〈赤ん坊〉を表す場合には、ズーがもっている「首を持ち上げる」という意味特徴だけを重ね合わせることによって、「成長した蚕」という意味から「赤ん坊」という意味へと拡張していく。同様に、〈年をとった人〉を表す場合には、「桑を食べなくなる」「幼虫としての最終段階」という意味特徴だけを重ね合わせて「年をとった人」という意味へと拡張する。本来もっている意味特徴の中から、ある意味特徴にだけ焦点を合わせることによって比喩表現は成立し、意味拡張を起こしているのである。だからこそ、〈赤ん坊〉と〈年をとった人〉という相反する対象を表すこと

ができると解した。
　ズーの他にも比喩表現に用いられる養蚕語彙はあるが、そのすべてが同じように用いられるわけではない。比喩表現に用いられる養蚕語彙は、〈蚕〉〈繭〉〈桑〉〈飼育〉を表す語に限られている。比喩表現によって表される対象は、〈人〉〈人の生き方〉〈人の育て方〉〈農産物〉である。これは、「〈蚕〉は〈人〉である」「〈桑〉は〈人〉である」「〈蚕〉は〈農産物〉である」という概念メタファーによるものであると解した。養蚕に従事してきた人びとが、その作業を「子育て」「野菜類の栽培」と重ね合わせてとらえているからであるとした。この中でも、地域差があらわれないという点で普遍性の認められる比喩表現は、「〈蚕〉は〈人〉である」という概念メタファーによるものである。
　フランス語でも、調査地域であるヴァンロンポンダルクでは養蚕語彙による比喩表現がおこなわれていることを記述した。南仏地方の口語的なフランス語にも、養蚕世界におけるマイナス評価語が日常世界で用いられることがあるとわかった。具体的には、次のとおりである。

(12) Quelle **pébrine!**　「なんと最悪な！」

　　　直　　訳　　　「なんという微粒子病！」
　　　　　　　　　　Quelle：なんという　　**pébrine**：微粒子病

　〈最悪の事態〉　〈自動車の事故があったこと〉〈悪い性質の男にだまされたこと〉〈パスポートをなくしたこと〉〈鍵をなくしたこと〉〈試験に落第したこと〉…

　pébrine（微粒子病）という、〈蚕〉の病気を表す語が〈最悪の事態〉を表す比喩表現となっている。ビリューシビョー（微粒子病）をいう語は、日本語における養蚕語彙でも用いられることがあるが比喩表現にはあらわれない。pébrine（微粒子病）は、ヨーロッパの養蚕を壊滅に追いやった蚕に特有の病

気である。フランスでは、きわめて恐ろしい病気として認識されている。そのような病気を表す単語が、〈最悪の事態〉を経験する当事者に選択されたとき、なんともしがたい心を表出しているといえる。

また、(11b)では群馬県藤岡市方言における比喩表現について類型化をおこない、養蚕語彙をとおして他の生活世界を認識し、表現するという過程を明らかにした。養蚕語彙は、本来、養蚕世界を概念化するために造語されたものである。それをとおして他の生活世界を認識し表現することは、養蚕を営んできた人びとにとっては経済的かつ効果的な方法である。養蚕世界が身体化されている人びとにとっては、ごく自然な言語活動であることを指摘した。養蚕世界と日常世界の重ね合わせがおこなわれる比喩性の強い型と、養蚕世界と日常世界が隣り合わせていることによってなる比喩性の弱い型に類型化した。比喩性の強い型は、いわゆる隠喩によっているものであるが、比喩性の弱い型とは次のような用法である。

(13) a. A：ショーガワ　**バンシューダヨネ**。ダカラ　チット　ハヤカンベネー。
　　　　（生姜は**晩秋蚕の9月ころ**だよね。だから少し早いだろう）
　　　B：ソーダンベネー。
　　　　（そうだろうね）

b. ウエキヤノ　○○サンガ　キテクレタンワ　**バンシューダヨ**。「カシグネ　ハギリマスヨ」ッテ　キテクレタヨ。メガホキルンガ　ウチバンナルッテユッテ。
　　（植木屋の○○さんが来てくれたのは**晩秋蚕の9月ころ**だよ。「樫の木でできた塀を剪定しますよ」って来てくれたよ。芽が大きくなるのが遅くなると言って）

c. **バンシュー**ンナルト　ネギガ　アマクッテ　ウンマクナルカラ　アブライタメニデモスリャー　ウントウンマイ。

(晩秋蚕の9月ころになると葱が甘くて美味しくなるから油炒めにでもすればとても美味しい)

　これらは、バンシューによって、「秋蚕の次の飼育期」、すなわち、「9月1日頃から1ヶ月」を表している。具体的には、「生姜を収穫する時期」、「植木屋が来る時期」、「葱が美味になる時期」のことを表している。このような比喩では、見立てがおこなわれていないという点で比喩性が弱いとした。しかし、人びとが、日常世界のさまざまな活動を、養蚕世界を基準にして把握していることを示しており、比喩表現の一種としてとらえた。人びとの記憶は、養蚕世界が基準となっているということを表している。さらに、本来は養蚕世界を概念化し構造化する養蚕語彙が、日常世界を整理して合理的に記憶するという役割をになっているということがわかった。

2　残された課題

　本書において養蚕語彙の研究をすすめるなかで、それぞれの考察の観点において残された課題や新たに生じた課題については、各章の章末に述べた。ここでは、研究の全体をとおしてみえてきた今後の課題について述べる。
　まず、本書の全体的な課題として残されたものから述べる。本書では、文化言語学的研究をめざし、養蚕語彙の記述と考察につとめてきた。養蚕語彙の記述をおこなうとはいったものの、その実践は困難をともなうものであった。養蚕語彙の何をどのように記せば記述したことになるのか。この問いは、実に根本的なものであり、論を展開してくるなかでつねにつきまとった。
　養蚕語彙は、それらを構成する一語一語が語形と意味をもっている。一語一語は、語のつくりや発想法もそなえている。語のまとまりとして存在しているために、一語一語の間には関係性も認められる。そのほかに、実際にはどのような場面で、どのような文の中で、人びとのどのような感情をになって用いられるのかということもすべて背負っている。

そのような多岐にわたる属性をもった対象を前にして、記述をせまられたとき、より効果的な方法が要求される。本書では、記述方言学的な方法と、語彙論の方法をとった。そのことによって、養蚕語彙の地域性と、養蚕語彙による概念化と構造化のありようを記述しようとつとめてきた。

　しかし、記述方言学的な方法をとってはいるものの、養蚕語彙の百科事典的な記述は残されたままである。すなわち、第2部第1章で記述した「養蚕語彙のリスト」にもとづいて、養蚕語彙辞典の構想を新たにたてる必要がある。これが、本書をすすめるなかでみえてきた最大の課題である。消滅の危機に瀕した養蚕語彙の、完全なる保存をめざすのであれば、一語一語の意味や用法についてそこにこめられた人びとの感情も含めて、徹底的な記述をおこなう必要がある。そのような百科事典的な記述があってはじめて、本書でおこなった養蚕語彙の比喩表現の考察も生きてくると考える。比喩表現で取りあげた養蚕語彙については、その考察をおこなうために百科事典的な記述を試みたが、そのほかの一語一語についても同様の記述をおこなうべきだと考える。語彙化がなされることによって、概念化はより明確になる。それを経ると、一語がになう情報量は非常に多くなる。その一語がなければ、言語表現は説明的にならざるをえない。語彙化によって誕生した語は、それが表そうとするすべてのものごとをかかえ込む。その点で、語彙化がなされていることの意味は大きく、それが表す〈もの〉〈こと〉への興味、関心は高いといえる。語彙化によって生活世界の何が包み込まれて表現されるのかを記述することが、語の意味の百科事典的な記述になると考える。その記述は、本書で詳しくあつかえなかった形容語彙(形容詞・形容動詞・副詞)、動作語彙も含めておこなうことが必要である。ここでは、養蚕語彙における発想法の一般化や、養蚕を営む人びとの志向性に対する考察をみすえた記述が求められている。

　今すでに養蚕語彙の調査は遅きに失した感は否めず、本書の考察の中でも述べたとおりであるが、百科事典的な記述のための再調査は早急に着手しなければならない。その調査と記述をおこなうことによってはじめて、後世に伝えたい、伝えなければならない養蚕文化の記述がなされることになるであ

ろう。本書が、養蚕語彙の文化言語学的研究としてあり方の一方向性を示したものであるとするならば、これを土台とした「養蚕語彙辞典」の構想をたて記述を完成しえたとき、真の意味で文化言語学的研究としての責めを果たせたといえる。

　さらに、造語法と語彙体系の考察で残された課題について述べる。語構造と語種に注目した考察と、個人差と世代差に注目した考察である。語構造に関しては、複合語と派生語の多さと専門性に関する考察である。養蚕語彙には単純語が少なく、複合語や派生語が圧倒的に多い。この点については、養蚕語彙が専門的な生業の世界で用いられる専門性の高い分野の語彙であるという点との関連の中で、あらためて考察していきたいと考える。その際には、それぞれの語を形づくっている造語成分の語種の違いが何を意味するものなのかをも含めて考察していく必要があろう。

　以上の課題に向かいつつ、養蚕語彙の対照方言学的研究、対照言語学的研究へと発展させることものぞまれよう。対照方言学的研究によっては、養蚕語彙の通時的な考察や方言の形成に関する考察も可能になるはずである。対照言語学的研究によっては、地球規模でおこなわれてきた、またおこなわれていくであろう養蚕を、そこで用いられる語彙をとおして記述し、言語の違いを越えて養蚕を営む人びとの認識のあり方に迫ることもできるであろう。

あとがき

　本書において残された課題は多くかつ大きい。本書をまとめることによって、今後の課題が明確になったこともまたうたがいのない事実である。自らの研究の次なる一歩の方向性を見いだしえたことも、本書の成果の一つといえる。

　さて、本書は、多くの先人による学恩を受けてなったものである。論の区切りを迎えるにあたり、本書にかかわるすべてのみなさまにあらためて感謝申し上げる。

　群馬県立女子大学の篠木れい子先生は、学問の世界へいざないかつその魅力を説き、本研究の土台を授けてくださった。「ことばの研究とは何か」とつねに問い続け、今日にいたるまでの長きにわたってご指導くださった。その問いを背負うことによって、学問の奥ゆきや広がりを実感しつつここまで歩むことができた。群馬大学で古瀬順一先生から受けたご指導は、本研究の基礎資料の整備において生きている。広島大学の室山敏昭先生は、生活語彙論の考え方を説いてご指導くださった。研究のご報告をするたびに寄せてくださったご意見やご指導は、本研究の根幹に関わるところにおいて具体的な形で実っている。

　東北大学の小林隆先生をはじめ、斎藤倫明先生、大木一夫先生、甲田直美先生は、本研究の価値を認めてくださり、ことばの分析に向かうするどく誠実な目と学問に対する心構えを授けてくださった。機会のあるごとに投げか

けてくださった問いは数知れず、とてもありがたかった。それにこたえようとしては、視界がひらける瞬間をいくども味わった。緻密な方法と態度を身につけることの大切さを学び、本研究の発展および深化がうながされることとなった。

　学部時代を過ごした群馬県立女子大学では、卒業後も多くの先生方からご指導をたまわった。フランス調査の折りには、フランス語、日本語間の通訳を、外国語科目でフランス語をご指導くださった篠木平治先生(群馬県立女子大学名誉教授)にお願いした。先生のお力なくしては、フランス語調査は実現しなかった。臨地調査では、バス停から調査地までの間を、先生とともにヒッチハイクをしたことが思い起こされる。調査の時期がワイン用の葡萄の収穫期であったため、行き交う車はトラックばかりであった。そのようななか、先生は乗せてくれる車を必死に探してくださった。やっとの思いで養蚕所にたどり着き、聞き取り調査をおこなうことができたときの感動は忘れられない。また、英語学をご専門とする嶋田裕司先生は、英語の研究文献を一緒に読んでくださった。一つ一つの研究報告にも丁寧に耳をかたむけてくださり、先生のご専門のお立場からさまざまなご意見をくださった。多くのヒントをえて、視野を広げることができた。さらに、学部時代の担任であった渡邉正彦先生(群馬県立女子大学名誉教授)は、卒業後も研究発表の機会を与えてくださり、近代文学研究のお立場から貴重なアドバイスをくださった。上代文学をご専門とする北川和秀先生には、卒業論文の副査でもご指導いただき、今日にいたっては文献資料の扱い方などにおいて細かく相談にのっていただいた。

　学会での先輩、友人から受けた貴重なご意見ご指導は、本書のさまざまな部分に反映されている。山田幸宏先生、野林正路先生、小林賢次先生、高橋顕志先生、佐藤和之先生をはじめ、多くのみなさまからご意見やあたたかい励ましを受けた。ほかにもお一人お一人のお名前をあげて感謝すべきかたは多く、折にふれて励ましのことばや示唆的な意見をちょうだいし大きな勇気

をえた。

　本書の一部は「平成16年度公益信託田島毓堂語彙研究基金」研究活動助成を受けておこなったものである。この研究活動においては、田島毓堂先生、安部清哉先生からもご指導、ご意見をたまわった。

　共同研究者として参加した研究活動の成果も、本書の一部に実っている。「平成8年度〜11年度高崎経済大学産業附属研究所研究プロジェクト　近代群馬の蚕糸業　産業と生活からの照射(プロジェクトチーフ　山崎益吉)」、「平成17年度〜21年度高崎経済大学産業附属研究所研究プロジェクト　群馬の近代産業の歴史と現在に残る産業遺産(代表　大島登志彦)」、「国土交通省委託助成金　平成13年度〜15年度八ツ場ダム事業関連5地区方言調査(研究代表者　篠木れい子)」に、それぞれ共同研究者として参加する機会をえた。各共同研究において養蚕語彙の調査、記述を担当し、さまざまな分野の研究者から多くの助言や意見をいただけたことはじつに幸いなことであった。

　板垣敬司さん(調査当時：島根県鹿足郡日原町蚕無菌生産研究センター)、梅澤祐一さん(調査当時：群馬県農政部蚕糸課)、狩野寿作さん(現在：群馬県農政部蚕糸園芸課)、関口政雄さん(元：群馬県農政部技監)、落合延高先生(現在：群馬大学社会情報学部教授)には資料の提供を受けた。話者を選ぶ際には、篠木れい子先生、塚越雅幸さん、齊藤和男さん、山本忠雄さん、下森華子さん、大年健二さんに相談にのっていただき、お力をおかりした。

　最後になってしまったが、本書で記述した方言資料は多くの地域の話者のみなさんが語ってくださったものである。あらためて感謝申し上げる。すべての方のお名前をあげることはできないが、学生時代から現在にいたるまで、20数年にわたりご協力くださっているみなさんは、次に記すとおりである。

山本善次さん、山本うた子さん、関駒三郎さん、篠原辰夫さん、萩原銀治さん、萩原美乃さん、新井宣誉さん、新井貞さん、齊藤房次さん、小林保一さん、小林カズさん、中村隆夫さん、中村千枝子さん、布施川久仁子さん、森谷哲男さん、齊藤和男さん

　そして、私の父紀義と母昌代も、話者として協力してくれた。話者のみなさんの中には、すでに故人となられた方も多く、本書が、みなさんの生きた証となればうれしい。苦労してたずさわってきた養蚕のお話を、どの地域の方もつねに笑顔で活き活きと語ってくださった。その笑顔に向き合うたびに、自らの生の営みもかくありたいと願った。地域に根をおろし誠実に生きてきた人びとのことばとは、このように美しく力強いものかと圧倒された。偉大なる人生と向き合い、笑顔の背景にあることを想うたび、心が熱くなった。この笑顔とことばに支えられ、応えようと願い、本書はなった。

　本書の制作を引き受けてくださったひつじ書房の松本功さんにもお礼申し上げる。出版にこぎつけるまでのあいだには、工藤紗貴子さん、細間理美さんにお世話になった。

　この研究に関わるすべての学恩に感謝し、また新たな一歩を踏みだそうと思う。そして、「ことばの力」を信じ、誠実な歩みを続けていきたいと念ずる。

　　　2010 年 9 月 24 日　　　　　　　　　　　　　　　　新井　小枝子

初出一覧

　本書は、2008(平成20)年に東北大学に提出した博士論文に加筆したものである。内容は、これまでに発表してきた論文を、多くのみなさまからいただいたご指摘やご意見をもとに、再検討することによって修正し、全体の統一をはかりながら新たに構成した。

　以下、本書の章立てに対応するように、もとになる論文を掲げる。なお、新たに執筆した章については、本書の章立てのみを記す。

第1部　研究の目的と立場
　第1章　今、なぜ、養蚕語彙研究か―目的と意義
　第2章　養蚕語彙はどのように研究されるか―研究の前提

第2部　養蚕語彙の概観
　第1章　養蚕語彙の分類と記述
　　「群馬県吾妻郡六合村方言における養蚕語彙―養蚕語彙体系の記述方法と考察―」
　　　『国文学研究』15(1995)群馬県立女子大学国語国文学会
　　「第5章　1　養蚕に関する語彙」
　　　篠木れい子編著(1991)『中里村の方言』群馬県多野郡中里村教育委員会
　第2章　養蚕語彙の分布と歴史
　　「群馬の養蚕語彙」
　　　『近代群馬の蚕糸業―産業と生活からの照射―』
　　　高崎経済大学附属産業研究所編(1999)日本経済評論社
　　「群馬の養蚕とことば」
　　　『季刊群馬評論』第64号(1995)群馬評論社

第3部　養蚕語彙の造語法と語彙体系
　第1章　《蚕》《桑》《繭》の語彙
　　「養蚕語彙の研究―意味分野《蚕》《桑》《繭》の造語法をめぐって―」
　　　室山敏昭編(2000)『方言語彙論の方法』和泉書院

第 2 章 《飼育期別の蚕》を表す語彙
「養蚕語彙における〈飼育期別の蚕〉を表す語彙」田島基金研究報告書
　　語彙研究会編(2006)『語彙研究』4
第 3 章 《場所》の語彙
「養蚕語彙における養蚕の〈場所〉を表す語彙―語彙体系と造語法について―」
　　『国語学研究』45(2006)東北大学大学院文学研究科「国語学研究」刊行会
「群馬県方言における〈養蚕空間〉を表す語彙」
　　高崎経済大学附属産業研究所編(2009)『群馬・産業遺産の諸相』日本経済評論社
第 4 章 《蚕の活動》の語彙
「養蚕語彙における〈蚕の活動〉に関する語彙―語彙体系と単語化の実態」
　　『国語学研究』44(2005)東北大学大学院文学研究科「国語学研究」刊行会

第 4 部　養蚕語彙の比喩表現
第 1 章　養蚕語彙による比喩表現の多様性
「養蚕語彙による比喩表現―群馬県藤岡市方言におけるズーを中心―」
　　『国文学言語と文芸』122(2005)国文学言語と文芸
第 2 章　養蚕語彙による比喩表現の類型化
「群馬県藤岡市方言における「養蚕語彙」の比喩表現」
　　『日本方言研究会第 80 回研究発表会発表原稿集』(2005)
「群馬県藤岡市方言における養蚕語彙による比喩表現」
　　『日本語科学』21　国立国語研究所(2007)

文献用例出典一覧

伊呂波字類抄(十巻本)
　　正宗敦夫編(1976)『伊呂波字類抄』風間書房
色葉字類抄(黒川本)
　　中田祝夫・峯岸明(1977)『色葉字類抄研究並びに総合索引』風間書房
運歩色葉集(天正十七年本)
　　京都大学文学部国語学国文学研究室代表佐竹昭広編(1977)『運歩色葉集』臨川書店
思い出の記(1901(明治34)年初出)
　　徳富蘆花(1928)『蘆花全集』第六巻　新潮社
源氏物語
　　日本古典文学大系14–18(1958–1963)岩波書店
字鏡集(白河本)
　　中田祝夫・林義雄(1977)『字鏡集白河本寛元本研究並びに総合索引　第1冊』勉誠社
字鏡集(寛元本)
　　中田祝夫・林義雄(1978)『字鏡集白河本寛元本研究並びに総合索引　第2冊』勉誠社
諸国方言物類称呼
　　京都大学文学部国語学国文学研究室編(1973)『諸国方言物類称呼　本文・釋文・索引』京都大学国文学会
新撰字鏡(天治本・亨和本)
　　京都大学文学部国語学国文学研究室編(1967)『新撰字鏡　天治本 附享和本 群書類従本(増訂版)』臨川書店
節用集(伊京集・易林本・黒本本・明応五年本)
　　中田祝夫(1979)『古本節用集六種研究並びに総合索引』勉誠社
節用集(天正十八年本)
　　(1971)『天正十八年本節用集　上・下』東洋文庫叢刊第17　東洋文庫
節用集(饅頭屋本)
　　(1961)『節用集　饅頭屋本』白帝社

太平記
  日本古典文学大系 34-36(1960-1962)岩波書店
堤中納言物語
  日本古典文学大系 13(1957)岩波書店
東大寺諷誦文稿
  『東大寺諷誦文稿』勉誠社文庫 12(1976)勉誠社
日本書紀
  日本古典文学大系 67-68(1965-1967)岩波書店
平家物語
  日本古典文学大系 32-33(1959-1960)岩波書店
邦訳日葡辞書
  土井忠生・森田武・長南実翻訳(1980)『邦訳日葡辞書』岩波書店
本草和名
  正宗敦夫編(1926)『本草和名　上巻・下巻』日本古典全集 41-42　日本古典全集刊行会
万葉集
  日本古典文学大系 4-7(1957-1962)岩波書店
名語記
  田山方南校閲(1983)『名語記』北野克写　勉誠社
ゆく雲　下(1895(明治 28)年初出)
  樋口一葉(1974)『樋口一葉全集　第一巻』筑摩書房
類聚名義抄(観智院本)
  正宗敦夫校訂(1978)『類聚名義抄』風間書房
和英語林集成
  J.C.ヘボン(1974)『和英語林集成　第三版　復刻版』講談社
和漢三才圖會
  寺島良安編(1970)『和漢三才圖會　上』東京美術
倭名類聚抄(伊勢二十巻本・伊勢十巻本)
  馬淵和夫(1973)『和名類聚抄古写本声点本本文および索引』風間書房
倭名類聚抄(高山寺本)
  京都大学文学部国語学国文学研究室編(1968)『諸本集成倭名類聚抄　本文編』臨川書店

引用文献

青柳精三・青柳絢子(1981)「八丈島中之郷の養蚕語彙」藤原与一先生古稀御健寿祝賀論集刊行委員会編『方言学論叢Ⅰ　方言研究の推進　藤原与一先生古稀記念論集』三省堂

網野善彦(1980)『日本中世の民衆像』岩波書店

網野善彦(1997)「日本中世の桑と養蚕」神奈川大学日本常民文化研究所編『歴史と民俗』14　平凡社

網野善彦(1999)『神奈川大学評論ブックレット1　女性の社会的地位再考』お茶の水書房

網野善彦(2000)『日本の歴史第00巻　「日本」とは何か』講談社

新井小枝子(1995a)「群馬県吾妻郡六合村方言における養蚕語彙―養蚕語彙体系の記述方法と考察―」『国文学研究』15号　群馬県立女子大学国文学会

新井小枝子(1995b)「群馬の養蚕とことば」『季刊群馬評論』第64号　群馬評論社

新井小枝子(1999)「群馬の養蚕語彙」高崎経済大学附属産業研究所編『近代群馬の蚕糸業―蚕業と生活からの照射―』日本経済評論社

新井小枝子(2000)「養蚕語彙の研究―意味分野《蚕》《桑》《繭》の造語法をめぐって―」室山敏昭編『方言語彙論の方法』和泉書院

新井小枝子(2005a)「養蚕語彙における〈蚕の活動〉に関する語彙―語彙体系と単語化の実態」『国語学研究』44　東北大学大学院文学研究科「国語学研究」刊行会

新井小枝子(2005b)「群馬県藤岡市方言における「養蚕語彙」の比喩表現」『日本方言研究会第80回研究発表会発表原稿集』

新井小枝子(2005c)「養蚕語彙による比喩表現―群馬県藤岡市方言におけるズーを中心に―」『国文学言語と文芸』122号　国文学言語と文芸の会

新井小枝子(2005d)「群馬県方言における養蚕の〈場所〉を表す語彙」『日本語学会2005年度秋季大会予稿集』

新井小枝子(2006a)「養蚕語彙における〈飼育期別蚕〉を表す語彙」語彙研究会編『語彙研究』4

新井小枝子(2006b)「養蚕語彙における養蚕の〈場所〉を表す語彙―語彙体系と造語法について―」『国語学研究』45　東北大学大学院文学研究科「国語学研究」刊行会

新井小枝子(2007)「群馬県藤岡市方言における養蚕語彙による比喩表現」『日本語科学 21』国立国語研究所
新井小枝子(2009)「群馬県方言における〈養蚕空間〉を表す語彙」高崎経済大学附属産業研究所編『群馬・産業遺産の諸相』日本経済評論社
石井正彦(1991)「語構成」『講座日本語と日本語教育 6　日本語の語彙・意味(上)』明治書院
石井正彦(2007)『現代日本語の複合語形成論』ひつじ書房
板橋春男(1995a)「生業と生活時間」『葬式と赤飯　民俗文化を読む』煥呼堂
板橋春男(1995b)「養蚕と生活」『葬式と赤飯　民俗文化を読む』煥呼堂
伊藤信吉(2000)『マックラサンベ　私の方言　村ことば』川島書店
伊藤智夫(1992a)『ものと人間の文化史 68-Ⅰ　絹Ⅰ』法政大学出版局
伊藤智夫(1992b)『ものと人間の文化史 68-Ⅱ　絹Ⅱ』法政大学出版局
上野智子(2004)『生活語彙の開く世界 2　地名語彙の開く世界』和泉書院
上野善道(2002)「第 2 章　既存方言学の再構築　記述方言学」日本方言研究会編『21 世紀の方言学』国書刊行会
大浦佳代(1998)『群馬県養蚕農家のくらし「お蚕さま」の四季』群馬県立日本絹の里
大迫輝通(1975)『桑と繭―商業的土地利用の経済地理学的研究―』古今書院
大西拓一郎(2007)「地理情報システムと方言研究」『シリーズ方言学 4 方言学の技法』第 4 章　岩波書店
小栗康平(2007)「風景と風土」群馬県立女子大学編『群馬のことばと文化』朝日印刷工業株式会社
岡野信子(2005)『生活語彙の開く世界 10　屋号語彙の開く世界』和泉書院
小内一(2005)『日本語表現大辞典　比喩と類語三万三八〇〇』講談社
川崎洋(1997)『かがやく日本語の悪態』草思社
木部暢子(2007)「私の日本語学・方言研究から」『日本語学』vol.26　No.9　明治書院
木村茂光(1996)『ハタケと日本人　もう一つの農耕文化』中央公論新社
六合村教育委員会(2005)『赤岩　伝統的建造物群保存対策調査報告書』
群馬県教育委員会(1972)『群馬県の養蚕習俗』
群馬県史編さん委員会(1984)『群馬県史　資料編 25　民俗 1』
群馬県総務部統計課(2003)『群馬県勢要覧』
群馬県農政部蚕糸課(1999)『シルクネットワーク構想調査事業報告書』
群馬県農政部蚕糸課(2002)『群馬の蚕糸業　平成 13 年度』
群馬県立日本絹の里(1999)『第 2 回企画展　蚕種〜近代化を支えた技術の発展〜』

国立国語研究所(1964)『分類語彙表』秀英出版
小林隆(2002)「第1章 世紀をわたる方言学 方言学のパースペクティブ」日本方言研究会編『21世紀の方言学』国書刊行会
近藤義雄編(1983)『群馬の養蚕』みやま文庫
斎藤倫明(2004)『語彙論的語構成論』ひつじ書房
阪本英一編(不明1993以降か)『安中の養蚕のことば』私家版
佐滝剛弘(2007)『日本のシルクロード 富岡製糸場と絹遺産群』中央公論新社
佐藤亮一監修(2004)『標準語引き日本方言辞典』小学館
真田信治(1976)「生活語彙体系の記述について」『佐藤喜代治教授退官記念国語学論集』桜楓社
真田信治(1990)『地域言語の社会言語学的研究』和泉書院
篠木れい子編著(1991)『中里村の方言』群馬県多野郡中里村教育委員会
篠木れい子(1996a)「ヤキモチをめぐって」中條修編『論集言葉と教育』和泉書院
篠木れい子(1996b)「食語彙を読む」『月刊言語』Vol.25 No.11 大修館書店
篠木れい子(1999)「日本における粉食の文化史―生活語彙と生活文化史―」『食文化助成研究の報告9』財団法人味の素食の文化センター
篠木れい子(2000)「造語の場・時と語構造」室山敏昭編『方言語彙論の方法』和泉書院
篠木れい子(2002)「関東地方からの提言―諸科学の知が交錯する「生活の場」で―」日本方言研究会編『21世紀の方言学』国書刊行会
篠木れい子(2005)「シンポジウム 今、なぜ群馬学か」(パネリスト発言)群馬県立女子大学編『群馬学連続シンポジウム 群馬学の確立に向けて』上毛新聞社
篠木れい子・新井小枝子・杉本妙子・杉村孝夫(2003)「平成14年度八ツ場ダム水没地域方言調査報告書」国土交通省委託助成金平成13年度～平成15年度八ツ場ダム事業関連5地区方言調査(研究代表者 篠木れい子)
柴田武(1971)「語彙研究の方法と琉球宮古語彙」『国語学』第87集
柴田武(1972)「宮古方言の研究とその意義」『人類科学』第24集
柴田武(1976)「宮古の人名語彙」『沖縄――自然・文化・社会』弘文堂
柴田武(1988)『語彙論の方法』三省堂
嶋崎昭典(2000)「製糸技術のあゆみ」群馬県立日本絹の里『第4回企画展 製糸～近代化の礎～』第4卓
社団法人・農山漁村文化協会(1957)『日本農書全集35 養蚕秘録・蚕飼絹篩大成・蚕当計秘訣』

小学館(1989)『日本方言大辞典』尚学図書
瀬戸賢一(1986)『レトリックの宇宙』海鳴社
瀬戸賢一(1995)『メタファー思考』講談社
瀬戸賢一(1997)『認識のレトリック』海鳴社
瀬戸賢一編著(2003)『ことばは味を超える　美味しい表現の探求』海鳴社
瀬戸賢一(2005)『よくわかる比喩　ことばの根っこをもっと知ろう』研究社
善理信昭・和泉善子(1991)「農業語彙の研究―神奈川県高座郡寒川町を中心とする養蚕語彙について―」大島一郎教授退官記念論集刊行会『日本語論考』桜楓社
大日本蚕糸会(1921)『大日本蠶絲會報』第351号
高崎経済大学附属産業研究所(1999)『近代群馬の蚕糸業―蚕糸業と生活からの照射―』日本経済評論社
寺島実郎(2007a)『二十世紀から何を学ぶか(上)　1900年への旅　欧州と出会った若き日本』新潮社
寺島実郎(2007b)『二十世紀から何を学ぶか(下)　1900年への旅　アメリカの世紀、アジアの自尊』新潮社
東京農工大学附属図書館(2002)『浮世絵にみる蚕織まにゅある　かゐこやしなひ草』
東條操(1951)『全国方言辞典』東京堂出版
東條操(1954)『分類方言辞典』東京堂出版
友定賢治(2005)『生活語彙の開く世界4　育児語彙の開く世界』和泉書院
中條修・篠木れい子(1991)『六合村の方言』六合村教育委員会
永松圭子(1988)「律令制下の栽桑」『ヒストリア』大阪歴史学会
西尾寅弥(1988)『現代語彙の研究』明治書院
日本方言研究会・柴田武(1978)『日本方言の語彙―親族名称・その他―』三省堂
日本放送協会放送文化研究所編(1956)『養蚕用語のてびき』日本放送協会
萩原進編(1986)『群馬の生糸』みやま文庫
半澤幹一(1997)「方言比喩語研究のために」加藤正信編『日本語の歴史地理構造』明治書院
半澤幹一(1999)「方言比喩語の動機付けの傾向―馬鈴薯・どくだみ・すみれ・春蘭を例として―」佐藤武義編『語彙・語法の新研究』明治書院
平山輝男編(1992)『現代日本語方言大辞典2』明治書院
平山輝男編(1993)『現代日本語方言大辞典6』明治書院
藤原与一(1962)『方言学』三省堂
藤原与一(1970)「方言語彙」『正しい日本語　第4巻　語彙編』明治書院(藤原与一

(1999a)に再録)
藤原与一(1973)『昭和日本語の方言　第1巻　昭和日本語方言の記述―愛媛県喜多郡長浜町櫛生の方言―』三弥井書店
藤原与一(1976)「方言副詞語彙の研究(―今回の「瀬戸内海域島嶼の副詞語彙調査に寄せて」―)」『内海文化研究所紀要』第4号(藤原与一(1999b)に再録)
藤原与一(1986)『昭和日本語方言の総合的研究　第1巻　民間造語法の研究』武蔵野書院
藤原与一(1989)『方言学の原理』三省堂
藤原与一(1999a)『藤原与一方言学論集上巻方言学建設』ゆまに書房
藤原与一(1999b)『藤原与一方言学論集下巻方言相分析』ゆまに書房
文化言語学編集委員会(1992)『文化言語学―その提言と建設―』三省堂
前田富祺(1985)『国語語彙史研究』明治書院
前田富祺(1989)「歴史日本語(語彙)　意味分野からみた語彙の変遷」『言語学大辞典　第2巻』三省堂
町博光(1987)「生業差による食生活語彙の体系差」広島方言研究所編『方言研究年報　通巻第29巻　方言研究の体系的推進』和泉書院
町博光(2000)「対照方言語彙論の展開」室山敏昭編『方言語彙論の方法』和泉書院
町博光(2002)「第5章　方言の語彙と比喩」江端義夫編『朝倉日本語講座10　方言』朝倉書店
室山敏昭(1974)「カイコサン(蚕さん)の一生―養蚕語彙の全的記述を目指して―」『言語生活』No.272　筑摩書房
室山敏昭(1987)『生活語彙の基礎的研究』和泉書院
室山敏昭(1996)「語彙の体系」『国文学　解釈と教材の研究』第41巻11号　學燈社
室山敏昭(1998a)『生活語彙の構造と地域文化　文化言語学序説』和泉書院
室山敏昭(1998b)「第三章　鳥取県米子市夜見方言の養蚕語彙」『生活語彙の構造と地域文化文化言語学序説』和泉書院
室山敏昭(2000)「民衆の感性と意味の創造―想像的発想を中心に―」『方言語彙論の方法』和泉書院
室山敏昭(2001)『「ヨコ」社会の構造と意味　方言性向語彙にみる』和泉書院
室山敏昭(2004)『文化言語学序説　世界観と環境』和泉書院
柳田國男(1931)「青訛現象の考察」『方言』第1巻第1號(創刊号)　春陽堂
柳田國男(1932)「桑の實」『方言』第2巻第1號　春陽堂
柳田國男(1975)『分類農村語彙　下』国書刊行会

山口幸洋(1977)「方言研究　オカイコと私―養蚕語彙ノート―」『文芸あらい』昭和52年8月号　新居町教育委員会

山梨正明(1988)『認知科学選書17　比喩と理解』東京大学出版会

湯本昭南(1978)「あわせ名詞の意味記述をめぐって」松本泰丈編『日本語研究の方法』むぎ書房

吉田則夫(1981)「身体部位の形状をあらわす語彙について」『藤原与一先生古稀記念論集方　言学論叢Ⅰ』三省堂

吉田則夫(1988)「身体語彙の記述―語彙記述の方法論として―」『国語語彙史の研究9』和泉書院

吉田則夫(1992)「身体語彙についての研究―身体部位名称を含む動詞・形容詞・形容動詞・副詞―」小林博士退官論集編集委員会編『小林芳規博士退官記念　国語学論集』汲古書院

G. レイコフ、M. ジョンソン(1986)『レトリックと人生』(渡部昇一、楠瀬淳三、下谷和幸訳)大修館書店

ミストラル(1977)『プロヴァンスの少女(ミレイユ)』杉冨士雄訳　岩波書店

参考文献

研究文献

飯豊毅一・日野資純・佐藤亮一編(1982～1986)『講座方言学　全10巻』国書刊行会
石井正彦(1989)「語構成」『講座日本語と日本語教育　第6巻』明治書院
石井正彦(1997)「専門用語の語構成―学術用語の組み立てに一般語の造語成分が活躍する―」『日本語学』Vol.16　No.2　明治書院
加藤正信編(1985)『新しい方言研究　愛蔵版』至文堂
楠見孝(2005)「認知心理学から見た比喩」『日本語学』Vol.24　No.5　明治書院
群馬県蚕糸業中編纂委員会(1955)『群馬県蚕糸業史　上・下』
国立国語研究所(2003)『全国方言談話データベース日本のふるさとことば集成　第7巻　群馬・新潟』国書刊行会
小林隆(2004)『方言学的日本語史の方法』ひつじ書房
斎藤倫明・石井正彦編著(1997)『日本語研究資料集　第1期第13巻　語構成』ひつじ書房
阪倉篤義(1966)『語構成の研究』角川書店
阪倉篤義(1975)『シンポジウム日本語③日本語の意味・語彙』学生社
佐藤喜代治編(1982)『講座日本語の語彙1　語彙原論』明治書院
佐藤喜代治編(1982)『講座日本語の語彙2　日本語の語彙の特色』明治書院
佐藤喜代治編(1982)『講座日本語の語彙8　方言の語彙』明治書院
佐藤喜代治編(1986)『国語論究　第1集　語彙の研究』明治書院
真田信治(1984)「方言語彙研究の展望」平山輝男博士古稀記念会編『現代方言学の課題』第2巻記述的研究篇　明治書院
篠木れい子(1987)『群馬の方言』群馬県教育委員会
篠木れい子(1994)『群馬の方言―方言と方言研究の魅力―』上毛新聞社
柴田武(1975)『シンポジウム日本語⑤日本語の方言』学生社
瀬戸賢一(1995)『空間のレトリック』海鳴社
田島弥太郎(2000)『我輩は蚕である』日本絹の里(『蚕糸の光』(全国養蚕農業協同組合連合会)同誌の連載(1955―1956)の書籍化)
田中章夫(1975)『国語語彙論』明治書院

中村明(1991)『日本語レトリックの体系』岩波書店
日本放送協会編(1967)『全国方言資料第2巻 関東・甲信越編』日本放送出版協会
野林正路(1997)『語彙の網目と世界像の構成―構成意味論の方法―』岩田書院
野村雅昭(1977)「造語法」『岩波講座 日本語9 語彙と意味』岩波書店
飛田良文・佐藤武義編(2002)『現代日本語講座第4巻 語彙』明治書院
藤原与一(1977)『方言学の方法』大修館書店
藤原与一(1993)『口語調査としての方言調査』三弥井書店
町田健(2008)『言語世界地図』新潮社
松井健(1991)『認識人類学論攷』昭和堂
松田之利・西村貢編『地域学への招待』世界思想社
宮地裕ほか編(1989)『講座日本語と日本語教育第6巻日本語の語彙・意味 上』明治書院
宮地裕ほか編(1990)『講座日本語と日本語教育第7巻日本語の語彙・意味 下』明治書院
宮島達夫(1994)『語彙論研究』むぎ書房
村田敬一(2009)『シルクカントリー群馬の建造物史―絹産業建造物と近代建造物―』みやま文庫
室山敏昭(1980)『方言人の発想法』文化評論出版
森岡健二(1977)「命名論」『岩波講座 日本語2 言語生活』岩波書店
柳田國男(1947)『分類農村語彙 上』国書刊行会
柳田國男(1975)『分類農村語彙 下』国書刊行会
山梨正明(2000)『認知言語学原理』くろしお出版
クロード・レヴィ＝ストロース(1976)『野生の思考』(大橋保夫訳)みすず書房
Lakoff, George (1987) *Women, Fire, and, Dangerous Things: What Categories Reveal about the Mind.* Chicago: The University of Chicago Press
Lakoff, George (1993) The Contemporary Theory of Metaphor, In A. Ortony(ed.) *Metaphor and Thought,* 2nd ed., 202-251, Cambridge: Cambridge University Press.

辞書・事典
石上堅(1983)『日本民俗語大辞典』桜楓社
国語学会編(1980)『国語学大辞典』東京堂出版
角川書店(1982～1999)『角川古語大辞典』

金田一春彦・林大・柴田武編(1988)『日本語百科大事典』大修館書店
三省堂(1967)『時代別国語大辞典上代編』
三省堂(1985 〜 2001)『時代別古語大辞典室町時代編』
三省堂(1988 〜 2001)『言語学大辞典』
小学館(1989)『日本方言大辞典』尚学図書
小学館(2000 〜 2002)『日本国語大辞典第 2 版』
東條操(1951)『全国方言辞典』東京堂出版
東條操(1954)『分類方言辞典』東京堂出版
飛田良文編(2007)『日本語学研究事典』明治書院
平山輝男編(1992 〜 1994)『現代日本語方言大辞典　全 9 巻』明治書院

索引

あ

青柳絢子　14
青柳精三　14
あきま　252
〈秋〉を表す造語成分
　　160, 161
安部清哉　166
新たな造語　270
「あわせ単語」　130

い

石井正彦　12
和泉善子　14
位相的関係　173, 175
一般性の高い語彙　128
一般性の高い造語成分
　　124, 125, 133
意味　46, 47
意味拡張　287
意味特徴　228, 255, 256,
　　258, 259, 260, 262, 267,
　　268
意味に関する普遍性　231
意味の隣接関係　249
意味分野　25, 26, 48, 50
意味分野の細分化　53, 54
意味分野の設定　53
隠喩　215, 221, 229, 230,
　　241, 256

う

上野善道　4

お

小栗康平　9, 11

か

〈蚕の活動〉に関する語彙
　　193, 194
〈蚕〉の語史　78
〈蚕の成長段階〉を表す語
　　彙　200
〈蚕〉の造語成分　149
〈蚕〉を表す語　69, 72
〈蚕〉を表す造語成分
　　147, 150, 151, 164
回数系　197, 198, 200, 205,
　　206, 207, 208, 285, 286
回数単独型　206
概念メタファー　239, 244
漢語形　166
漢語形の造語成分　148,
　　155
漢字音の造語成分　144
換喩　241, 244
慣用的な比喩表現　243

き

擬人化　132
既成語　121
〈季節〉〈早晩〉を表す造語
　　成分　151
〈季節〉を表す造語成分
　　147, 151, 157, 159, 160,
　　161, 164
木部暢子　12
〈休眠〉〈脱皮〉の語彙
　　195

〈休眠〉〈脱皮〉の語彙体系
　　203
共通度の高い語　155, 163
共通度の低い語　155
均整のとれた語彙体系
　　252
均整のとれた体系　253

く

句　186, 187
「くみあわせ的」な意味
　　130
〈桑の実〉を表す語　100
〈桑〉を表す語　89, 94

け

敬意を表す形式　74, 75
敬意を表す接辞　69, 72
敬意を含む語形　74
経済性　224
経済的な伝達方法　269
形式　46, 47

こ

語彙化　78, 184, 186, 187,
　　189, 190, 193, 195, 202,
　　209
語彙化にみられる個別性
　　188
語彙体系　53
語彙体系への組み込まれ方
　　181
語彙による生活世界の細分
　　化　196
語彙量　153, 154, 155, 159
語彙量の差異　152
合成語　42, 43, 101
構成パターン　145, 148,
　　151, 156

構成パターンの単純な語　158
後部要素の意味　48, 53
後部要素の形式　45
合理的に記憶する　265
語構造　118, 122
語の意味の基幹　45
語の意味の説明　4
語の意味の百科事典的な記述　291
語の共通度　152, 156
語の形式と意味　19, 45, 50
小林隆　4
固有名称　78, 101, 103
混合型　203, 207

さ

斎藤倫明　130, 135
〈栽培空間〉　169, 181, 183
阪本英一　16, 191
佐藤亮一　74, 106, 113
真田信治　20

し

〈飼育期別の蚕〉を表す語　140
〈飼育期別の蚕〉を表す語彙　138
〈飼育期〉を表す一群　137
〈飼育空間〉　169
篠木れい子　4, 5, 12, 274
準単純語　119, 120, 125
上位語　105
焦点化　256, 267, 268
植物としての名称　91
新古関係　206
新造語　247
身体化　217, 241, 289

す

ズー　219, 227
ズーによる比喩表現の多様性　219
ズーの比喩表現　225, 226, 230

せ

生活語彙　23
生活語彙論　20, 25
生活場面の分類　20
説明語　215, 221, 256, 257, 263, 264
説明的な表現　184
瀬戸賢一　217, 229, 230
鮮明に記憶する　265
専門型　121, 124, 133, 281
専門型の単純語　125
専門性　184, 250, 287
専門性の高い造語成分　124
専門性のレベル　130
専門的な用法　279
善理信昭　14

そ

桑園の面積　72
桑園面積　74
造語成分　118, 119
造語成分同士の組み合わせ　131
造語成分同士の組み合わせ方　129
造語成分の数　144, 145, 155
造語成分の構成パターン　141
造語にみられる発想法　117

造語の型　121, 122
造語パターン　148, 149, 151, 156
造語法　6, 8, 117
造語力　161
〈早晩〉〈季節〉を表す造語成分　152
〈早晩〉を表す造語成分　147, 149, 164

た

第一次分類　44, 45, 46
第二次分類　44, 45, 46, 47
第三次分類　44, 51
第四次分類　44, 53, 54, 55
大前提となるメタファー　237, 241
多様性　226
多様性のある比喩表現　287
単純語　42, 43, 101, 119, 120, 124
単純語化　120

ち

地域学　8, 9
〈地域空間〉　169
地域性　226, 242
直喩　214, 221, 241, 256

て

寺島実郎　8, 11
伝承系　197, 198, 200, 205, 206, 207, 208, 285, 286
伝承単独型　203, 206

と

同位関係　172, 178, 181

東條操　106, 114

に
西尾寅弥　130
二次的な用法　241
二次的名称　101, 103
日常一般語彙　170, 171, 172, 173, 175, 178, 187
日常型　121, 129, 130, 131, 133, 281, 282
日常世界　165
日本放送協会　15
認識の在り方　50

は
派生語　42, 43

ひ
非専門的な用法　279, 286
「ひとまとまり的」な意味　130
〈人〉を表すズー　220
百科事典的　4
比喩型　121, 131, 132, 133, 281, 282
比喩性の強弱　268
比喩性の強い型　266, 267, 289
比喩性の弱い型　266, 289
比喩としての意味　259
比喩に用いられる養蚕語彙　247
比喩の成立　264
比喩の動機　270, 271
比喩の表現方法　256
比喩のカテゴリー　252, 265, 266
比喩の類型　266
比喩の類型化　252

比喩表現　124, 213, 215, 216, 217, 218, 245
比喩表現の効果　234
比喩表現の成立の仕方　262
比喩表現の多様性　242
比喩表現の定着度　227, 243
比喩表現の豊かさ　224
比喩を生成する原動力　270
評価意識　56
評価価値　54
評価語　54, 56
開かれた体系　175
平山輝男　71, 112, 114

ふ
複合語　42, 43, 119, 120, 125
複雑な構成パターン　163, 282, 283
藤原与一　6, 8, 12, 19, 20, 23, 135
部分体系　26
普遍的な枠組み　48
プラス評価語　228
フランス　77, 235
フランス語　103, 205, 235, 288
フランス語の比喩表現　243
フランス南部　78
文化言語学　11, 19, 20, 24, 117

へ
併用型　203, 207

ほ
方言的な特色　241
包摂関係　173, 178
方法に関する普遍性　229

ま
マイナス評価語　228, 235, 236
前田富祺　25, 57, 68
町博光　217
繭の生産量　72, 74
〈繭〉を表す語形　106
〈繭〉を表す語　109

む
室山敏昭　13, 14, 19, 20, 24, 191, 216

め
メタファー　217, 242

や
柳田國男　100, 112
山口幸洋　14

ゆ
湯本昭南　130, 135

よ
養蚕空間語彙　167, 170, 178, 183
養蚕空間語彙の体系　172
養蚕語彙　26, 27
養蚕語彙としての専門性　51, 281, 282

養蚕語彙内部の意味分野　47
養蚕語彙の二次的な用法　213
養蚕語彙の下位分類　279
養蚕語彙の「専門性」　135
養蚕語彙の第一の役割　7
養蚕語彙の第二の機能　7
養蚕語彙の二次的な用法　245
養蚕語彙の比喩表現　242
養蚕語彙の方言学的研究　13
養蚕語彙の保存　278
養蚕語彙の保存の方法　5
養蚕世界　19, 26, 27, 165
養蚕世界と日常世界の重ね合わせ　267, 269
養蚕世界の分節枠　50
養蚕特有語彙　170, 171, 172, 173, 175, 178, 183, 184, 187, 189, 284
養蚕の生活世界　19
養蚕の専門語　227
養蚕の〈場所〉　169, 170
養蚕の発展　88
『養蚕秘録』　198
養蚕用としての名称　91
養蚕をとりまく生活世界　153

り

臨時的な比喩表現　243

わ

和語形　166
和語形の造語成分　148
和語の造語成分　144

【著者紹介】

新井 小枝子（あらい さえこ）

〈略歴〉1969年群馬県生まれ。1991年群馬県立女子大学卒業。1993年群馬大学大学院修士課程修了。2008年東北大学大学院文学研究科言語科学専攻博士課程後期修了。博士（文学）。
現在、群馬県立女子大学非常勤講師。専門は方言学、日本語学。

〈主な著書・論文〉「養蚕語彙の研究—意味分野《蚕》《桑》《繭》の造語法をめぐって」室山敏昭編『方言語彙論の方法』（和泉書院、2000年）、「群馬県藤岡市方言における養蚕語彙による比喩表現」『日本語科学』21号（国立国語研究所、2007年）、「群馬県方言における〈養蚕空間〉を表す語彙」高崎経済大学附属産業研究所編『群馬・産業遺産の諸相』（日本経済評論社、2009年）。

ひつじ研究叢書〈言語編〉第75巻
養蚕語彙の文化言語学的研究

発行	2010年11月8日　初版1刷
定価	9400円＋税
著者	© 新井小枝子
発行者	松本 功
本文フォーマット	向井裕　（glyph）
印刷所	三美印刷株式会社
製本所	田中製本印刷株式会社
発行所	株式会社 ひつじ書房

〒112-0011 東京都文京区千石2-1-2 大和ビル2階
Tel.03-5319-4916 Fax.03-5319-4917
郵便振替 00120-8-142852
toiawase@hituzi.co.jp　http://www.hituzi.co.jp

ISBN978-4-89476-467-5

造本には充分注意しておりますが、落丁・乱丁などがございましたら、小社かお買上げ書店にておとりかえいたします。ご意見、ご感想など、小社までお寄せ下されば幸いです。

【刊行のご案内】

方言の発見
知られざる地域差を知る
　　小林隆・篠崎晃一編　　定価 3,600 円＋税

〈ひつじ研究叢書（言語編）　第 48 巻〉
授与動詞の対照方言学的研究
　　日高水穂著　　定価 7,400 円＋税

〈ひつじ研究叢書（言語編）　第 63 巻〉
日本語形容詞の文法
標準語研究を超えて
　　工藤真由美編　　定価 6,000 円＋税

〈ひつじ研究叢書（言語編）　第 71 巻〉
「ハル」敬語考
京都語の社会言語史
　　辻加代子著　　定価 7,800 円＋税